万 物 皆 是 数。

——毕达哥拉斯

献给我的父母

献给我的爱人黄泽萱博士

以及对世界充满好奇的念念

本研究受教育部人文社会科学研究青年项目(20YJC820008)和
广东省哲学社会科学"十三五"规划学科共建项目(GD18XFX09)资助

用数字说话

商标调查实验的司法应用

陈贤凯 著

知识产权出版社

全国百佳图书出版单位

—北京—

图书在版编目（CIP）数据

用数字说话：商标调查实验的司法应用/陈贤凯著. —北京：知识产权出版社，2021.4

ISBN 978 - 7 - 5130 - 7452 - 0

Ⅰ.①用… Ⅱ.①陈… Ⅲ.①商标法—研究—中国 Ⅳ.①D923.434

中国版本图书馆 CIP 数据核字（2021）第 050361 号

内容提要

本书在系统介绍商标调查实验的理论基础上，具体对商标法领域的通用名称、第二含义、商标混淆、驰名商标淡化问题，结合实际案例，从商标调查实验的角度，分析了其在不同测度下的模型选择、实验设计以及各自应用中的优缺点，进一步探究了商标调查实验在我国司法实践中的应用前景，以期为我国商标领域法官、律师和学者等从业人员提供参考。

责任编辑：王玉茂 **责任校对：**王 岩

封面设计：博华创意·张冀 **责任印制：**刘译文

用数字说话

——商标调查实验的司法应用

陈贤凯 著

出版发行：知识产权出版社有限责任公司		网 址：http：//www. ipph. cn	
社 址：北京市海淀区气象路 50 号院		邮 编：100081	
责编电话：010 - 82000860 转 8541		责编邮箱：wangyumao@ cnipr. com	
发行电话：010 - 82000860 转 8101/8102		发行传真：010 - 82000893/82005070/82000270	
印 刷：三河市国英印务有限公司		经 销：各大网上书店、新华书店及相关专业书店	
开 本：720mm×1000mm 1/16		印 张：16.75	
版 次：2021 年 4 月第 1 版		印 次：2021 年 4 月第 1 次印刷	
字 数：258 千字		定 价：86.00 元	

ISBN 978 - 7 - 5130 - 7452 - 0

让法律更具科学精神

　　陈贤凯博士的专著《用数字说话——商标调查实验的司法应用》，推荐了科学的揭示事物真相、为知识产权司法寻求事实的重要方法。如果法官有心阅读，相信对他们开拓眼界，增长见识和方法，提高司法能力，促进司法水平的提高，具有有益的启示。更重要的是，本书向读者展示了法学研究不太惯用的方法和观念。展现了一种基于真相和理性的学术精神。我想，后者可能是本书作者更为看中的东西，也具有更高的价值。

　　本书前言引用的两句名言，其一，"万物皆是数"，来自人类数千年历史上最智慧的大脑之一，也是人类知识的最高成就；其二，"对于法学的理性研究，今天称雄的是熟识法条的人，但明天称雄的将会是能驾驭统计学、经济学的人"，出自声名赫赫的近代大法学家。这两句话为本书的主旨思想作了颇具说服力的注释。两句相隔两千年的智者名言的核心，凸显了"数"这块人类文明的极至瑰宝，横亘宇宙、穿越时空、会通天人的永恒价值。数，跨域一切学科，一切领域，以其无与伦比的严密性、精巧性，不仅是捕捉真相、刻画自然秩序和社会秩序等的精确手段，而且道出"万物皆是数"这个万物的根本关系。找到了数，就找到了事物的本质，把握了事物的真相。数可以描述世界的一切，"上帝"是依照数的逻辑设计这个世界的。科学的任务就是追求世界的真相，即终极存在的认识。究其方法，自古希腊科学源头的毕达哥拉斯、亚里士多德，到哥白尼、伽利略、牛顿、亚当·斯密等近代科学，再到爱因斯坦、图灵，多如繁星的科学家，无一不是数学高手。其科学成就，无论物理、化学、天文学，还是哲学、经济学，无不以数学为认识、研究、刻画、解释的工具。"科学的主要方法是分析性的，要尽可能地用数学的方式并按照物理学的概念，来对现象作出解释。"❶ 因此，数也是演绎推理、认识世界和解释世界的科学工具。有了数，尖端、晦涩的学术思想就可以被轻松地理解，深奥的专业知识也可以被转化为常识。数，是一个不朽的世界。数，就是这个世界本身。与枯荣速谢的物质世界的器物和生命相比，数的科学是照亮人类前行的永恒光芒。引入数这个工具以表达事实，彰显了司法"以事实为根据"的法治原则。本书"用数字说话"的主题，更凸显了法治原则中的科学精神。

人们常说，法律是公平的艺术。仔细思忖，这话只说对了四分之一，另外的四分之三是科学。公平的表象是美，美是事物的平衡和谐的状态。具体美是给人以舒适感的客观存在。它是由单一或复合要素的恰当的比例关系构成的。而比例关系的表象是"形式""状貌""轮廓""结构"等，是具体的，可捉摸、可度量的。公平是一种美，是真理的化身。因此，公平是可以用数加以确切、精密的表达的。也因此，美、公平归根结底来自真理，来自科学，是真理、科学和艺术的统一。这只是事情的一半。另一半是真相，真相来自科学。科学是对于表达自然和社会现象的各种概念之间关系的理性研究成果。真相是公平的必要条件。没有真相，就没有公平。司法"以事实为根据"就是以真相为根据。司法通过对真相的认可，赋予案件以公平完美的结局，因而是一个"实事求是"的过程。本书的价值，是告诉我们追求真相应当遵循的科学理念和先进的技术。

真相第一。没有真相，一切都无从谈起。无论何事，人们第一位的愿望都是知道真相，并用自己的方法作出独立的判断，对此没有分歧。然而真相隐于混混沌沌的自然与人间生活，既非显而易见，亦非信手可得。寻求真相是一件难事。尤其人间事，罹患得失之困，揭示真相本身就羁绊重重，既可能被掩盖，也可能被刻意歪曲，甚至变造假象者，在所难免。但是，如何获得真相，方法不同，就面临选择问题。实践说明，科学是获得真相的最优方法。马克思认为，自然科学是一切科学的基础。霍金指出，人类是按照自然法则生活的。究其本源，探索自然和

---

❶ W. C. 丹皮尔. 科学史及其与哲学和宗教的关系 [M]. 北京：商务印书馆，1975：2.

深究社会的学问是相通的，都属于科学。上述认识为司法在弄清事实问题上选择符合科学的方法作了注脚。

司法的权威是什么，首先是真相，是善于寻找真相的科学方法，以及最终作出合乎理性的裁决。通过调查实验获得真相是本书倡导的方法。本书以商标调查为标本展开论述。美国在 1946 年《兰哈姆法》颁布之前，就开始在司法中引入社会调查机制，设计尽可能科学的方法，以获得反映真相的数据来确定事实，具有示范作用。1921 年的 Coca-Cola Co. 诉 Chero-Cola Co. 案，就有当事人在商标诉讼中提交调查实验证据，成为通过社会调查实验方法获得关键事实的最早尝试。通过调查获得数据，借助于统计学的方法对数据进行分析，制作并向法庭提交实验报告，以证明所主张的事实，这种做法逐渐被司法接受。在 1957 年一起商业外观案的判决中，法院认为原告提交的调查实验报告是该案的关键证据，并对可采性（admissibility）及专家证言的说服力作了详细的论证。该案被学界称作美国历史上第一起提交调查实验证据的商标案件。美国不仅科技先进，在法治技术上也值得借鉴。用数据描述事实是被普遍认同的科学方法，司法涉及的事实，也不例外。例如，本书引用了美国教授所作的商标混淆的实验，教授设计出购物环境，记录消费者的选购行为，最终统计出购买者发生误购的数量和比例，成为证明商标混淆的有力证据；还有教授尝试利用计算机传感设备，测度消费者在接触过对驰名商标的淡化使用行为后，准确地将该商标与其权利人联系在一起的反应速度的变化，证明驰名商标已经被淡化。该过程既不使用问卷，也不进行现场调查。到 21 世纪，美国司法实践运用商标调查实验揭示事实的做法历时 80 年，"调查实验是商标诉讼中最为直接的证据"，已成美国学界通说。调查实验本身也成为科学的独立研究对象。2010 年前后，已经有多种专门的研究成果问世。互联网和大数据技术的广泛运用，使上述调查更为精准。大数据可以仅凭蛛丝马迹表象，就可分析出精准的事实。相比百年前霍姆斯大法官对统计学技术的推崇，以及百年前美国的实验，大数据技术不仅是对它的超越，而且是一个"质"的飞跃。而司法一旦获得先进的技术支持，获得可靠的事实前提，就为法官贡献公平正义奠定了基础。这对于司法进一步走向科学，是一个里程碑式的进步。在中国，这方面的系统认识，限于市场经济的有限历史，还没有发生。但显然已经引起学界和司法界重视，开始出现对美国学术成果的译介和初步实践。

弄清真相，为施以公平奠定了可靠的基础。但是，"有理走遍天下"，不过是人们对生活的憧憬。如同真相不会像春天如约而至一样，公平也不是武松，不会挺身而出、拔刀相助。司法活动仍然需要根据事实，用概念与逻辑为思维工具，以科学的态度，理性的方法，选择适当的法律条文为权重，构造公平的方案。理性是认识的一种模式。按照《中国大百科全书》的解释，理性是认识过程的高级阶段和高级形式，是人们凭借抽象思维把握的关于事物的本质、内部联系的认识。理性认识以抽象性、间接性、普遍性为特征，以事物的本质、规律为对象和内容。按照学者的说法，理性是上帝与大地的中介材料。通过对事物抽象性质的概念、判断、推理；通过思想、概念、理论、言词、规律性的运用，以把握事物的本质。理性看似抽象，实则是可以分析、可以捉摸的。笔者认为，理性可以分解为自然法则、经济规律、逻辑与人性等若干可以衡量的指标去把握。

遵守自然法则。中国古人"天人合一"的理念，和霍金关于人类是按照自然法则生活的思想，反映了古今东西方哲人的共识，即人的生活方式是自然法则对人类社会的投射。人是社会的，但首先是自然的一分子。任何解决问题的方案，无论是物质生活，还是精神文化生活，都应当首先遵循自然法则。凡违逆自然法则，轻者导致错误的后果，重者必遭自然的惩罚。比如，一亩地能打多少粮食，本是古今中外的农耕常识，连大字不识的老农，也一清二楚。但在特定历史时期，曾出现"人定胜天""放卫星""创奇迹""粮食亩产万斤"等违背自然法则的现象。其结果，惨遭大自然的报复。事过几代人，历时60多年。科学和历史，一个是墨写，一个是血写，但都是有记性、抹不掉的。如果不希望悲剧一再发生，应当学会敬畏自然法则。

尊重经济规律和逻辑。生产力发展须遵守经济规律和逻辑。逻辑就是规律。由于无知，我们曾误以为经济规律可以人为创造。抱着理想和激情，冒经济规律和逻辑的天下之大不韪，在落后的农耕经济生产力基础上，实行全盘公有制，取消商品生产和市场经济，实行计划经济，照搬苏联，采用"有计划、按比例、高速度"的经济政策。结果致经济陷入困境。何谓改革开放，就是转变观念，放松权力对资源的控制，重建社会，再建私权，恢复商品生产，回归市场经济正朔，解放被束缚的生产力。比如，在农村，仅仅回归常识，对土地所有权和经营权稍作调整，就如同四两拨千斤，农村经济迅速恢复，就是力证。司法的任务是回答来自经济、社会实践的问题，不是孤立的法律逻辑推理。司法要尊重经济规律、体察社会实际，才可能给出合理的裁决。古人说："度势行法"就是这个意思。

要尊重人性。人性是人的正常需求和情感。人性是个体人自然属性和社会属性的统一。个体人是先于一切的存在，他比任何主体的历史都更古老。人民不是抽象的，是具体的，离开具体、个性的人，就没有人民。人是社会和国家的细胞，是社会稳定、国家安全的基础。尊重人性，就是尊重每个个体人的正常需求和情感。个体人的正当利益和诉求高于一切。社会、国家的一切活动都是以人的利益为核心进行的。古人说，法律不外人情事理。人性是最高的法律道德，司法如果违逆人性，将失去正当性。

自然法则、经济规律和逻辑以及人性是常识，简单易解，也是方便把握的尺度。万事万物，若是非优劣不好判断，就可以用这几个标准去衡量，凡违背其一，就一定不对头。所谓智慧，是指具有独立的精神、自由的思想、科学的态度和理性的方法独自寻求事物的真相，并理性思考的能力。这也是现代社会健康独立人格的体现。

社会调查实验是技术。作为独立的研究对象，也成为一门应用科学，一种知识。正如本书引用美国学者所言："任何一篇孤立的文章都不足以为良好的商标调查实验设计提供一部完整的图景。"（见本书前言第14页）本书的任务，就是弥补这一不足。本书系统介绍了商标调查实验的概念、理论及其司法应用，并低调谦抑地指出该方法的不完美。可以说，作者开创性地完成了本书写作的目标。实践不负作者的期盼，我国司法机关已经日益重视社会调查实验证据。我们看到，从最高人民法院到北京、河南、青海等地法院都有具体措施，把寻找事实真相的社会调查实验证据，纳入法定程序。无疑，它使我国的司法有了更多的科学精神，更多一份理性。因此，如何在司法活动中应用调查实验证据，成为法官必备的一项知识和技能。

本书作者陈贤凯博士初学法律于中山大学，师从谢晓尧教授。他功底扎实，学养有成。后到中国人民大学攻读博士，其间曾到加州大学伯克利分校学习。他学习踏实，多才多艺。以"日拱一卒，不期速成"的态度，勤奋从容地进取。从本书的选题，可见一斑。希望他有更好、更多的著作问世。

愿更多的知识产权法官看到本书。

是为序。

刘春田

二〇二一年四月二日于中国人民大学

前　言

> 对于法学的理性研究，今天称雄的是熟识法条的人，但明天称雄的将会是能驾驭统计学、经济学的人。

> ——霍姆斯❶

一

20 世纪 50 年代，一家名为 American Luggage 的行李箱制造商在马萨诸塞州地区法院起诉另一家行李箱生产企业——United States Trunk。American Luggage 认为，它们所设计的一款行李箱的商业外观（trade dress）已获得"第二含义"（secondary meaning），社会公众能将行李箱独特的外观与产品的唯一来源（即 American Luggage）联系在一起。被告生产的一款行李箱抄袭了这一商业外观，足以导致顾客发生混淆——当他们想购买原告的该款产品时，很可能错误地选购被告的商品。

为了证明原告的行李箱外观已获得"第二含义"，并证明被告的模仿足以导致购买者混淆，原告委托专家开展了一项商标调查实验。调查实验专家选择以行李箱独立零售商为调查总体（universe），从纽约市曼哈顿区和波士顿市区的电话黄页中抽取形成一个受访者样本，然后派出三名调查员前往被选中的独立零售商处展开问卷调查。调查实验专家准备了三张产品图片，分别是原告的箱包、被告的箱包和原、被告以外的第三家公司所生产的箱包，而每位调查员仅向自己访问的独立零售商展示其中的一幅图片。最后，三位调查员向所有被调查者询问相同的

---

❶ HOLMES O W. The Path of the Law [J]. Harvard Law Review, 1897, 10: 457, 469.

问题：

1. 您见过图片中所展示的行李箱吗？

A. 见过　　　　　　　B. 没见过　　　　　　C. 不知道

2. 您能告诉我该行李箱的品牌吗？

A. 能。行李箱的品牌：＿＿＿＿＿＿

B. 不能。

3. 如果第 2 题回答"不能"，您能从下列清单中找到该行李箱的品牌名称吗？

A. Tri　　　　　　　B. Taper　　　　　　C. Socialite

D. Emerald　　　　　E. Hartmann　　　　F. Skyway

G. Samsonite　　　　H. 不知道　　　　　I. 其他牌子：＿＿＿＿

4. 您正在使用的行李箱是什么牌子的？＿＿＿＿＿

调查员们在完成问卷调查后，将问卷提交给波士顿大学的一位教授。他将调查结果制作成数据表，并进行统计分析。三名调查员和负责最终统计分析的教授都作为专家证人出庭作证，接受原、被告律师的交叉询问。教授作证道：在看到原告产品图片的 29 名被调查人中，23 名能够准确地认出它是原告生产的箱包，3 名误以为它是被告生产的，而另外 3 名被调查人犯了其他错误；在看到被告产品图片的 51 名零售商中，16 名准确地认出这是被告的产品，15 名误以为它是原告的，另外 20 名犯了其他错误；35 名看到第三方厂家生产的箱包的被调查人中，有 31 名正确地认出其来源。

该案的判决在 1957 年作出。判决书的撰写者怀赞斯基法官（Judge Wyzanski）认为原告所提交的调查实验报告是该案的关键证据，并对其可采性（admissibility）及专家证言的说服力作了详细论证。[1] 根据商标调查实验领域权威专家雅各比教授（Jacob Jacoby）的说法，该案是美国历史上第一个提交调查实验证据的商标案件。[2] 如果以 1946 年美国联邦

---

[1] American Luggage Works, Inc. v. United States Trunk Co., Inc., 158 F. Supp. 50（D. Mass. 1957）.

[2] JACOBY J. Trademark Surveys: Designing, Implementing and Evaluating Surveys [M]. Intellectual Property Law, 2013, Preface, p. xviii.

商标法——《兰哈姆法》（Lanham Act）的颁布为起点，这一说法应该是正确的。不过，在该法颁布之前，早有当事人在商标诉讼中提交调查实验证据——1921 年的 Coca – Cola Co. 诉 Chero – Cola Co. 案也许是这方面最早的尝试。❶

　　如 American Luggage 案所示，所谓商标调查实验，是指在商标案件中为了证明商标法中的关键事实问题，如涉案标识是否已经获得"第二含义"，是否（沦）为通用名称，商标的知名度，系争商标是否可能导致混淆、淡化等，而由当事人委托调查实验专家开展的问卷调查（survey）和行为实验（experiment）。调查实验专家须与律师密切配合，首先确定法律上要求证明的事实问题，其次设计合理的调查实验方案，包括选择恰当的调查总体、确定抽样方法和样本量、选择合适的调查实验模型、设计恰当的问题及刺激物（stimulus），接着派出受过训练的调查员向选定的受访者实施调查实验。调查实验专家根据统计学方法对调查员所获取的数据进行分析，制作并向法庭提交调查实验报告。必要时，调查员和调查实验专家均可作为专家证人出庭作证，接受双方律师的交叉询问。

　　研究商标调查实验的英文文献通常将其称为"trademark survey"，即"商标（问卷）调查"。国内学者通常采用"商标问卷调查"❷"消费

　　❶ Coca – Cola Co. v. Chero – Cola Co. , 273 Fed. 755（D. C. Cir. 1921）。罗伯特·索伦森和西奥多·索伦森指出，该案是首次运用调查实验方法测度公众对涉案商标和专利的反应的案件。（SORENSEN R C, SORENSON T C. The Admissibility and Use of Opinion Research Evidence [J]. New York University Law Review, 1953（28）：1213, 1217. ）
　　❷ 周家贵. 商标问卷调查在英美法院商标侵权案件中的运用 [J]. 知识产权, 2006（6）：82 – 85；詹姆斯·T. 伯杰，R. 马克·哈里根. 商标侵权判断问卷调查指引 [M]. 黄武双，万宏瑜，尚广振，译. 北京：法律出版社, 2015；王东. 调查问卷在我国商标侵权案件中的适用 [J]. 中华商标, 2016（3）：50 – 52；王东. 调查问卷在我国商标侵权案件中的适用问题探讨 [J]. 中国专利与商标, 2016（3）：77 – 79；兰楠. 公证介入"乔丹"商标争议案件全过程记录问卷调查过程 [J]. 中国公证, 2017（4）：32 – 33；徐雅琴，姚艺. 商标侵权案件中问卷调查的证明力研究 [J]. 河南牧业经济学院学报, 2018（3）：66 – 71.

者（问卷）调查"❶"市场调查"❷ 或"社会调查"❸ 的表述。本书则采用"商标调查实验"这一术语，因为测度相关公众对商标的主观认知，既可以使用问卷调查（survey），也可以使用行为实验（experiment），后者不涉及问卷的应用，甚至完全不需要询问实验对象的意见，而仅需客观记录实验对象的消费行为即可。❹ 例如，法律实验领域的拓荒者汉斯·采泽尔教授（Hans Zeisel）在其书中记录了一个在真实案件中运用的商标调查实验，该实验的目的是证明被告商标足以与原告的商标发生混淆。采泽尔教授通过精巧的购物环境设计，直接记录购买者的选购行为，最终统计出购买者发生误购的数量和比率。这些数据成为证明发生实际混淆的有力证据。在整个实验过程中，既不需要使用问卷，也不需要向受访者询问任何问题。❺ 莫琳（Morrin）和雅各比教授则尝试利用计算机传感设备，测度消费者在接触过对驰名商标的淡化使用行为后，准确地将该商标与其权利人联系在一起的反应速度的变化，以证明驰名商标已被"冲淡"（blurred）。（如果消费者在接触过被告的商标后，将驰名商标与原告关联的反应速度明显降低，则证明存在"冲淡"现象）这个过程也完全不依赖于问卷和问题。❻ 更重要的是，测度相关公众认知的问卷调查也与一般的民意测验不同，在这类研究项目中，实验

❶ 杜颖. 商标纠纷中的消费者问卷调查证据 [J]. 环球法律评论，2008（1）：71 - 80；张爱国. 商标消费者调查的正当性研究：从49份商标侵权纠纷民事判决书谈起 [J]. 知识产权，2011（2）：63 - 69；金海军. 商标与通用名称问题的消费者调查方法：实证与比较 [J]. 暨南学报（哲学社会科学版），2013，35（10）：24 - 34；姚鹤徽. 论商标侵权判定中的消费者调查 [J]. 电子知识产权，2015（7）：76 - 82.

❷ 曹世海. 对商标侵权诉讼中市场调查报告的审查与认定 [J]. 人民司法，2015（9）：76 - 81.

❸ 徐彦雅. 社会调查活动公证保全对司法裁判的影响：析"乔丹"商标争议行政纠纷案件所涉保全证据公证活动 [J]. 中国公证，2017（4）：19 - 23.

❹ 或许学者已经意识到这一点，故改为采用"调查统计方法"的表述。（金海军. 调查统计方法在商标诉讼案件中的应用：以商标混淆可能性的认定为视角 [J]. 知识产权，2011（6）：26 - 32.）采泽尔教授将调查研究分为需要依赖被访者口头陈述的调查和仅依靠田野工作者的观察、技术和测度的调查两大类，后者不需要依赖问卷。（ZEISEL H. The Uniqueness of Survey Evidence [J]. Cornell Law Quarterly, 1960 (45): 322, 323. ）

❺ 汉斯·采泽尔，戴维·凯. 用数字证明：法律和诉讼中的实证方法 [M]. 黄向阳，译. 北京：中国人民大学出版社，2008：203 - 204.

❻ MORRIN M, JACOBY J. Trademark Dilution: Empirical Measures for an Elusive Concept [J]. Journal of Public Policy & Marketing, 2000 (19): 265, 268 - 270.

与调查是融为一体、不可分割的。采泽尔教授将这种测度相关公众心理认知的研究项目称为"实验型调查"（experimental survey），并强调"实验设计是其重要部分，而调查仅限于记录实验结果"❶，他指出，从分析的目的和模式看，问卷调查与行为实验并无二致。❷ 无独有偶，美国著名心理学家、法学家，联邦司法中心（Federal Jodicial Center，FJC）出版的《科学证据参考指南》（Reference Manual on Scientific Evidence）中《调查研究参考指引》（Reference Guide on Survey Research）的撰写者戴尔蒙德教授（Shari S. Diamond）也同样将这类研究称为"调查实验"（survey - experiments）。❸

二

如果以 20 世纪 20 年代为最早使用商标调查实验的时间起点，那么，调查实验证据在美国商标司法的应用已经有近百年的历史。自 20 世纪 50 年代以来，其地位变得日益重要，被称为证明混淆的"最佳证据"（best possible evidence）。❹ 据福特（Gerald Ford）博士的统计，在 1946 年《兰哈姆法》颁布初期，知识产权案件中调查实验证据的应用和发展最初是缓慢的：1946～1960 年公开的判例中只有 18 个提交了此类证据。此后，调查实验证据的重要性逐渐显现：1961～1975 年，有 86 个案件提交了此类证据，平均每年 6 个；1976～1990 年，这个数字增长到 442 个，平均每年 29 个；而 1991～2007 年，共有 775 个案件使用了调查实

---

❶ 汉斯·采泽尔，戴维·凯. 用数字证明：法律和诉讼中的实证方法 ［M］. 黄向阳，译. 北京：中国人民大学出版社，2008：202.

❷ ZEISEL H. Uniqueness of Survey Evidence ［J］. Cornell Law Quarterly, 1959 - 1960（45）：322, 344.

❸ DIAMOND S S. Control Foundations：Rationales and Approaches ［M］//DIAMOND S S, SWANN J B. Trademark and Deceptive Advertising Surveys：Law, Science, and Design. Chicago：ABA Book Publishing, 2012：202. 类似地，莱顿指出："调查的结果（survey results）是在'实验'环境（'laboratory' setting）下由陌生人触发的一系列个人感受。"（LEIGHTON R J. Using（and Not Using）the Hearsay Rules to Admit and Exclude Surveys in Lanham Act False Advertising and Trademark Cases ［J］. The Trademark Reporter, 2002, 92：1305, 1321 - 1322.）

❹ CAUGHEY R E. The Use of Public Polls, Surveys and Sampling as Evidence in Litigation, and Particularly Trademark and Unfair Competition Cases ［J］. California Law Review, 1956, 44：539, 541.

验证据，平均每年 48 个。❶ 通说认为，调查实验证据已成为美国商标诉讼中标准的证据形式。❷ 而法院在商标案件审理过程中也承认，调查实验是一种"更为直接的证明方式"❸。联邦司法中心认为，调查实验证据在客观性与代表性方面更具优势，效率更高，可操作性更强。❹ 一些法院甚至认为：如果当事人本来有能力、有条件提供调查实验证据，却没有提供，这意味着调查实验的结果可能对其不利，可以由此作出对该方当事人不利的推论。❺ 尽管不少法院谨慎地强调，不是所有案件都要求当事人提交调查证据，但越来越多的法院倾向于依赖调查实验证据来支持它们的裁决。❻ 商标调查实验还被广泛应用于和解谈判和诉讼策略选择的过程中。❼

在其他国家和地区，商标调查实验也日益得到重视并普遍流行。欧盟法院对商标调查实验持欢迎态度，认为它是呈现商标所处现实环境的客观方法，特别适用于证明商标的显著性、混淆可能性及知名度。在意大利，当事人可以委托专家提供调查实验证据，也可以向法院提出申请，由法院委派法庭专家（Court Expert）开展调查实验。虽然当事人一般很难仅凭该类证据证明其论点，但当法官采信调查实验证据时，它们就成为商标案件

---

❶ FORD G L. Survey Percentages in Lanham Act Matters ［M］//DIAMOND S S, SWANN J B. Trademark and Deceptive Advertising Surveys: Law, Science, and Design. Chicago: ABA Book Publishing, 2012: 312, fn. 3.

❷ DIAMOND S S, SWANN J B. Trademark and Deceptive Advertising Surveys: Law, Science, and Design ［M］. Chicago: ABA Book Publishing, 2012: 3.

❸ Brunswick Corp. v. Spinit Reel Co., 832 F. 2d 513 （10th Cir. 1987）, Charles Jacquinet Cie, Inc. v. Desileria Serralles, Inc., 921 F. 2d 467 （3rd Cir. 1990）.

❹ DIAMOND S S. Reference Guide on Survey Research ［M］//Federal Judicial Center, Reference Manual on Scientific Evidence. 3ed. Washington D. C.: The National Academies Press, 2011: 362.

❺ 典型判例有: Mushroom Makers, Inc. v. R. G. Barry Corporation, 441 F. Supp. 1220 （S. D. N. Y. 1977）; Eagle Snacks, Inc. v. Nabisco Brands, Inc., 625 F. Supp. 571, 583 （D. N. J. 1985）; I. P. Lund Trading Aps v. Kohler Co., 163 F. 3d 27, 47 （1st Cir., 1998）; Big Star Ent., Inc. v. Next Big Star, Inc., 105 F. Supp. 2d 185, 218 （S. D. N. Y. 2000）.

❻ 雅各比的实证研究指出，在提交调查证据的 51 个案件中，法院接纳调查证据的案件高达 35 个。（JACOBY J. Survey Evidence in Trademark and Unfair Competition Litigation ［J］. ALI - ABA Course Materials, 1982 （6）: 91. ）

❼ DIAMOND S S, FRANKLYN D J. Trademark Surveys: An Undulating Path ［J］. Texas Law Review, 2014 （92）: 2029, 2067.

中具有说服力的因素。德国法院和专利商标局也认为商标调查实验是重要的证据来源，原则上可以采信。法院认为对于某些问题——如颜色商标或形状商标的显著性——调查实验几乎是唯一的证明方式。相反，英国和澳大利亚对商标调查实验持谨慎态度。尽管如此，英国并未完全拒绝采信此类证据，而是在 Imperial Group Plc 诉 Philip Morris Ltd 案中确立了采信调查实验的司法标准，后又在 O2 Ltd 诉 Hutchinson 3G Ltd 案中确立了当事人提交调查实验证据应当事先获得法院批准的规则，加强了法院对调查实验全过程的控制。专家认为，由于英国法官的普遍谨慎，调查实验成为商标诉讼中的"必要之恶"——如果应用得当，可以成为非常有用的法律武器，尤其当涉及淡化和比较广告问题时，商标权人必须认真考虑是否提交调查实验证据。澳大利亚法院自 20 世纪 90 年代起一般性地采信商标调查实验证据，但法官通常对调查实验方法要求苛刻，该类证据常因方法上的瑕疵被赋予较低的证明力。然而，在某些情况下，商标调查实验仍能发挥重要作用，如填补证据空白、补强其他证据等。在涉及知名度认定时，缺少调查实验证据还可能使法院作出对当事人不利的推论。❶ 在加拿大，一位评论者在 1988 年写道："调查实验在商标诉讼中的应用如此普遍，以至于如果当事人不提供调查实验来证明混淆可能性（或者相反的主张），法官都会对其表示怀疑。"❷

三

对商标调查实验的科学研究日益深入和成熟，并成为商标法中一个相对独立的研究领域。最早关于调查实验司法应用的学术研究成果发表于 20 世纪 50 年代。"二战"以后，民意调查日益成为美国政府了解民情、获知民意的重要手段，并被视为大众民主的关键和立法的唯一坚实基础，人们自然而然地意识到，这一方法在司法实践中也具有广泛的应用前景。因此，1950~1980 年的文献集中于论证将调查实验方法引入司法的必要性、

---

❶ SWAINE K, BAYER A, HOLDEN J, et al. The Value and Treatment of Survey Evidence in Different Jurisdictions [J]. The Trademark Reporter, 2010, 100: 1373.

❷ LIEFELD J. How Suveys Overestimate the Likelihood of Consumer Confusion [J]. The Trademark Reporter, 2003, 93: 939.

重要性、可行性和合法性。两位索伦森先生（Robert C. Sorensen 和 Theo-dore C. Sorensen）和采泽尔教授的论文都不是专门针对商标调查实验的，而是更宽泛地论证在诉讼中运用调查实验证据的正当性。他们指出，在群体主观认知的证明问题上，调查实验具有相对于其他证据的优越性。调查实验证据在性质上符合专家证言的属性，且调查实验构成传闻证据的观点是不能成立的，更不必苛求调查实验的部分或全部被访者出庭接受交叉询问。调查实验已是一门相对成熟的社会科学，其技术手段仍在不断进步，因此，法院对调查实验结果准确性和可信性的疑虑是不必要的。关于总体确定、抽样方法、访问流程、实验场景、问卷设计等问题，社会科学已形成一套较完整的规范，只要这些规范得到有效遵守，调查实验的可信性就可以得到保障。而美国司法程序也足以保障法官在专家的帮助下完成对调查实验证据的审查。最后，两篇文章都列举了调查实验方法可能的适用领域，商标调查实验都被视为其中最典型的应用。❶

考伊（Reginald E. Caughey）的论文应是第一篇专门论述在商标和不正当竞争案件中运用调查实验证据的文献。在这篇不长的论文中，考伊介绍了调查实验证据的优点和可采性、调查实验的模式、专家的选择、实验材料的选取、调查的地域范围和被调查者及数量的确定、问卷的设计及应当出庭接受交叉询问的有关人员等，几乎涉及商标调查实验的方方面面。正因如此，该文对每个问题的介绍都相当简洁，基本只能提及每个环节应当遵循的最基础的原则，而未能进行深入论述。无论如何，这篇论文是开创性的，它系统介绍了调查实验方法在商标与不正当竞争案件的运用，将这一新的证据形式和证明方法引入人们的视野。❷

但是，并非所有人都对商标调查实验表现出热情欢迎的态度。时任美国专利商标局商标审查与上诉委员会（Trademark Trial and Appeal Board, United States Patent Office）委员施赖奥克（Richard F. Shryock）认为"要组织和实施一次完全客观公正的调查实验来证明实际混淆或其可能性，几

---

❶ SORENSEN R C, SORENSEN T C. The Admissibility and Use of Opinion Research Evidence [J]. New York University Law Review, 1953, 28: 1213; ZEISEL H. Uniqueness of Survey Evidence [J]. Cornell Law Review, 1959—1960, 45: 322.

❷ CAUGHEY R E. The Use of Public Polls, Surveys and Sampling as Evidence in Litigation, and Particularly Trademark and Unfair Competition Cases [J]. California Law Review, 1956, 44: 539.

乎是不可能的"，虽然这类证据有时有点帮助，但在多数情况下并不具有完全的说服力。❶ 与施赖奥克的温和批评相比，心理学家史密斯博士（Joseph G. Smith）对商标调查实验的抨击显得十分尖锐：他认为商标调查实验不会给律师和法官带来更多好处，而且成本高昂；调查实验绝不可能成为律师的终极武器，这不过是一个美好的幻想；调查实验专家与法律人终究是一对"奇怪的伙伴"（strange bedfellows）。❷ 律师李（Alfred T. Lee）总结了当时商标调查实验在司法实践中遭遇到的各种吹毛求疵的苛责，遗憾地表示："没有别的证据比调查实验更脆弱、更易受到批评和攻击。"❸ 这种怀疑和反对意见一直到 20 世纪 90 年代时仍有声声回响。❹

　　1980 年后，商标调查实验的重要性和可采性已不再成为争论的重点。❺ 仍有若干论文全面介绍商标调查实验所涉及的全部环节及其可能存在的问题，❻ 但后续的研究开始往纵深发展，主要朝三个方向展开。第一，对调查实验具体技术问题的深入探讨，例如，商标调查实验中调

---

❶　SHRYOCK R F. Survey Evidence in Contested Trademark Case [J]. The Trademark Reporter, 1967, 57：377, 379, 384.

❷　1976 年，美国商标协会在其举办的年会上特设"商标案件中调查实验证据的结构与用途"（The Structure and Uses of Survey Evidence in Trademark Cases）专题，邀请了统计学家、心理学家和律师共同讨论商标调查实验问题。他们的发言发表于 1977 年的《商标报告》（The Trademark Reporter）第 67 卷上，其中即包含史密斯和李的文章。SMITH J G. Strange Bedfellows：Observations of a Psychologist [J]. The Trademark Reporter, 1977, 67：110.

❸　LEE A T. The Legal Aspects：A Trap for the Unwary [J]. The Trademark Reporter, 1977, 67：120.

❹　WEISS P. The Use of Survey Evidence in Trademark Litigation：Science, Art or Confidence Game [J]. The Trademark Reporter, 1990, 80：71.

❺　罗宾（Albert Robin）和巴纳比（Howard B. Barnaby）的分析表明，在商标诉讼中，未能提交调查实验证据的一方当事人将承担不利后果，由此可见商标调查实验的重要性。（ROBIN A, BARNABY H B. Trademark Surveys：Heads You Lose, Tails They Win [J]. The Trademark Reporter, 1983, 73：436.）有学者对这种倾向提出批评。（EDELMAN S. Failure to Conduct a Survey in Trademark Infringement Cases：A Critique of the Adverse Inference [J]. The Trademark Reporter, 2000, 90：746.）

❻　虽然是"全面"的介绍，但这些文章不再点到即止，其探讨深度要比考伊的论文深入得多。（SORENSEN R C. Survey Research Execution in Trademark Litigation：Does Practice Make Perfection [J]. The Trademark Reporter, 1983, 73：349；EVANS L E JR, GUNN D M. Trademark Surveys [J]. The Trademark Reporter, 1989, 79：1；RAPPEPORT M. Litigation Surveys – Social "Science" as Evidence [J]. The Trademark Reporter, 2002, 92：957；JACOBY J. A Critique of Rappeport's "Litigation Surveys – Social 'Science' as Evidence" [J]. The Trademark Reporter, 2002, 92（5）：1480；WOODS N C. Surveys Evidence in Lanham Act Violations [J]. Trinity College Law Review, 2008, 15：67.）

查总体及抽样方法的选择与确定,❶ 调查实验模式和问题的具体设计,❷ 等等。第二，针对商标法和反不正当竞争法中的关键问题提出具体的调查实验方案，例如，标识"通用性"❸、"第二含义"❹、混淆可能性❺、淡化❻

---

❶ REINER J P. The Universe and Sample: How Good is Good Enough [J]. The Trademark Reporter, 1983, 73: 366; JACOBY J, HANDLIN A H. Non – Probability Sampling Designs for Litigation Surveys [J]. The Trademark Reporter, 1991, 81: 169; BIRD R C. Streamlining Consumer Survey Analysis: An Examination of the Concept of Universe in Consumer Surveys Offered in Intellectual Property Litigation [J]. The Trademark Reporter, 1998, 88: 269.

❷ SIMONSON I. The Effect of Survey Method of Likelihood of Confusion Estimates: Conceptual Analysis and Empirical Test [J]. The Trademark Reporter, 1993, 83: 364; JACOB J. Experimental Design and the Selection of Controls in Trademark and Deceptive Advertising Surveys [J]. The Trademark Reporter, 2002, 92: 890; SWANN J B. A Reading Test or a Memory Test: Which Survey Methodology Is Correct [J]. The Trademark Reporter, 2005, 95: 876; OSTBERG H D. Response to the Article Entitled, "a 'Reading' Test or a 'Memory' Test, Which Survey Methodology Is Correct?" [J]. The Trademark Reporter, 2005, 95: 1446; MANTA I D. In Search of Validity: A New Model for the Content and Procedural Treatment of Trademark Infringement Surveys [J]. Cardozo Arts & Entertainment Law Journal, 2007, 24: 1027; GERVAIS D, LATSKO J M. Who Cares About the 85 Percent? Reconsidering Survey Evidence of Online Confusion in Trademark Cases [J]. Journal of the Patent and Trademark Office Society, 2014, 96: 265.

❸ LEISER A W , SCHWARTZ C R. Techniques for Ascertaining Whether a Term Is Generic [J]. The Trademark Reporter, 1983, 73: 376; SIMONSON I. An Empirical Investigation of the Meaning and Measurement of Genericness [J]. The Trademark Reporter, 1994, 84: 199; PALLADINO V N. Assessing Trademark Significance: Generic, Secondary Meaning and Surveys [J]. The Trademark Reporter, 2002, 92: 857.

❹ PALLADINO V N. Techniques for Ascertaining if There Is Secondary Meaning [J]. The Trademark Reporter, 1983, 73: 391; PALLADINO V N. Secondary Meaning Surveys in Light of Lund [J]. The Trademark Reporter, 2001, 91: 573; PALLADINO V N. Assessing Trademark Significance: Generic, Secondary Meaning and Surveys [J]. The Trademark Reporter, 2002, 92: 857.

❺ BOAL R B. Techniques for Ascertaining Likelihood of Confusion and the Meaning of Advertising Communications [J]. The Trademark Reporter: 1983, 73: 405; LIEFELD J P. How Survey Overestimate the Likelihood of Consumer Confusion [J]. The Trademark Reporter, 2003, 93: 939; JACOB J. Sense and Nonsense in Measuring Sponsorship Confusion [J]. Cardozo Arts & Entertainment Law Journal, 2006, 24: 63; SWANN J B Likelihood of Confusion Studies and the Straitened Scope of Squirt [J]. The Trademark Reporter, 2008, 98: 739; DEROSIA E D. Fixing Ever – Ready: Repairing and Standardizing the Traditional Survey Measure of Consumer Confusion [J]. Georgia Law Review, 2019, 53: 613.

❻ BIBBLE P M. Defining and Quantifying Dilution under the Federal Trademark Dilution Act of 1995: Using Survey Evidence to Show Actual Dilution [J]. University of Colorado Law Review, 1998, 70: 295; NGUYEN X T N. The New Wild West: Measuring and Proving Fame and Dilution under the Federal Trademark Dilution Act [J]. Albany Law Review, 1999, 63: 201; BARBER W G. How to Do a Trademark Dilution Suvey (or Perhaps How Not to Do One) [J]. The Trademark Reporter, 1999, 89: 616; MORRIN M, JACOBY J. Trademark Dilution: Empirical Measures for an Elusive Concept [J]. Journal of Public Policy & Marketing, 2000, 19: 265; SHANTI A O. Measuring Fame: The Use of Empirical Evidence in Dilution Actions [J]. Marquette Intellectual Property Law Review, 2001, 5: 177; ANTEN T. In Defense of Trademark Dilution Surveys: A Post – Moseley Proposal [J]. Columbia Journal of Law and Social Problems, 2005, 39: 1; MANNING J, COX A D, COX D S. Quantifying Brand Image: Empirical Evidence of Trademark Dilution [J]. American Business Law Journal, 2006, 43: 1.

和误导❶的测度。第三，如何改善引入调查实验证据的程序规则，例如，在审查调查实验证据时如何适用传闻证据排除规则，❷ 是否由法庭委派独立第三方专家开展调查实验，或者当事人双方在开展调查实验前事先就调查实验的关键问题达成共识等程序设计。❸ 这三个方向虽然各有侧重，但其主题又是相互交叠、不可完全分离的，尤其是前两个方向：对调查实验具体技术的改进，必须紧紧围绕和结合商标法所要测度的具体问题进行具体分析；研究测度商标法中不同关键问题的调查实验，当然也必须运用调查实验的一般方法和具体技术。随着互联网时代的到来，相较于传统的电话调查实验、入户调查实验、购物商场截访调查实验，互联网调查实验提供了一种成本更低、效率更高的调查实验手段。人们开始讨论什么类型的商标争议适宜运用互联网调查实验进行测度、如何运用互联网手段完成商标调查实验以及互联网商标调查实验的实际效果等问题。❹

　　时至 21 世纪，商标调查实验在美国司法中的运用已走过 80 个春秋；自 20 世纪 80 年代以来，关于应用和改进调查实验技术的学术探讨也已开展了近 40 年，"调查实验是商标诉讼中最为直接的证据"几乎成为学界通说。值此通说之际，这种探索似乎到了一个应当对调查实验的价值

---

❶　BOAL R B. Techniques for Ascertaining Likelihood of Confusion and the Meaning of Advertising Communications［J］. The Trademark Reporter, 1983, 73: 405; VODRA W W, MILLER R K. Did He Really Say That: Survey Evidence in Deceptive Advertising Litigation［J］. The Trademark Reporter, 2002, 92: 92.

❷　LEIGHTON R J. Leighton. Using (and Not Using) the Hearsay Rules to Admit and Exclude Surveys in Lanham Act False Advertising and Trademark Cases［J］. The Trademark Reporter, 2002, 92: 1305.

❸　WELTER P J. A Call to Improve Trademark Survey Evidence［J］. The Trademark Reporter, 1995, 85: 205; RAPPEPORT M. The Role of the Survey Expert: A Response to Judge Posner［J］. The Trademark Reporter, 1995, 85: 211.

❹　THORNBURG R H. Trademark Surveys: Development of Computer – Based Survey Methods ［J］. John Marshall Review of Intellectual Property Law, 2004, 4: 91; GELB G M, GELB B D. Internet Surveys fro Trademark Litigation: Ready or Not, Here They Come［J］. The Trademark Reporter, 2007, 97: 1073; ISSACSON B, HIBBARD J D, SWAIN S D. Why Online Consumer Surveys Can be a Smart Choice in Intellectual Property Cases［J］. IPL Newsletter, 2008, 26: 1; PORET H. A Comparative Empirical of Online versus Mall and Phone Methodologies for Trademark Surveys［J］. The Trademark Reporter, 2010, 100: 756; MISHRA H, CORBIN R M. Internet Surveys in Intellectual Property Litigation: Doveryai, No Proveryai［J］. The Trademark Reporter, 2017, 107: 1097.

作系统总结的时候，几位学者在 2010 年前后不约而同地对商标司法实践开展系统性的实证研究，以检验调查实验证据在商标司法实践中所发挥的真正作用。实证研究表明，商标调查实验在一些案件中似乎没有起到非常明显的作用，在商标诉讼中，也并非一定要引入调查实验证据方能胜诉；但是，在所谓的"边际案件"（marginal cases）、疑难案件或涉案金额较大的案件中，商标调查实验还是能有力地增强证据提供方的说服力的。❶

目前，关于商标调查实验的比较重要的综合性著作主要有三部。其中第一部是由戴尔蒙德教授和斯旺（Jerre B. Swann）共同主编的《商标与欺骗性广告调查实验：法律、科学与设计》❷，第二部是由雅各比教授主编的《商标调查实验：设计、执行与评估》❸。这三位作者都是商标调查实验领域非常有影响力的专家。这两部著作均具有较强的学术性，对商标调查所涉各方面问题及背后的法律、统计学、心理学原理作了深入剖析，均由美国律师协会知识产权法分会出版。第三部著作是伯杰（James T. Berger）和哈里根（R. Mark Halligan）两位律师所撰写的《商标调查实验：给诉讼者的指引》❹。从书名不难看出，该书更重视的是介绍在诉讼实践中如何具体运用调查实验方法，具有较强的实操性。该书由牛津大学出版社出版，并已由学者译介到中国。❺ 此外，美国商

---

❶ BEEBE B. An Empirical Study of the Multifactor Tests for Trademark Infringement ［J］. California Law Review，2006，94：1581；SAREL D，MARMORSTEIN H. The Effect of Consumer Surveys and Actual Confusion Evidence in Trademark Litigation：An Empirical Assessment ［J］. The Trademark Reporter，2009，99：1416；BIRD R C，STECKEL J H. The Role of Consumer Surveys in Trademark Infringement：Empirical Evidence from the Federal Courts ［J］. University of Pennsylvania Journal of Business Law，2012，14：1013；BROWN K，BRISON N T，BATISTA P J. An Empirical Examination of Consumer Survey Use in Trademark Litigation ［J］. Loyola of Los Angeles Entertainment Law Review，2019，39：237.

❷ DIAMOND S S，SWANN J B. Trademark and Deceptive Advertising Surveys：Law，Science and Design ［M］. Chicago：ABA Book Publishing，2012.

❸ JACOBY J. Trademark Survey：Designing，Implementing，and Evaluating Surveys ［M］. Chicago：ABA Book Publishing，2013.

❹ BERGER J T，HALLIGAN R M. Trademark Surveys：A Litigator's Guide ［M］. Oxford：Oxford University Press，2012.

❺ 詹姆斯·T. 伯杰，R. 马克·哈里根. 商标侵权判断问卷调查指引 ［M］. 黄武双，万宏瑜，尚广振，译. 北京：法律出版社，2015.

标法领域权威专著《麦卡锡论商标与反不正当竞争法》设专章系统讨论商标调查实验问题。❶ 另有学者专门搜集、整理了美国法院知识产权案件判决书中关于调查实验证据论述的摘录，集成出版，定期更新。❷ 这些都是商标调查实验成为一个独立的研究领域的重要标志。

与国外丰富的文献相比，我国对商标调查实验的研究仍处在较为初级的阶段。2006 年，周家贵先生首先介绍了英美法院在商标案件中运用调查实验证据的实践，并论述此类证据对我国商标执法的启示。❸ 2008 年，杜颖教授介绍了商标调查实验证据在美国的发展，着重分析了影响调查实验证据证明力的主要因素，并预测商标调查实验在中国的发展前景。❹ 此后发表的文章大多与该文结构近似，即全面介绍调查实验证据在商标司法中的地位与作用、域外的发展、影响证明力的因素、调查实验的设计、我国法院目前的态度及未来如何借鉴等问题，只不过视篇幅长短详略有别而已。❺ 还有一些论文则就某个具体问题进行深入探讨，包括商标调查实验的正当性❻，运用调查实验方法对标识"通用性"❼、

---

❶ MCCARTHY J T, McCarthy on Trademark and Unfair Competition ［M］. 5th ed. Eagan：Thomson Reuters，2019：§32：158 - 196.

❷ FORD G L. Intellectual Property Surveys Annual Cumulative Update 2010；Matthew G. Ezell, Intellectual Property Surveys Annual Cumulative Update，1998 - 2016.

❸ 周家贵. 商标问卷调查在英美法院商标侵权案件中的运用 ［J］. 知识产权，2006，16 (6)：82 - 85.

❹ 杜颖. 商标纠纷中的消费者问卷调查证据 ［J］. 环球法律评论，2008 (1)：71 - 80.

❺ 姚鹤辉. 论商标侵权判定中的消费者调查 ［J］. 电子知识产权，2015 (7)：76 - 82；曹世海. 对商标侵权诉讼中市场调查报告的审查与认定 ［J］. 人民司法，2015 (9)：76 - 81；王东. 调查问卷在我国商标侵权案件中的适用 ［J］. 中华商标，2016 (3)：77 - 79；王东. 调查问卷在我国商标侵权案件中的适用问题探讨 ［J］. 中国专利与商标，2016 (3)：77 - 79.

❻ 张爱国. 商标消费者调查的正当性研究：从 49 份商标侵权纠纷民事判决书谈起 ［J］. 知识产权，2011 (2)：63 - 69；谢晓尧. 用数字说话：商标主观认知的科学度量 ［J］. 暨南学报 (哲学社会科学版)，2013，35 (10)：35 - 43.

❼ 陈贤凯. 商标通用性的数字证成 ［J］. 知识产权，2013 (7)：29 - 36；金海军. 商标与通用名称问题的消费者调查方法：实证与比较 ［J］. 暨南学报 (哲学社会科学版)，2013，35 (10)：24 - 34.

混淆可能性❶和淡化❷的测度，等等。由此可见，我国对商标调查实验的研究基本处在译介阶段，学术研究成果仍难为司法实践中运用调查实验方法提供行之有效的、系统的操作方法。这一领域的研究具有较大的实用价值，值得进一步深入挖掘。

<h1 style="text-align:center">四</h1>

有学者指出，任何一篇孤立的文章都不足以为良好的商标调查实验设计提供一幅完整的图景。❸ 本书的写作正是为了弥补这一不足，为如何开展商标调查实验提供综合性的操作指引。在前言之后，本书第一章将论述商标调查实验的意义和价值，为在商标司法中引入调查实验证据提供正当性基础。第二章将系统论述开展商标调查实验所应注意的关键问题。第三章和第四章将论述如何运用调查实验方法测度商业标识的显著性，分别涉及通用名称和"第二含义"的度量问题。第五章和第六章分别论述如何运用调查实验方法测度商标的混淆可能性以及驰名商标的知名度和淡化问题。第七章系统论述如何在互联网环境下高效率、低成本地开展商标调查实验。第八章对我国目前商标调查实验证据的司法应用情况作系统的实证研究。第九章将指出，商标调查实验不是完美的证据形式，不能奢望其绝对客观地反映消费世界的现实情况，虽然如此，商标调查实验的司法应用实际上是对无体财产作出表述和界定的努力，是一种对包括商标在内的知识财产进行数目字管理的方法。

由于社会科学方法在司法实践中具有重大的实用价值，我国法院已经意识到在知识产权及相关审判领域中引入社会科学证据的重要意义，并积极倡导使用专业评估、市场调查、经济分析，引入专业机构和社会

---

❶ 金海军. 调查统计方法在商标诉讼案件中的应用：以商标混淆可能性的认定为视角 [J]. 知识产权，2011（6）：24–34；谢晓尧，陈贤凯. 商标混淆的科学测度：调查实验方法在司法中的运用 [J]. 中山大学学报（社会科学版），2013（5）：159–171；陈贤凯. 商标混淆调查中的关键向度 [J]. 暨南学报（哲学社会科学版），2013，35（10）：44–52.

❷ 陈贤凯. 驰名商标淡化的科学测度：调查实验方法在司法中的运用 [J]. 知识产权，2018（2）：31–41.

❸ DIAMOND S S, SWANN J B. Trademark and Deceptive Advertising Surveys：Law, Science, and Design [M]. Chicago：ABA Book Publishing, 2012：6.

中介组织，解决损害赔偿、垄断分析、商标驰名与近似或构成通用名称等事实认定的问题。❶ 有些法院甚至规定了具体的指引。❷ 通过引入调查

---

❶ 《最高人民法院关于当前经济形势下知识产权审判服务大局若干问题的意见》（2009）："注意发挥审计、会计等专业人员辅助确定损害赔偿的作用，引导当事人借助专业人员帮助计算、说明和质证。积极探索知识产权损害赔偿专业评估问题，在条件成熟时适当引入由专业机构进行专门评估的损害赔偿认定机制。"

《最高人民法院关于充分发挥知识产权审判职能作用推动社会主义文化大发展大繁荣和促进经济自主协调发展若干问题的意见》（2011）："注意发挥经济学专家和专业机构的作用，探索引进经济分析方法的途径和方式。"

《北京市高级人民法院关于加强知识产权审判促进创新发展的若干意见》（2018）："充分考虑垄断案件的特点，引入经济分析的方法，通过分析垄断行为的特征和表现形式，准确界定相关市场。……发挥社会组织、中介机构在知识产权价值评估中的作用。"

❷ 《最高人民法院关于审理涉及驰名商标保护的民事纠纷案件应用法律若干问题的解释》（2009）第 5 条第 3 款：对于商标使用时间长短、行业排名、市场调查报告、市场价值评估报告、是否曾被认定为著名商标等证据，人民法院应当结合认定商标驰名的其他证据，客观、全面地进行审查。

《最高人民法院关于审理因垄断行为引发的民事纠纷案件应用法律若干问题的规定》（2012）第 13 条："当事人可以向人民法院申请委托专业机构或者专业人员就案件的专门性问题作出市场调查或者经济分析报告。经人民法院同意，双方当事人可以协商确定专业机构或者专业人员；协商不成的，由人民法院指定。人民法院可以参照民事诉讼法及相关司法解释有关鉴定结论的规定，对前款规定的市场调查或者经济分析报告进行审查判断。"

《河南省高级人民法院关于审理涉及驰名商标认定案件若干问题的指导意见》（2007）第 11 条："社会调查机构出具的涉案商标在相关公众中认知度的调查报告，可作为证明相关公众知晓程度的参考因素。调查报告应经过庭审质证并确认其效力。对调查报告的质证、认证主要应围绕调查机构的权威性、调查方法的科学性及可行性等问题进行。质证时，调查机构应派员出庭接受质询。调查报告中对相关公众抽样调查应体现不同地域、不同层次，方法应当科学。对消费者和经销商等相关公众调查的范围，一般应有包括审理法院所在地在内的至少全国五个主要代表性城市和不少于一千份调查问卷。商标在相关公众中认知度的调查，一般由当事人委托，人民法院也可根据当事人的申请委托调查，但不依职权委托调查。"

《青海省高级人民法院关于审理涉及驰名商标认定案件若干问题的指导意见》（2009）第 11 条："社会调查机构出具的涉案商标在相关公众中认知度的调查报告，应当慎重对待，仅作为证明相关公众知晓程度的参考因素。根据《商标法》第十四条第（二）至（四）项不能得出该商标驰名事实的结论时，不能仅凭调查报告认定该商标具有较高知名度和声誉度。调查报告应经过庭审质证并确认其效力。对调查报告的质证、认证主要应围绕调查机构的权威性、调查方法的科学性及可行性等问题进行。"

《北京市高级人民法院商标授权确权行政案件审理指南》（2019）：15.5【市场调查报告的认定】："当事人可以提交市场调查报告用于证明诉争商标和引证商标不构成近似商标，但该报告结论缺乏真实性、科学性的，可以不予采纳。"19.1【注册商标通用化的判断】："认定诉争商标是否属于商品通用名称，应当从商标标志整体上进行审查，且应当认定通用名称指向的具体商品。对与该商品类似的商品不予考虑。当事人主张诉争商标成为商品通用名称的，可以提交字典、工具书、国家或者行业标准、相关行业组织的证明、市场调查报告、市场上的宣传使用证据、其他主体在同种商品上使用该商标标志的证据等予以证明。"

实验方法，法律人和社会科学家携手踏上寻找事实真相的道路。❶ "许多法律学者早已承认法律需要得到其他领域科学技术的支持，这些科学技术能够照亮理解与确认事实的道路，否则这些事实常常被掩埋在雪崩式的争吵与意见分歧之中。笔者满怀敬意地建议——这一提议也并不新颖——应当有更多的法学院对法庭中遭遇的调查实验问题给予更多关注，就像它们给予医学和经济学的关注那样。"❷

　　本书正是这方面的一个尝试。

---

❶ LEE A T. The Legal Aspects [J]. The Trademark Reporter, 1977, 67: 120, 130 - 131.

❷ SORENSON R C, SORENSON T C. The Admissibility and Use of Opinion Research Evidence [J]. New York University Law Review, 1953, 28: 1213, 1227.

目　录

第一章　为什么用数字说话？
——商标调查实验的意义与价值

一、商标调查实验为何成为"标准证据"？

很少法律问题的证明真正需要系统性的实证证据，商标案件中的法律问题却恰恰亟须实证证据的佐证。❶ 商标调查实验之所以在一些国家成为"标准的证据形式"，其原因在于，在商标法中，相关公众对标识的主观认知是大多数关键问题的判断基础，而调查实验正是测度相关公众心理认知的科学方法。

（一）相关公众的认知：商标问题的判断基础

商标是一种历史悠久的古老事物，❷ 其法律属性究竟为何，人们曾经做出过不同解释。❸ 然而，近两百年来，"商标是财产"几乎已成为法律上牢不可破的观念。但人们又不难觉察商标作为财产的特殊之处。"商标不是与有体物一个意义上的财产"，"尽管商标是财产，但也是一种特殊的财产"，这是论及商标法律属性时人们反复述及的命题。❹ 商标

---

❶ DIAMOND S S, SWANN J B. Trademark and Deceptive Advertising Surveys：Law，Science，and Design［M］. Chicago：ABA Book Publishing，2012.

❷ 对商标悠久历史的回溯，参见：DIAMOND S A. The Historical Development of Trademarks［J］. The Trademark Reporter，1975，65：265.

❸ 斯图尔特·班纳. 财产故事［M］. 陈贤凯，许可，译. 北京：中国政法大学出版社，2017：43 - 57.

❹ 斯图尔特·班纳. 财产故事［M］. 陈贤凯，许可，译. 北京：中国政法大学出版社，2017：50.

财产权的特殊之处表现在，虽然理论上商标权人对核准注册的商标在核定使用的商品或服务（以下简称"商品"）范围内享有专用权，但是，商标权的范围从来不是权利人通过注册或使用就能单方面确定的，它的权利边界与相关公众对商业标识的主观认知存在莫大关系。

商标的首要功能是区分商品来源，这是其他功能得以实现的前提和基础。[1] 一个标识欲具备区分来源的能力，首先必须具有显著性。显著性意味着用作商标的标识不能是商品的通用名称：一方面，通用名称不具备区分商品来源的基本能力；另一方面，假若允许个别市场主体享有对通用名称的专有权，会造成该主体对通用词汇的垄断，给竞争者和公众指称商品的正常使用带来障碍。显著性也意味着一般情况下描述性标识不宜作为商标，因为它仅仅反映了商品的一般特征，对这种特征的描述是所有竞争者应当共同享有的自由。但是，如果描述性标识经过长期使用，足以使消费者将它与特定商品提供者联系起来，法律上认为，这样的描述性标识已经获得"第二含义"（secondary meaning），因此可以获得商标地位。一个商业符号的主要含义（primary meaning）是通用名称吗？一个标识的"第二含义"是指称某个特定的商品来源吗？这都取决于相关公众对符号含义的认知。经营者确实可以通过大量宣传投资和努力，来尝试建立符号与来源的特定联系，但这种联系最终能否确立，完全取决于大多数相关公众的认可。

商标区分来源功能的实现，还取决于其来源指向的唯一性。因此，传统商标法的核心功能就是制止竞争者的混淆行为。当竞争者在相同或类似商品上使用相同或近似商标，导致相关公众混淆时，这既是对相关公众的欺骗，也因分流了商标权人潜在的顾客而对权利人带来损害。所以，混淆可能性是商标法上判断侵权与否的重要标准。随着商业活动的日渐发达，商标本身具备的销售力（selling power）越来越得到人们的认同。[2] 在非竞争性商品上使用商标，虽然不至于使相关公众对商品来源

---

[1] 一般认为商标的基本功能包括区分来源、广告宣传和质量保证，后两种功能的发挥都以区分来源功能为前提。MERGES R P, MENELL P S, LEMLEY M A. Intellectual Property in the New Technological Age [M]. 6th ed. Alphen aan den Rijn：Wolters Kluwer, 2012：763.

[2] SCHECHTER F I. The Rational Basis of Trademark Protection [J]. Harvard Law Review, 1927, 40：813, 831.

发生混淆，但商标的"独特性和单一性"（uniqueness and singularity）❶依然会被"冲淡"；有些时候，在不相干的低端商品上使用商标，即便不会导致混淆，也会使原本高品位的商标与低品位、低品质的负面评价联系在一起，造成对商誉的"污损"（tarnishment）。法律承认，在特定情况下，在非竞争性商品上不会导致混淆的商标使用行为，只要其足以导致商标的淡化，也应当被禁止。不过，为商标提供的这种"跨类"保护"射程"较大，必须作出必要限制。一些国家规定，只有全国驰名的商标才有资格、有必要获得此种保护。❷被控侵权的商标是否导致相关公众混淆？权利人的商标是否"受全国一般消费大众的广泛认可"？被诉使用行为是否冲淡驰名商标的"唯一性"，或者污损其声誉？这些问题的答案，并不取决于权利人的主观意志，而必须由广大相关公众来回答。

商标法中的所有关键问题几乎都取决于相关公众对商业符号的认知态度。❸弗朗克福特大法官（Justice Frankfurter）指出："对商标的保护，实际上是法律对符号心理功能的确认。"❹另有学者论述道："商标本质上是智识的（intellectual）或心理的（psychological）……由此推知，商标侵权问题主要是关于消费者心理的——认知的或行为的——问题。"❺一定程度上讲，商标财产权的边界和范围，恰恰是由相关公众的心理认知决定的，也正因此，商标被视为一种"心理财产"。❻

（二）调查实验：证明相关公众认知的科学方法

商标调查实验在证明相关公众认知方面有显著优势。首先，调查实

---

❶ SCHECHTER F I. The Rational Basis of Trademark Protection ［J］. Harvard Law Review, 1927, 40：813, 831.

❷ 例如，美国《兰哈姆法》明确规定了："受全美国一般消费大众广泛认可"的驰名商标才可以获得反淡化保护。（15 U. S. C. §1125（c）.）

❸ JACOBY J. The Psychological Foundations of Trademark Law ［J］. The Trademark Reporter, 2001, 91：1013, 1068.

❹ Mishawawaka Rubber & Woolen Mfg. Co. v. S. S. Kresge Co., 316 U. S. 203, 205（1942）.

❺ Kirkpatrick, Likelihood of Confusion in Trademark Law xx（PLI, Release No. 14 2007）.

❻ 彭学龙. 商标法基本范畴的心理学分析 ［J］. 法学研究, 2008（2）：40－54.

验是直接测度相关公众心理的科学方法。在大规模应用直接测度相关公众心理认知的实证证据之前，商标问题通常以多种间接证据组合的形式加以证明。例如，证明通用名称的证据包括：竞争者将商标作为通用名称使用而未遭质疑；权利人自己将商标作为通用名称使用；字典定义；媒体用法；行内人士的证词等。❶ 证明"第二含义"的证据包括：标识使用的时间长度；广告或促销的数量与类型；销量及顾客的数量和类型；行业、媒体及潜在顾客的认可；极少或没有第三方使用等。❷ 对于混淆可能性，法院通过考察争议商标的显著性、商品的类似性、标识的近似性、销售渠道、消费者注意力程度、被告主观恶意等因素作出认定。❸ 淡化的判断也有一套"多因素认定法"（Multi – factor test），只是考察的因素略有不同。❹ 无论在引入调查实验证据之前还是之后，大量商标争议都是通过上述方法得到解决的。

对商标音、形、义及其市场环境的分析固然可以为商标法核心问题的判断提供线索，但这种依赖对间接证据的考察而作出的判断，实际上是以法官的个人感受代替相关公众的集体认知，甚至是法官对相关公众心理的主观臆断。这种由己及人的揣测在某些场合明显是不适当的，Triangle Publications 诉 Rohrlich 案就是典型的一例。该案是关于少女产品的商标侵权案件，弗朗克法官（Judge Frank）在异议意见中中肯地批评道："初审法官和本院的法官都不是（或不像）十几岁的少女，也不是她们的母亲或姐妹，除非我们能够从这些青春期少女和习惯了为她们购买东西的女性亲戚那儿直接获得信息的补充，否则我们无法很好地履行'司法认知'的职责。"❺ 有法官直言，在关涉相关公众集体认知的案件中，"法庭的反应在最好的情况下是非决定性的（not determintative），而

---

❶ MCCARTHY J T. McCarthy on Trademarks and Unfair Competition［M］. 5th ed. Eagan：Thomson Reuters，2019：§ 12：13.

❷ MCCARTHY J T. McCarthy on Trademarks and Unfair Competition［M］. 5th ed. Eagan：Thomson Reuters，2019：§ 15：30.

❸ Restatement（Third）of Unfair Competition § 21 cmt. j，at 233（1995）.

❹ Mead Data Central Inc. v. Toyota Motor Sales U. S. A. Inc.，875 F. 2d 1026（2nd Cir. 1989）.

❺ Triangle Publications v. Rohrlich，167 F. 2d 969，974（2nd Cir. 1948）（Frank，J. dissenting）.

在最糟糕的情况下则是毫不相干的（irrelevant）"。❶

与间接证据不同，调查实验以直接测度相关公众的心理认知为目标，实现了隐性信息的显性化。相关公众对商标的认知是一种深埋个体心中的隐性信息。调查实验通过问卷引导公众将内心感受转化为可记录的外在表达，通过实验设计使公众的心理认知反映在模拟或真实的购物行为上，由一种"看不见、摸不着"的心理状态，外化为一种可观察、可记录的行为。由此，调查实验能将相关公众内心深处的主观认知转化为可在外部识别、直观比较的显性知识。

其次，调查实验是一种集约化的信息搜集方法。为弥补间接证据的缺陷，律师试图为法官提供更加直接的证据。例如，消费者的宣誓书面证词（affidavit）常被作为证据提交。表面上看，它们能够直接反映商业符号在消费者心中的认知情况。❷ 有时候，消费者原本想投诉被告的产品，却错误地致电或发邮件给原告。这种错误的联络被当作消费者发生实际混淆的证据。❸ 此外，更直观的方法是邀请消费者出庭作证。卡特勒在《论仿冒》（Cutler on Passing off）一书中主张应由消费者出庭证明他们对商标的心理联想。他指出："仅仅有一名这样的证人前来作证是不够的，因为即使这份证据有作用，没有任何法院会依靠这样的单独证据。那么，原告需要召集多少这样的证人呢？或许可以说它需要20名或30名这样的证人……在选择这20名或30名证人的时候，原告不能局限在某一个地区，而要遍及整个国家，尤其要从被告商业活动所进行的地区选择一些证人。"❹

然而，这些直接证据或多或少存在问题。首先，消费者书面证词的

❶ American Brands Inc. v. R. J. Reynolds Tobacco Co., 413 F. Supp. 1352, 1357 (S. D. N. Y. 1976).

❷ Shammas v. Rea, 978 F. Supp. 2d 599, 610（E. D. Va. 2013）（该案中，原告提交了3位顾客的书面证词，以证明其标识是商标而非通用名称。）麦卡锡教授认为，随机选择的购买者的证词可以作为"第二含义"的直接证据。（MCCARTHY J T. McCarthy on Trademarks and Unfair Competition［M］. 5th ed. Eagan Thomson Reuters, 2019：§ 15：30.）

❸ Belleville News - Democrat, Inc. v. St. Clair County Publishers, Inc., 26 Ill. App. 2d 95,（4ᵗʰ Dist. 1960）；Duluth News - Tribune v. Mesabi Publ. Co., 84 F. 3d 1093（8ᵗʰ Cir. 1996）.

❹ Cutler on Passing off, p. 43，转引自：Elgin National Watch Co. v. Elgin Clock Co., 26 F. 2d 376, 377（1928）.

可信性非常可疑。当事人原本就不可能提交对自己不利的证言，所以，他所提交的少数几份书面证词并不具有代表性，难以反映市场上消费者的一般认知。麦卡锡教授评论道："与商标权人有关的人员能否对该商标的价值提供公正的陈述？商标法对此总是保持怀疑。"❶ 其次，消费者错误联络的事例非常罕见，不易搜集。也恰因为其罕见性，它的代表性也是存疑的。不少法院表示，这种所谓的实际混淆是"微不足道的"，它们更可能是粗心大意的结果。❷ 再次，虽然邀请消费者出庭的做法经过多年后仍在延续，❸ 但这种证明方式既笨拙，又成本高昂。在一个案件中，原告从近 80 个城市请来一大群证人，到法庭上证明他们曾经在希望购买原告的薄荷糖时因混淆而误购了被告的产品。法官最终疲惫地宣布"不再听取更多的证言"，因为所有证言在性质上都是重复的。❹ 可见，这种证明方式过程烦琐，耗时长久，是对司法资源的巨大浪费。❺ 而且，出庭作证的消费者同样存在公正性问题。此外，如果另一方当事人请来相同数量的证人提出相反的主张，法官又该如何衡量？❻

调查实验是借助于统计学方法，将分散信息进行集约化处理的技术手段。商标法所关心的相关公众认知，并非某个单一个体的心理感受，而是作为群体的相关公众的集体认知。调查实验将被调查人的主

---

❶ MCCARTHY J T. McCarthy on Trademarks and Unfair Competition ［M］. 5th ed. Eagan Thomson Reuters，2019：§ 12：13.

❷ Belleville News-Democrat，Inc. v. St. Clair County Publishers，Inc.，26 Ill. App. 2d 95，（4th Dist. 1960）；Duluth News-Tribune v. Mesabi Publ. Co.，84 F. 3d 1093（8th Cir. 1996）.

❸ 麦卡锡教授认为，"合理谨慎的购买者"被被告的商标所混淆的证词是发生实际混淆的证据，并列举了邀请消费者出庭作证的判例。（MCCARTHY J T. McCarthy on Trademarks and Unfair Competition ［M］. 5th ed. Eagan Thomson Reuters，2019：§ 23：13.

❹ Life Savers Corp. v. Curtiss Candy Co.，87 F. Supp. 16（N. D. Ill. 1949）.

❺ 一起涉及虚假宣传的不正当竞争调查中，在美国联邦贸易委员会的汉弗莱委员表达了对召集大量消费者证人作证的强烈抗议："我反对该案开展的方式。为了证明将'Castile'一词用于非纯橄榄油的香皂是否误导公众，委员会允许近千名证人出庭作证。这种堆砌证据的做法对公众而言是不可饶恕的骇人举措。律师和审判者漫游全国，仅为获取这些证人的证言。约 700 名证人被传唤到斯波坎市作证。这些证言已耗费了联邦贸易委员会数万美元。"（dissent in the Matter of James S. Kirk & Co.，12 F. T. C. 272，289（1928））

❻ 谢晓尧，陈贤凯. 商标混淆的科学测度：调查实验方法在司法中的运用［J］. 中山大学学报（社会科学版），2013（5）：160.

观认知显性化、客观化后，所得到的信息是一种可加总、可对比的数据。通过对表达和行为记录的加总和比对，可以得到一个反映集体认知的数字，以评估多大比例的相关公众认为标识实为通用名称、认为标识获得"第二含义"、认为发生混淆或淡化，多大比例的相关公众不认同这一推论。通过应用抽样方法，这组数字反映的不仅是一小群受访者的集体认知，而是可以"投射""外推"（extrapolate）到整个相关公众群体的有效数据。于是，调查实验方法的应用使人们得以对储藏在个体心中的分散信息进行集约化处理，获取反映相关公众集体心理认知的有效数据。❶

二、对商标调查实验司法应用的疑虑

调查实验是测度相关公众心理认知的科学方法，不过，自诞生之日起，商标调查实验证据就不乏其批评者。这种批评和疑虑主要集中在五个方面。

（一）调查实验是传闻证据

最初的批评来自对其证明能力的质疑。传闻证据排除规则是证据法中的一个基本规则。传闻指的是并非由陈述人在庭审中作出的，却又被用来证明其所主张的事实的真实性的陈述。商标调查实验常被质疑属于传闻证据：被调查人提供了作为证据的"陈述"，但他们并未出庭作证和接受交叉询问。❷ 被调查人的回答首先由调查员记录，然后交由调查专家的助手录入系统，再由专家对这些录入的回答进行编码和分析；这些回答最后将成为提交法庭的调查报告的一部分。从被调查人的回答到出庭作证的专家证言，其间至少经历了两到三次"转录"（transcription）。"如果说调查实验的结果是传闻，那么，调查实验专家的证词则

---

❶ 谢晓尧. 用数字说话：商标主观认知的科学度量［J］. 暨南学报（哲学社会科学版），2013，35（10）：35－43.

❷ 约翰·莫纳什，劳伦斯·沃克. 法律中的社会科学［M］. 6 版. 何美欢，樊志斌，黄博，译. 北京：法律出版社，2007：93.

是多重传闻（multiple hearsay）。"❶ 例如，在 Elgin National Watch Co. 诉 Elgin Clock Co. 案中，原告提交了调查实验专家的宣誓书面证词，证词中详述了调查实验设计、操作过程、问卷和最终结论，并提交了 2000 份问卷作为附件。法官拒绝采信该证据，他指出："法庭不考虑传闻的一般规则对专家证言也不例外。尽管……在有些案件中，专家意见可以以通过观察或检验所获得的个人知识为基础，但是，从法庭之外的其他人的陈述中获取信息，这种形式的传闻并非这里所指的'个人知识'，也不能作为专家意见的基础，这一规则是非常明确的。"❷ 法官进一步指出："本案提交的宣誓书面证词并非建立在宣誓人的个人知识基础上，也非建立在纳入证据的事实基础上，相反，完全建立在未被传唤为证人的人们未经证实的陈述或意见基础上。"❸ 类似地，在 Sears, Roebuck & Co. 诉 All States Life Ins. Co. 案中，法官认为问卷调查的答案是由案外人提供给调查员的，在庭审过程中没有机会对这些案外人进行交叉询问，以确定他们回答这些问题时所持的真实意思。❹ 我国的司法实践也呈现出类似的倾向，调查实验经常被指责为传闻证据："根据民事诉讼法及其相关司法解释，证人应该接受法庭的质证，其证言才能确定是否被法庭采纳。"❺

（二）调查实验仅适于测度事实问题

对调查实验司法应用的第二个质疑是，虽然调查实验是适于确定事实问题的实证方法，但是商标法中需要证明的关键问题并非单纯的事实

---

❶ LEIGHTON R J. Using（and Not Using）the Hearsay Rules to Admit and Exclude Surveys in Lanham Act False Advertising and Trademark Cases [J]. The Trademark Reporter, 2002, 92: 1305, 1313.

❷ Elgin National Watch Co. v. Elgin Clock Co., 26 F. 2d 376, 377 (1928).

❸ Elgin National Watch Co. v. Elgin Clock Co., 26 F. 2d 376, 378 (1928).

❹ Sears, Roebuck & Co. v. All States Life Ins. Co., 246 F. 2d 161 (5th Cir. 1957).

❺ 中国石化销售股份有限公司山西石油分公司诉河某案 [山西省忻州市中级人民法院 (2019) 晋09民初32号民事判决书]，中国石化销售股份有限公司山西石油分公司诉河某案 [山西省忻州市中级人民法院 (2019) 晋09民初45号民事判决书]，周某诉新百伦贸易（中国）有限公司、广州市盛世长运商贸连锁有限公司案 [广东省高级人民法院 (2015) 粤高法民三终字第444号民事判决书]。

问题，相反，它们是规范性的（normative）法律问题。这是拒绝在商标司法中运用调查实验证据的"釜底抽薪"的理由：如果显著性、混淆和淡化等都不是单纯的事实问题，而是应当由法官在个案中进行规范衡量的因素，那么，作为测度事实的工具，调查实验便没有了用武之地。与当今美国法院对商标调查实验表现出的热情相比，欧盟法院（Court of Justice the European Union，CJEU）对之态度相对谨慎，原因即在于此。以混淆为例，欧盟法院认为混淆可能性分析是经验事实（empirical findings）和规范性考虑（normative considerations）的综合体，其中，经验事实必须被置于规范性考虑的分析框架下。在这一框架中，欧盟法院考虑的是"一般消费者"（average consumer）对商标的认知情况，而"一般消费者"被定义为"合理知情、具备合理观察力和谨慎度"（reasonably informed，and reasonably observant and circumspect）的消费者。法官会根据使用商标的商品的具体特点，预设一般消费者的技能和注意力程度；也会根据商标的显著程度，分析混淆的可能性。"以相关一般消费者的理性模型为基础进行分析，使侵权分析能够脱离实证数据，也使评估混淆不必依赖于对行为的实际测度。根据这一脉络，强调'一般消费者'事实上是一个'法律建构'（legal construct）的法院为自己评估混淆可能性保留了充足空间，无须考虑反映消费者认知的调查实验证据。在规范性考虑中，'一般消费者'这个参照系使法官可以自由假定商标和冲突标识在典型消费者心中留下的印象，而无须借助于民意调查。"❶
在我国，同样也有当事人指出："根据我国商标法的相关规定，人民法院有权按照相关公众的认定标准对是否侵权进行判断，不需要进行公众调查。"❷

（三）调查实验的可靠性存疑

人们对调查实验的可靠性一直心存疑虑。科尔（Annette Kur）和塞

---

❶ KUR A，SENFTLEBEN M. European Trade Mark Law：A Commentary［M］. Oxford：Oxford University Press，2017：331.

❷ 贵州贵酒有限责任公司诉贵州省仁怀市茅台镇麒麟酒业有限公司、贵阳顺潮商贸有限公司案［贵州省高级人民法院（2012）黔高民三终字第 69 号民事判决书］。

夫特尔博（Martin Senftleben）指出，接受调查实验证据将使法院不可避免地陷入关于实验方法和问卷设计的恰当性、实施过程的中立性、样本的代表性、所得数据的可靠性和意义以及在法律规则的背景下如何解读实验结果的复杂争论中。鉴于众多参数可能被用来影响调查实验结果，法院极不情愿将民意测验的结果作为真实市场行为的有效指针。调查实验是"人为创造的证据"，提供该证据的一方总是试图操控调查实验过程，以使结论对其更加有利。调查实验的准备和实施过程可能存在诸多疑点，例如，问题是否存在诱导性，是否鼓励猜测性答复，对被调查人回答的记录是否忠实，对调查结果是否全面公布等。❶

如果商标调查实验是可靠的，那么运用不同调查实验模型对相同的问题进行测度，其结果应该是相同的，至少是相近的。然而，美国学者对司法中常用的测度混淆可能性的实验模式进行实证研究，却发现运用不同实验模式所得到的混淆率大相径庭，有些模型还存在不合理地夸大混淆率的风险。❷ 法院也表达过类似担忧，波斯纳（Posner）法官戏称调查实验是"妖术"（black arts），法官难免会被调查专家们所使的一些花招所迷惑。他抱怨道："许多专家为了可观的收费（有时仅仅是不太高的收费），便愿意让他们的科学向收费来源'折腰'。而律师顾问服务市场对这类行为的约束是微弱的，例如，本案中双方聘请的专家在先前的司法判决中都曾受到批评，但我们毫不怀疑他们仍能从本案中获得高额酬金。"鉴于双方都会邀请专家作出针锋相对的调查实验，随之而来的"专家之战"（the battle of experts）通常令人厌烦。❸ 美国专利商标局商标审理和上诉委员会委员也认为，"你能用统计学证明任何主张"的古老箴言并非夸大其词。❹ 类似地，中国法官对调查实验证据的可靠性

---

❶ KUR A, SENFTLEBEN M. European Trade Mark Law：A Commentary［M］. Oxford：Oxford University Press, 2017：334.

❷ SIMONSON I. The Effect of Survey Method on Likelihood of Confusion Estimates［J］. The Trademark Reporter, 1993, 83：364, 388 – 389.

❸ Indianapolis Colts Inc. v. Metropolitan Baltimore Football Club Ltd., 34 F. 3d 410, 414 – 416（7th Cir., 1994）.

❹ SHRYOCK R F. Survey Evidence in Contested Trademark Cases［J］. The Trademark Reporter, 1967, 57：377, 379.

也存在多方面的疑虑，包括调查专家的公正性、样本的代表性、实验设计的科学性、调查数据的准确性等。❶ 此外，调查实验到底能在多大程度上反映相关公众的真实心理？怀赞斯基（Wyzonski）法官指出："如果被调查人不是处在购物状态，而是处于回答调查员问题的友好心情时，其注意力程度与他手里握着钱包时相当不同。许多人在回答社会调查员的提问时，并不会像他们在花钱时那样尽力避免混淆。"❷

（四）法官不具备评估调查实验的专业知识

对调查实验的排斥，还源于法官对调查实验技术的不熟悉。学者指出，联邦法官们显然不是调查专家。❸ 因此，正如波斯纳法官所言："对存在偏见的专家证言的司法约束具有内在的脆弱性，因为法官们缺乏相关领域专业知识的训练和经验。"❹ 中国法官同样认为，审查调查实验证据的实体内容，已超出了法官专业能力的范围。❺ 鉴于调查实验本身所具有的复杂性和精巧性，法官对调查实验科学的不熟悉将使该类证据可能存在的不可靠、不公正问题进一步加剧。不难理解，与其陷入在未知领域中开展复杂而费解的争论的泥潭，法官们更倾向于干脆放弃

---

❶　2013 年 2 月，中山大学法学院谢晓尧教授和本书作者对广东省高级人民法院、广州市中级人民法院、佛山市中级人民法院、东莞市中级人民法院、珠海市中级人民法院、广州市越秀区人民法院、天河区人民法院、佛山市南海区人民法院、禅城区人民法院、顺德区人民法院、三水区人民法院等 11 个法院知识产权庭的法官进行了问卷调查（以下简称"广东法官问卷调查"），共回收调查问卷 68 份。68 份问卷中，针对"您对商标调查报告可靠性最大的顾虑是（只选一项）"这一问题，11 人选择"调查机构或专家缺乏足够的权威性和公正性"；17 人选"一个只有数千人甚至只有数百人的样本难以推算出适用于全国所有消费者的结论，对调查报告的科学性怀疑"；5 人选"调查实验的设计不科学，样本不具有代表性"；11 人选"调查人员是否遵循科学的调查规范难以核实"；4 人选"是否准确处理和运用调查数据难以核实"；9 人选"对同一问题的不同调查报告有可能结论截然相反"；5 人选"审查调查证据的实体内容，超出了法官的能力"；7 人弃选。可见法官的担忧是多方面的。

❷　American Luggage Works Inc. v. United States Trunk Co. , 158 F. Supp. 50, 53 （D. Mass. 1957）.

❸　DIAMONO S S, SWAN J B. Trademark and Deceptive Advertising Surveys：Law, Science, and Design ［M］. Chicago：ABA Book Publishing, 2012.

❹　Indianapolis Colts Inc. v. Metropolitan Baltimore Football Club Ltd. , 34 F. 3d 410, 415 （7th Cir. , 1994）.

❺　在广东法官问卷调查的 68 份问卷中，5 人选"审查调查证据的实体内容，超出了法官的能力"。

对调查实验的应用。

（五）调查实验成本高昂

商标调查实验的成本取决于其所采用的调查模式以及调查的样本量。伯杰在 2012 年提供了一组参考数据：对于购物商场截访调查，如果样本量为 250 人并在四到五个购物商场实施，那么，调查实验的收费价格在 25000 ～ 40000 美元；对于相同样本量的电话调查，价格是 16000 ～ 24000 美元；而互联网调查的价格一般在 20000 ～ 26000 美元；如果在正式的调查实验前还打算开展测试调查，那么费用将更高。[1] 相对于调查实验证据在商标诉讼中真正发挥的作用，这一高昂的成本可能是不值的。怀疑论者指出，只有在法官内心早已确信调查实验的结论时，调查实验才会被采信和依赖。换言之，不论有没有调查实验，法官本都会作出相同的判断。[2] 有人戏谑道："商标调查实验的功能不过是通过勘探公众的内心，好让法官们下定决心。"[3] 毕比教授（Barton Beebe）对 331 个公布判例进行实证研究，发现只有 20% 的判决书提及调查实验证据，其中，判决结果与调查实验证据结果一致的仅占 7%。[4] 伯德（Robert Bird）和斯特克尔（Joel Steckel）对 533 个公布判例进行研究，

---

[1]　对于购物商场截访调查，首先需要给受访者一定的奖金或奖品作为回报，通常每份奖品价值 5 美元。每个购物商场的调查中心通常会对每个访问收取 20 ～ 30 美元的服务费。因此，对于一个样本量为 250 人、在四五个购物商场进行的调查，需要支付 6250 ～ 8750 美元。另外，还有调查专家的劳务费，为每天 3000 ～ 5000 美元，按照一般的调查项目，这笔费用通常为 20000 ～ 30000 美元。此外还需要加上设计问卷、调查模式和撰写调查实验报告的费用。

对于电话调查，通常每个电话的收费是 20 美元，而无须其他费用。但是，电话调查的总费用与愿意接受调查的受访者比例成反比——越少人愿意接受访问，则总成本越高。

互联网调查的费用，主要是使用互联网在线小组（Internet panel）以及给受访者物质激励所需的费用。

参见 BERGER J T. Frequently Asked Questions about Trademark Surveys [J]. Intellectual Property Daily, 2012, 19: 6.

[2]　LEE A T. The Legal Aspects: A Trap for the Unwary [J]. The Trademark Reporter, 1977, 67: 120, 121.

[3]　WEISS P. The Use of Survey Evidence in Trademark Litigation: Science, Art or Confidence Game [J]. The Trademark Reporter, 1990, 80: 71, 86.

[4]　BEEBE B. An Empirical Study of the Multifactor Tests for Trademark Infringement [J]. California Law Review, 2006, 94: 1581, 1641.

发现只有 16.6% 的判决书提及调查实验证据。他们由此得出结论：消费者调查并不是特别有用。❶ 有律师甚至直言，一个全面的商标调查实验所具有的证明价值配不上为它付出的成本。❷ 另外，高昂的成本也带来公正性问题。学者担心，如果调查实验成为商标案件的必备证据，那么当事人的经济能力将成为诉讼胜负的关键，其他法律理由的重要性将被削弱——尽管这些理由可能更重要。过分依赖实证证据，会将没有能力委托昂贵的调查实验的弱势当事人置于不利地位。❸

三、商标调查实验的正当性

尽管存在诸多质疑，但是经过数十年的实践，调查实验已被证明是商标诉讼中可信的证据形式。

（一）调查实验不是传闻证据

首先，法院一般认为，传闻证据规则不应成为采信调查实验证据的障碍。莱顿（Richard Leighton）总结道，支持采信调查实验证据的法院大致可以分为两大阵营：一些法院认为调查实验报告根本就不是"传闻"；另一些法院则认为，虽然调查实验报告记录的确实是"传闻"，但它们落入了传闻证据规则的例外。❹ 对这一问题影响最深远的判例——Zippo Manufacturing Co. 诉 Rogers Imports Inc. 案采取的恰恰是这一论证思路。❺

---

❶ BIRD R C, STECKEL J H. The Role of Consumer Surveys in Trademark Infringement：Empirical Evidence from the Federal Courts ［J］. University of Pennsylvania Journal of Business Law, 2012, 14：1013, 1035.

❷ BERESKIN D R. Are Trademark Surveys Worth the Cost? ［EB/OL］. ［2019-10-01］. https：//www. bereskinparr. com/doc/are-trademark-surveys-worth-the-cost.

❸ KUR A, SENFLEBEN M. European Trade Mark Law：A Commentary ［M］. Oxford：Oxford University Press, 2017：334.

❹ LEIGHTON R J. Using (and Not Using) the Hearsay Rules to Admit and Exclude Surveys in Lanham Act False Advertising and Trademark Cases ［J］. The Trademark Reporter, 2002, 92：1305, 1309.

❺ Zippo Manufactureing Co. v. Rogers Imports, Inc., 216 F. Supp. 670, 682 (1963).

认为调查实验报告不是"传闻"，可以从两个略有不同的角度论证。两种论证的逻辑是一样的：根据定义，"传闻"首先是"证明所主张事实的真实性"的陈述，只不过这些陈述"未在庭审或者聆讯中作出"，所以应被排除；然而，调查实验证据中记载的受访者陈述原本就不是用来证明他们所主张的事实的真实性。对于如何理解"受访者的陈述并非被用来证明陈述中所指事实的真实性"，两种论证的理由略有不同。一种观点认为，受访者的回答之所以不是"传闻"，是因为它们只是表达了受访者对特定事物的看法和意见，而不是证实这一事物的真实性。❶例如，在一份问卷中，受访者选择了"'司口可乐'牌软饮料是由可口可乐公司生产的"这一选项，这仅仅反映了该受访者的见解，而非用于证明该款可乐到底是由哪家公司生产的事实。另一种观点认为，该问题的要害在于澄清调查实验证据所要证明的到底是什么事实。调查实验证据所要证明的，是作为集体的"实质部分或数量"（substantial portion or number）的消费者对商标的认知情况。此时，单个受访者的个别回答并非用于证明这一集体认知事实的真实性（即受访者在答卷中主张的仅是自己发生了混淆，而从未主张作为一个整体的消费者发生了混淆）；相反，关于集体认知的结论，其实是由裁判者从个别回答的加总结果中推导出来的。❷换言之，调查员记录下受访者甲选择"'司口可乐'牌软饮料是由可口可乐公司生产的"这一选项，是为了忠实地反映有多少被调查人（例如甲、乙、丙、丁等）在看到"司口可乐"牌软饮料时会产生相同的反应。甲的陈述既非用于证明特定软饮料由哪家公司生产的事实，也非用于证明相关公众集体认知的事实，它只是作为对甲在看到刺激物（"司口可乐"）后的反应的客观记录，因此，甲对问卷的回答并不构成证据法意义上的"传闻"。

另外，即使认为专家报告中转述受访者的回答构成传闻证据，许多法院亦同意这种情形符合传闻证据排除规则的例外，因此调查实验报告

---

❶ SORENSON R C, SORENSON T C. The Admissibility and Use of Opinion Research Evidence [J]. New York University Law Review, 1953, 28：1213, 1233.

❷ LEIGHTON R J. Using（and Not Using）the Hearsay Rules to Admit and Exclude Surveys in Lanham Act False Advertising and Trademark Cases [J]. The Trademark Reporter, 2002, 92：1305, 1322.

和专家证言应当被采信。《联邦证据规则》（*Federal Rule of Evidence*）第803 条第 3 款规定，如果转述的陈述是陈述者"当时存在的心理状态、情感或知觉"，则该转述不必被当作传闻而排除。这一例外被称为"当时存在的心理状态例外"（the then existing state of mind exception）。规定这一例外的原因在于，对"当时存在的心理状态"的陈述反映了陈述者独特的心理和视角，通常也没有更好的方法去验证；在事件发生之时，陈述者对自身感受的即时陈述，应该是真实可信的。❶ 受访者在接受调查员访问时作出的回答，表达的是他们面对刺激物时产生的"当时存在的心理状态"，所以落入了传闻证据排除规则的例外情形。

除此之外，《联邦证据规则》第 807 条还规定了所谓的"兜底例外"（the residual exception）规则：如果证据的提供者能够证明所提供的传闻证据具有可靠性（reliability）、实质性（materiality）、必要性（necessity）和合法性（lawfulness），则即便该传闻证据未落入第 803 条和第 804 条所规定的具体例外，也不应该排除采信。"这四个必备要件中，对专家调查证言而言，最重要的是'可靠性'和'必要性'。"❷ 调查实验方法的可靠性有可能得到合理保障，因为，虽然受访者未能接受交叉询问，但设计和实施调查实验的专家是必须出庭作证的。法官们承认，"只要受访者没有接受交叉询问，法庭便缺乏对其真诚性、表达能力、感知和记忆的检验，也无法证明他们是否被诱导性问题、询问问题的环境或者调查员的个性所影响。"❸ 但是，法院可以通过对专家证言进行审查，以确认调查实验的方法和实施过程是否符合社会统计学的一般规范，是否存在威胁证据可信度的风险。"如果法庭相信在某个特定的个案中，这些风险都已经被最小化，总体上看被访者所给出的答案应是其心理状态的可靠指针时，那么，缺少交叉询问应该不成问题。"❹ 而调查

---

❶ LEIGHTON R J. Using（and Not Using）the Hearsay Rules to Admit and Exclude Surveys in Lanham Act False Advertising and Trademark Cases［J］. The Trademark Reporter, 2002, 92: 1305, 1316.

❷ LEIGHTON R J. Using（and Not Using）the Hearsay Rules to Admit and Exclude Surveys in Lanham Act False Advertising and Trademark Cases［J］. The Trademark Reporter, 2002, 92: 1305, 1317.

❸❹ American Luggage Works, Inc., v. United States Trunk Co., Inc., 158 F. Supp. 50, 53（1957）.

实验的必要性就更加毋庸置疑了：当证明消费者心理状态的其他方法"要么不切实际、要么十分麻烦"时，采信社会科学方法获取的调查实验证据显然更加可行。❶"替代的方法包括要求一小部分公众（例如，80名证人）出庭作证，或者利用专家证言证明公众的心理状态。但这些替代方法不那么有价值，因为从这些证词中获取的关于公众心理状态的推论，都不如通过科学调查实验获得的已被证实的推论那样有力而直接。"❷

（二）调查实验在规范性分析中的作用

即使将商标法中的关键问题纳入规范性分析的框架，调查实验仍可为规范性分析提供必要的事实基础。欧盟法院将混淆可能性的认定作为规范性问题，其主要原因是政治的，它希望借助于"一般消费者"概念实现欧盟全境内侵权认定标准的统一，从而实现建立统一内部市场的政治目标。"与将侵权认定留待国内法院对事实进行分析和对调查实验证据进行评估相比，欧盟法院自己能够确定混淆分析的参照系，并对各国内法院施加义务，使之服从欧盟法院的规范性指引。欧盟法院所确立的一般性、规范性框架，使分析能够一定程度上独立于实际的消费者行为——这些行为在不同成员国间表现各异：与其使判决受制于国内法院对特定国内环境下特定消费者感知的认定，欧盟法院为自己创造了空间，使之能够创设一个典型的欧盟消费者的一般特征。"❸ 然而，法律标准的统一不应排除不同市场中相关公众认知差异的基本事实。例如，在美国市场上，消费者认为阿司匹林（asprin）指示的是头痛药这种产品，香槟（champagne）就是起泡酒的代名词；而在欧洲市场上，阿司匹林仍然是头痛药的一个品牌，香槟则是特指来自法国香槟地区的起泡酒的地理标志。在这两个法域内，法律为商标提供保护的标准基本是一致的——标识必须具有一定的显著性，不能是通用名称；但是，不同市场

---

❶ American Luggage Works, Inc., v. United States Trunk Co., Inc., 158 F. Supp. 50, 53 (1957).

❷ Zippo Mfg. Co. v. Rogers Imports, Inc., 216 F. Supp. 670, 683 (S. D. N. Y. 1963).

❸ KUR A, SENFLEBEN M. European Trade Mark Law: A Commentary [M]. Oxford: Oxford University Press, 2017: 332.

上相关公众的认知却存在巨大差异，这一事实不应被忽视，相关公众的认知是商标获得法律保护的事实前提。因此，欧洲学者也指出，虽然欧盟法院从未对调查实验证据表示青睐，但它也没有断然否定调查实验证据的作用。❶ 反过来说，即使是十分重视相关公众主观认知（即重视商标调查实验）的国度，也并没有完全倚赖调查实验来对商标法中的关键问题作出判断。不论通用名称、"第二含义"、混淆可能性、知名度还是淡化，其判断都是多种因素共同考量的结果，调查实验只是其中一个因素。❷ 在这个意义上，将商标法中的核心问题视为纯粹的事实问题还是规范性的法律问题，这两种分析进路在实际应用上的差异并不像在理论上看起来那么大。

（三）调查实验的可靠性保障

调查实验的可靠性得到社会科学规范和司法程序的有效保障。调查实验是社会科学公认的研究方法，而商标调查实验也已成为商标法中相对独立的研究领域。❸ 学术界的持续关注和研究，使调查实验的有效性得到科学上的监督和保障。

调查实验的可靠性还得到司法程序的保障。以美国为例，第一，联邦司法中心为可采信的调查实验制定了详细标准，为满足这些要求，当事人提交的调查实验证据在质量上必须达到门槛性标准。❹ 第二，对抗制的庭审程序有助于保障调查实验的质量。调查实验专家必须出庭作证接受对方律师与专家证人的质问。即便法官不具备专业知识，也能在这一质问过程中获得关于调查实验证据可靠性的有效信息。第三，即使是指责调查实验方法为"妖术"的波斯纳法官也承认，调查实验专家的行

---

❶ KUR A，SENFLEBEN M. European Trade Mark Law：A Commentary ［M］. Oxford：Oxford University Press，2017：335.

❷ FORD G L. Survey Percentages in Lanham Act Matters ［M］//DIAMOND S S，SWANN J B. Trademark and Deceptive Advertising Surveys：Law，Science，and Design. ABA Book Publishing，2012：326.

❸ 参见本书前言第三部分的论述。

❹ Federal Judicial Center. Manual for Complex Litigation ［M］. 4th ed. Eagan：Thomson West，2004；Federal Judicial Center，Reference Manual on Scientific Evidence ［M］. 3rd ed. Washington D. C. ：The National Academies Press，2011.

为是受到声誉机制约束的。专家们是重复博弈者，所以有足够的动力维护自己诚实和专业的形象。对于有学术著作的专家而言，这种约束力更强。随着裁判文书的及时上网，专家立场和方法的摇摆冲突也更容易被发现和质疑。❶ 雅各比教授指出："声誉良好的科学家有强烈的动力避免侮辱他们的科学，特别是他们千辛万苦获得的声誉。他们将坚持不懈地避免制造和提供垃圾科学。"❷

至于调查实验与真实市场间的差距，这原本不应成为一个严重的问题。仿真式的调查实验是社会科学领域普遍采用的方法，为社会心理学家、公共管理者、操作分析师、历史学家、社会人类学家和许多其他学科认可，尽管调查实验与真实环境之间总是存在差距的。❸ 有时候，恰恰只有模拟的、不那么真实的交易环境，才有可能帮助我们完成对相关问题的有效测度，因为必须通过对照组的设计，将所要测度的因素人为分离出来，以避免其他因素的影响和干扰。

（四）法官评估的辅助机制和能力培养

法官对调查实验的不熟悉不应成为拒绝调查实验的理由。在科学技术发展日新月异的今天，法官没有理由、也不可能拒斥新的审判辅助技术，社会科学领域的技术也不例外。我国最高人民法院多次强调，在知识产权审判中应"积极运用经济分析、专业评估"等技术手段。❹ 为帮助法官评估调查实验证据，首先可以制定统一的司法操作指南。以美国为例，美国司法会议早在 1960 年就出台了《疑难案件审判推荐程序手册》（Handbook of Recommended Procedures for the Trial of Protracted Cases，25 F. R. D. 351（1960）），为法官处理疑难案件中的科学证据（包

---

❶ 理查德·波斯纳. 法律理论的前沿 [M]. 武欣，凌斌，译. 北京：中国政法大学出版社，2003：422 - 424.

❷ JACOBY J. Sense and Nonsense in Measuring Sponsorship Confusion [J]. Cardozo Arts & Entertainment Law Journal，2006，24：63，96.

❸ SORENSEN R C，SORENSEN T C. The Admissibility and Use of Opinion Research Evidence [J]. New York University Law Review，1953，28：1213，1222.

❹ 张先明. 最高法院明确当前知识产权审判七大重点 [N]. 人民法院报，2013 - 03 - 22 (4).

括调查实验证据）提供指引。1969 年，该手册被联邦司法中心发布的《复杂诉讼指南》（*Manual for Complex Litigation*）❶ 所取代。1994 年，该中心进一步委托专家撰写了厚达 600 余页的《科学证据参考指南》❷，其中即包含了《调查研究参考指引》，供法官办案参考。另外，多部论述商标调查实验的著作均旨在为法官处理此类证据提供系统指引。❸ 其次，为了避免发生"专家之战"带来调查实验证明力评估上的困难，法官可以在庭前程序指派独立的调查实验专家，并在双方当事人就调查实验的模式达成共识后，再开展调查实验。❹ 在我国，由法院接受当事人的申请，委派中立、权威的社会调查机构开展调查实验。其采用的调查实验方法较为规范，结论客观公允，较容易为当事人和法官所接受，成为法官裁判的重要依据。❺ 此外，我国知识产权法院创设了技术调查官制度，目前配备的主要是科学技术领域的专家。❻ 未来可以进一步探索配备社会科学专家，作为社会科学证据的技术调查官。

不可否认，从个案看，引入调查实验证据使法官不得不面对较高的

---

❶　该指南的最新版本是 2004 年发布的第四版。

❷　该指南的最新版本是 2011 年发布的第三版。

❸　关于社会科学证据的综合性著作，参见约翰·莫纳什，劳伦斯·沃克. 法律中的社会科学［M］. 6 版. 何美欢，樊志斌，黄博，译. 北京：法律出版社，2007. 戴尔蒙德和斯旺相信："在恰当的支持下，联邦法官能够很好地评估调查实验证据的方法，如同评估其他形式的专家证据那样。"所以，他们所主编的著作"旨在为实现这一目标提供一个工具库。"（DIA-MOND S S, SWANN J B. Trademark and Deceptive Advertising Surveys：Law, Science, and Design［M］. Chicago：ABA Book Publishing, 2012：5.）雅各比教授的著作旨在"为设计、执行和评估商标及相关调查研究时需要考虑的科学问题提供一致、全面和综合的处理方法"。（JACOBY J. Trademark Surveys：Designing, Implementing and Evaluating Surveys［M］. Chicago：ABA Book Publishing, 2013：xix.）

❹　WELTER P J. A Call to Improve Trademark Survey Evidence［J］. The Trademark Reporter, 1995, 85：205, 207 - 208.

❺　颐中烟草（集团）有限公司诉青年联智广告有限公司案［山东省青岛市中级人民法院（2004）青民三初字第 304 号民事判决书］，德州亚太集团有限公司诉德州市中石电子有限公司案［德州市中级人民法院（2005）德中民四初字第 59 号民事判决书］，东营市华泰橡胶有限公司、山东盛泰橡胶集团有限公司诉东营三恩轮胎维修设备厂案［东营市中级人民法院（2006）东民三初字第 15 号民事判决书］、山东凤凰制药股份有限公司诉东营豪威化工科技开发有限公司案［东营市中级人民法院（2006）东民三初字第 22 号民事判决书］，青岛灯塔酿造有限公司诉莱芜智圣工贸有限公司案［莱芜市中级人民法院（2006）莱中知初字第 18 号民事判决书］。

❻　参见《最高人民法院关于技术调查官参与知识产权案件诉讼活动的若干规定》（法释〔2019〕2 号）。

学习成本，同时因法官对调查实验不熟悉，也存在较高的错误成本。但是，从理性知识生成和累积的角度看，逐步引入调查实验证据具有重大的公共价值。当调查实验证据被更多的应用，随着经验的积累，其错误成本将逐步降低。有学者观察到，山东省一些法院对调查实验的运用较为普遍，且运用自如，这与它们大胆的尝试有关，司法知识正是在试错中累积起来的。❶

（五）调查实验在特殊案件中的收益

调查实验证据成本高低的评判标准并非其费用的绝对值。相反，成本的评估离不开个案中对证据相对价值的具体考察。学者观察到，调查实验证据主要应用于两类案件，一是利益重大的案件，二是"边际案件"。案件预期利益越重大，越有可能激发当事人的权利勘测与确认行为，产权的检测、度量和维护成本才会是有效益的。而对于新型、疑难的，法律和事实模糊，意见分歧较大的"边际案件"，当事人也有运用调查实验证据的动因。在其他条件相同的情况下，证据越多，双方就越势均力敌，而由于双方更加势均力敌，新增证据对结果的可能影响就会更大。❷ 双方越是势均力敌，越有动机提供越多证据，这种激励有一个提高效率的趋势。❸ 金海军教授也中肯地指出："诚然，引入消费者调查方法，必然涉及调查费用，但是，对如像'小肥羊''解百纳''优盘'这样或者耗时十来年、官司十几场、裁判文书几十份的案件，或者涉案标的数额巨大的案件，或者裁判结果将影响整个行业的案件，如果能够借助消费者调查之类的社会科学方法而尽快作出具有说服力的裁判，即使需要额外支出调查费用，对于企业或者社会来讲，都还是有效率的。"❹

---

❶ 谢晓尧. 用数字说话：商标主观认知的科学度量［J］. 暨南学报（哲学社会科学版），2013（10）：40.

❷ 谢晓尧. 用数字说话：商标主观认知的科学度量［J］. 暨南学报（哲学社会科学版），2013（10）：39.

❸ 理查德·A. 波斯纳. 法律理论的前沿［M］. 武欣，凌斌，译. 北京：中国政法大学出版社，2003：362.

❹ 金海军. 商标与通用名称问题的消费者调查方法：实证与比较［J］. 暨南学报（哲学社会科学版），2013（10）：34.

　　而对于意见分歧较大，或者其他证据对一方当事人极为不利的"边际案件"，新增的证据会对结果产生较大影响。这一观察得到实证研究的支持：萨雷（Dan Sarel）和马默斯坦（Howard Marmostein）的实证研究表明，如果系争商标与原告商标之间十分近似，那么商标调查实验对证明混淆可能性的贡献度就比较低——法官原本就会从标识近似这一事实本身作出存在混淆可能性的推论；然而，随着系争商标与原告商标之间近似度的逐渐减弱，商标调查实验在证明存在混淆可能性方面就变得至关重要。❶ 我国司法中也存在类似现象，许多当事人正是在一审败诉或对方当事人提交了调查实验证据的情况下，才委托了商标调查实验；而在商标授权确权行政纠纷中，也有大量当事人在行政程序中失利以后，才在行政诉讼中提交调查实验证据，企图以此扭转败局。❷

四、小结

　　商标法关键问题的判断离不开对相关公众心理认知的认定，而调查实验是测度相关公众主观认知的科学方法。尽管商标调查实验的司法应用存在多方面的质疑，但这些质疑在理论和实践上要么不成立，要么可以通过有效的程序避免、解决或缓解。不可否认，商标调查实验并非完美的证据。但正如波斯纳所言："如果只有完美的证据可以采信，审判将会非常短暂。"❸ 其他学者亦认为："即使是不完美的调查实验，一般而言，也能够且确实澄清了案件中的问题。换言之，调查实验是用于澄清的证据（clarifying evidence），而非确凿的证明（proof）。"❹ 温斯坦法官指出，过去裁断者们总是坐在封闭的密室中，凭借自己有限的经验和

❶ SAREL D, MARMOSTEIN H. The Effect of Consumer Surveys and Actual Confusion Evidence in Trademark Litigation: An Empirical Assessment [J]. The Trademark Reporter, 2009, 99: 1416, 1427 - 1430.
❷ 关于我国商标司法中调查实验证据的应用情况，请参看本书第八章的分析。
❸ Indianapolis Colts, Inc. v. Metropolitan Baltimore Football Club Ltd., 34 F. 3d 410, 416 (7th Cir., 1994).
❹ RAPPEPORT M. Litigation Surveys: Social Science as Evidence [J]. The Trademark Reporter, 2002, 92: 957, 961.

偏见以及同样有局限性的先例或者政策。"观察、实验并运用统计学家和科学家们评估数据的准则,"可以"为这些密室打开窗户","看看外面的真实世界"。对于当事人而言,法庭辩论与其说是解释和证明的过程,不如说是说服的过程。而通过调查实验方法"传唤数字作证",恰恰能够有效地提升"科学意义下的说服力"。❶

---

❶ 汉斯·采泽尔,戴维·凯. 用数字证明:法律和诉讼中的实证方法 [M]. 黄向阳,译. 北京:中国人民大学出版社,2008:4,7-8.

第二章　如何用数字说话？
——商标调查实验的关键问题

　　商标调查实验是证明相关公众心理认知的科学手段。作为一种社会科学证据，商标调查实验必须符合法定标准，才能被法院采信，成为具有证明力的证据。

　　在评价科学证据的可采性和证明力方面，美国司法实践提供了许多可资借鉴的经验。在1993年的Daubert诉Merrell Dow Parmaceuticals Inc.案中，美国联邦最高法院明确了采信科学证言的基本规则：第一，该证言必须建立在科学有效的原则（scientifically valid prinicple）基础上；第二，该证言与该案事实相关（relevant）。❶ 在随后的Kumho Tire Co. Ltd诉Carmichael案中，美国联邦最高法院进一步指出，Daubert案所确立的规则可适用于所有类型的专家证言，包括社会科学证据；法官在审查专家证言时负有"基本的守门人义务"（basic gatekeeping obligation），必须保证专家证言的相关性（relevancy）和可靠性（reliability）。这一规则实质上要求，专家在法庭中作证时所采用的智识标准和严谨程度，必须与其在相关领域作研究时所遵循的标准相一致。❷ 2000年修订的《联邦证据规则》将美国联邦最高法院确定的司法规则法典化。其中第702条要求，专家证言必须满足以下条件方可采信：①该证言建立在充分的事实或者数据基础上；②该证言是可靠的原则和方法的产物；③该证人可靠地将此种原则和方法运用于分析该案的事实。

　　将对科学证据的一般要求具体适用于商标调查实验，就是要求调查实验证据的提供方证明其调查实验的设计和执行符合调查实验领域广泛

---

❶ Daubert v. Merrell Dow Parmaceuticals Inc. , 509 U. S. 579（1993）.

❷ Kumho Tire Co. Ltd. v. Carmichael, 526 U. S. 137, 152（1999）.

接受的原理和标准。根据《复杂诉讼指南》的要求，这些原理和标准包括：①恰当地选择和界定总体；②选择总体中具有代表性的样本；③准确报告搜集的数据；④根据公认的统计学原理分析数据；⑤询问的问题清晰且不具有诱导性；⑥由适格人员遵从恰当的访问程序开展调查实验；⑦执行流程保证客观性。❶

对于律师和当事人而言，开展一项商标调查实验主要涉及调查实验专家的选择、调查实验对象的确定、调查实验的具体设计、调查实验的执行和调查实验的报告五个关键环节。本章将就如何开展商标调查实验以及每个环节应当注意的问题进行深入剖析。

一、调查实验专家的选择

（一）调查实验专家的资质

商标调查实验是一种社会科学证据，因此其设计和执行者必须是真正意义上的社会科学家，正如美国《联邦证据规则》第 702 条所规定的，只有具备必要的"知识、技巧、经验、训练或教育"的人，才能成为提供专家证言的专家证人。专家证人的资质与科学证据的可靠性呈紧密的正相关，有法官明确指出："专家越合格，那么专家以可靠的方式使用可靠的方法的可能性就越高——高度合格且备受尊敬的专家不可能通过使用不可靠的方法或者以不可靠的方式开展研究而达到当下的地位。因此，我们认为研究者相对不足的资质正是其研究不可靠的间接证据。"❷

对于调查实验专家的资质，美国联邦司法中心的《调查研究参考指引》要求："准备设计、执行和分析调查的专家一般必须接受过心理学（特别是社会心理学、认知心理学或消费心理学）、社会学、政治学、市场营销学、传播学、统计学或相关学科的研究生训练；该训练应包括调

---

❶ Federal Judicial Center The Manual for Complex Litigation [M]. 4th ed. Eagan：Thomson West，2004：102 – 103.

❷ Malletier v. Dooney & Bourke Inc.，525 F. Supp. 2d 558，617（S. D. N. Y. 2007）.

查研究方法、抽样、测量、访谈和统计学的相关课程。"❶ 雅各比（Jacob Jacol）教授认为，设计商标调查实验的专家最好应具备上述学科领域的博士学位，从而保证其接受过系统的正式训练，具备必要的理论知识和实操经验。之所以要求调查实验专家获得心理学硕士以上学位，原因有二。第一，与商标调查实验有关的几乎所有问题涉及消费者心理，而心理学家，尤其是消费心理学家、社会心理学家和认知心理学家在该领域接受过比其他社会科学家更充分的训练。他们在解读调查实验的结果时，看到的不是冷冰冰的数字，而是能够运用心理学知识对这些数字进行科学解释，实现从数字到结论之间的逻辑连接。第二，商标法禁止导致混淆、淡化或欺骗的行为，因此因果关系的测度是商标法的中心问题。科学上，人们所普遍接受的、最严谨的检验因果关系的方法是实验，而心理学家在这方面也比其他社会科学家受过更系统的训练。具备社会学硕士以上学位的专家也是适格专家，因为该领域专家在调查研究方法方面受过系统训练，适于开展与商标有关的问卷调查。而传播学专家通常同时接受过实验设计和问卷调查设计的相关训练。❷

相关专业学历学位仅表明该专家具备从事商标调查实验的基本资质，当事人通常还需证明专家具备较高的学术水准和从事商标调查实验的专业能力。专家的学术成果、职称、在相关学会中的任职（理事或会员等）与所获荣誉、任相关期刊的主编或编委、主持较高级别的研究项目以及在政府专家咨询委员会中任职等，都可以成为专家学术能力的有效证明。❸

综上所述，并非任何人都有资格开展商标调查实验的设计、执行和分析工作。然而，在商标司法实践中，却屡屡出现不具备资质的组织或个人向法庭提供调查实验证据的情况。雅各比教授指出："如果未达到相关学科正式

---

❶ DIAMOND S S. Reference Guide on Survey Research [M] //Federal Judicial Center. Reference Manual on Scientific Evidence. 3rd ed. Washington D. C. : National Academies Press, 2011：359 – 424.

❷ JACOBY J. Trademark Surveys Volume 1：Designing, Implementing, and Evaluating Surveys [M]. Chicago：ABA Book Publishing, 2013：67 – 69.

❸ DIAMOND S S. Reference Guide on Survey Research [M] //Federal Judicial Center. Reference Manual on Scientific Evidence. Jacoby Jacob, Trademark Surveys：Designing, Implementing, and Evaluating Surveys. 3rd ed. Washington D. C. : The Notional Academies Press, 2011：359 – 424.

教育所要求的必要水平，很少有人会被认为是法律、医学、物理、工程或类似领域的专家。而对于调查研究专家，情况却非如此。"❶ 有人抱怨道："进入市场调查领域缺乏标准或最低的资质门槛。任何人在完全不懂分辨正确和不正确的程序的情况下，都敢宣称自己是研究专家。很不幸，太多这种伪研究者提供了非常糟糕的研究，而他们所提供的荒唐结论也使整个行业备受冷眼。"❷ 这种情况在中国商标司法实践中较为严重，提交法庭的许多调查实验证据是由当事人自行设计、执行和分析的，❸ 有时则是委托公证处❹、律师❺

---

❶ Jacob Jacoby, Trademark Surveys Volume 1：Designing, Implementing, and Evaluating Surveys [M]. Chicago：ABA Book Publishing, 2013：60 - 61.

❷ William D. Neal. Shortcoming Plague the Industry [J]. MKTG. NEWS, 2002, 16：37, 38.

❸ 例如，中国粮油食品（集团）有限公司诉河北昌黎县东方长城葡萄酒有限公司等案 [重庆市高级人民法院（2005）渝高法民终字第 176 号民事判决书]，该案中被告提供的《相关公众民意调查结果报告》由其自己制作提供。相关案件参见（2005）渝高法民终字第 129 号民事判决书。拉科斯特股份有限公司诉江苏鳄鱼服饰有限公司等案 [江苏省苏州市中级人民法院（2008）苏中知民初字第 0180 号民事判决书]、泉州五菱油品技术发展有限公司诉柳州五菱新事业发展有限责任公司等案 [福建省高级人民法院（2010）闽民终字第 537 号民事判决书]、贵州贵酒有限责任公司诉贵州省仁怀市茅台镇麒麟酒业有限公司等案 [贵州省高级人民法院（2012）黔高民三终字第 69 号民事判决书]、通用磨坊食品亚洲有限公司诉苏州湾仔餐饮管理有限公司等案 [江苏省南京市中级人民法院（2012）宁知民初字第 564 号民事判决书]、广州星河湾公司实业发展有限公司等诉浙江港龙置业有限公司案 [浙江省嘉兴市中级人民法院（2013）浙嘉知初字第 58 号民事判决书]、中粮置业投资有限公司等诉北京元邑房地产开发有限责任公司案 [北京市朝阳区人民法院（2013）朝民初字第 08370 号民事判决书]、北京家圆医院有限公司诉宜昌鑫家圆妇产医院有限责任公司 [湖北省高级人民法院（2016）鄂民终 1391 号民事判决书]、宁夏协购宝电子商务有限公司诉协购（上海）电子商务有限公司案 [上海市黄浦区人民法院（2017）沪 0101 民初 7751 号民事判决书]、康成投资（中国）有限公司诉南京市高淳区宝隆大润发商贸中心案 [南京铁路运输法院（2018）苏 8602 民初 708 号]，相关案件参见（2018）苏 01 民终 8152 号民事判决书。

❹ 万科企业股份有限公司诉浙江绿都房地产开发有限公司案 [浙江省杭州市中级人民法院（2004）杭民三初字第 267 号民事判决书]，该案中，被告代理人委托杭州市公证处对四季花城业主作了问卷调查。四川德阳谭氏餐饮连锁有限公司诉上海谭氏官府菜餐饮发展有限公司南京西路分公司等案 [上海市第二中级人民法院（2005）沪二中民五（知）初字第 149 号民事判决书]、郑某诉太原市杏花岭区韩志忠丸子汤案 [山西省太原市中级人民法院（2015）并民初字第 595 号民事判决书]，相关案件参见（2016）晋民终 78 号、80 号民事判决书。

❺ 吉林省真子食品有限责任公司诉长春市韩庄餐饮有限公司等案 [吉林省高级人民法院（2006）吉民三终字第 178 号民事判决书]；鲁道夫·达斯勒体育用品波马股份公司诉昆山润华商业有限公司上海南汇分公司案 [上海市第一中级人民法院（2007）沪一中民五（知）初字第 153 号民事判决书]，相关案件参见（2008）温民三初字第 159 号、第 161 号民事判决书，（2008）苏中知民初字第 0065 号民事判决书，（2009）通中知民初字第 0117 号民事判决书，（2009）沪高民三（知）终字第 70 号民事判决书；株式会社普利司通诉山东三泰橡胶有限责任公司等案 [上海市第一中级人民法院（2008）沪一中民五（知）初字第 121 号民事裁定书]。

或其他不具备调查资质的主体❶所设计实施的。在大量案件中，当事人甚至未就开展调查实验的主体资质作出说明。而在一些案件中，法院为了了解消费者对商标的认知情况，自行向有关单位派发调查问卷。❷应当指出，法官认识到通过调查实验获取消费者心理认知情况的重要性，这是非常值得欣喜的；但由于法官往往缺乏关于调查实验的必要训练，由法官自行开展调查实验，实是朝正确的方向迈出了错误的一步。

（二）律师可否参与商标调查实验？

一个需要明确的问题是：律师是否可以以及在多大程度上可以参与商标调查实验的设计、执行和分析过程中？在一些判例中，法院指出，如果律师参与商标调查实验的问题设计中，这就意味着该调查实验是存在问题的。❸ 如前所述，《复杂诉讼指南》要求调查实验的"执行流程保证客观性"，所以，不管律师本人多么精通调查实验科学——甚至获得相关学科的博士学位——都不能自行担任所代理的案件的调查实验专家，不能完全由他来设计和执行整个调查实验。出于客观性的考虑，由律师自行设计执行的调查实验将被视为"不可信且不可采信"（untrustworthy and inadmissible）。❹

不过，律师与所聘请的专业调查实验专家展开合作，共同参与调查

---

❶　南南铝业有限公司诉江某案［广西壮族自治区来宾市中级人民法院（2006）来民三初字第1号民事判决书］，该案中的调查由南宁市营销协会设计实施。海湾石油（烟台）有限公司诉烟台海湾润滑油有限公司等案［山东省烟台市中级人民法院（2006）烟民三初字第4号民事判决书］，该案中，原告委托一知识产权咨询公司进行品牌调查，相关案件参见（2006）烟民三初字第84号民事判决书、（2008）烟民三初第87号民事判决书、（2012）鲁民三终字第136号民事判决书。鸡泽县湘君府味业有限责任公司诉李某案［河北省高级人民法院（2014）冀民三终字第84号民事判决书］，该案调查由河北省商标协会开展。

❷　福建省厨师食品集团有限公司诉徐某案［江西省上饶市中级人民法院（2006）饶中民三初字第22号民事判决书］，该案中，法院为了了解原告"厨师"食品的知晓度，在福建省漳州市下发部分问卷调查表。

❸　Boehringer Ingelheim G. m. b. H. v. Pharmadyne Laboratories, 532 F. Supp. 1040（D. N. J. 1980）；American Home Products Corp. v. Barr Laboratories Inc., 656 F. Supp. 1058（3rd Cir. 1987）.

❹　JACOBY J. Trademark Surveys Volume 1：Designing, Implementing, and Evaluating Surveys［M］. Chicago：ABA Book Publishing, 2013：59.

实验的设计，这又是获得有用的相关数据所必不可少的。律师有责任告知专家此次调查实验所要解决的法律问题是什么，并协助调查实验专家设计相关问题，选择相关的调查总体。❶ 不论调查实验专家的经验多么丰富，也不论其执业时间多长，他始终不是法律专家，没有律师参与的商标调查实验证据很可能是风马牛不相及的。在 J&J Snack Foods 诉 Earthgrains Co. 案中，原告委托的专家提供了一份调查实验证据，以证明标识是属于"暗示性"（suggestive）的，而非"通用性"（generic）或"描述性"（descriptive）的。然而，在整个问卷中，专家对"描述性""暗示性"等关键法律概念的定义都是错误的，由此法院认为整个调查实验都是"不可信且不可采信的"。令人感慨的是，在提供诉讼中使用的商标调查实验方面，该专家已经有长达 25 年的执业经验。❷ 在 K–Swiss 诉 Payless ShoeSource 案中，原告委托的调查实验专家初次参与商标调查实验工作。为了测度混淆可能性，该专家将调查总体设定为原告产品的潜在消费者；后文将论述，在正向混淆案件（forward confusion）中，恰当的调查总体应当是被控侵权人商品的潜在消费者。由于问错了对象，不论该调查实验设计得多么精巧，其结论都是不相关的，因此法院对该证据不予采信。❸ 可见，在调查实验的设计阶段，没有律师的参与和把关，其结果将是灾难性的。

那么，律师参与商标调查实验的界线在哪里？通说认为，律师参与调查实验的设计是必要的，他必须确保调查实验面向相关的对象，且询问的是相关的问题；唯一的限制是律师不能参与调查实验的执行和结果的分析。这一规则的合理性在于，对于调查实验的设计，法官所关心的是其客观性、所测度的问题的相关性以及调查总体选择的恰当性。对于这些要素，法官可以通过普遍公认的科学准则进行审查，因此，不论谁参与选择和确定这些要素，法官都有相对客观的准则来对它们加以评估。相反，调查实验实施的过程则不那么清晰可见，法官很难对此进行

❶ MCCARTHY J T. McCarthy on Trademarks and Unfair Competition［M］. 5th ed. Eagan：Thomson Reuters, 2019：§ 32：166.

❷ J& J Snack Foods Corp. v. Earthgrains Co., 220 F. Supp. 2d 358, 371（D. N. J. 2002）.

❸ K–Swiss v. Payless ShoeSource, 转引自 JACOBY J. Trademark Surveys Volume 1：Designing, Implementing, and Evaluating Surveys［M］. Chicago：ABA Book Publishing, 2013：272.

全过程监控和追踪。为了保证调查实验不存在任何可能的偏见，有必要保证调查员和受访者对调查的目的和赞助人都不知情，即遵守严格的"双盲规则"（double‑blind rule）。因此，必须把律师排除在调查的执行和分析过程之外，以免他们的介入造成对调查实验执行过程的干扰、带来潜在的偏见。❶

二、调查实验对象的确定

在聘任适格的调查实验专家后，专家与律师开展调查实验设计的第一步是选取出恰当的调查实验对象，这涉及调查总体的确定和样本的选择（sampling）问题。

（一）调查总体的确定

1. 总体的概念及其重要性

在商标调查实验的语境下，总体是指其感知和心理状态与该案的问题相关的那部分人群。❷ 这部分人群对商标的认知是跟该案所要解决的法律问题真正相关的，因此它实际上就是我国商标法中所指的"相关公众"。调查实验最终访谈和测试的实际对象，将是从这个人群中抽取出的一个样本。

选择恰当的总体是调查实验的关键一步，因为不论调查实验设计得多么精巧、采取何种调查方式、设计什么样的问题，如果询问的对象是错误的、不相干的人群，那么调查实验所获得的结论也是毫不相干的。❸《调查研究参考指引》指出："提供了一个完全不相干的总体的信息的问卷调查本身就是不相干的。法院很可能会排除采信该问卷调查，或者认

❶　DIAMOND S S. Reference Manual on Scientific Evidence ［M］//Federal Judicial Center. Reference Manual on Scientific Evidence 3rd ed. Washington D. C. ：The National Academies Press，2011：374.

❷❸　MCCARTHY J T. McCarthy on Trademarks and Unfair Competition ［M］. 5th ed. Eagan：Thomson Reuters，2019：§ 32：159.

为其几乎没有证明力。"❶ 麦卡锡教授在其商标法权威专著中列举了大量因总体界定不当而被法院排除采信的司法判例。❷

2. 界定总体的方法

所要解决的法律问题不同，涉案的相关公众也相应地不同，因此应当根据具体的法律问题来界定调查实验的总体。在测度标识通用性（genericness），即相关标识究竟是通用名称还是具有商标意义的调查实验中，恰当的总体是涉案商品或服务的所有潜在消费者。通用名称的判断标准是，在相关公众心目中，该标识的主要含义到底是什么。此时，相关公众指的就是可能购买涉案商品的潜在人群，换言之，那些根本不购买该商品的人群的心理状态与通用性问题的认定是毫无关系的，因此不能纳入可能被调查的总体范围内。❸ 类似地，测度"第二含义"的调查实验总体同样是涉案商品或服务的所有潜在消费者。❹

测度混淆可能性的调查实验，则应区分正向混淆和反向混淆两种情况。对于正向混淆，恰当的总体是商标在后使用者（junior user）的商品或服务的潜在消费者，因为此时法律所关心的问题是，商标在后使用者的商品或服务的潜在消费者在看到在后使用的这个商标时，会否因为该商标与商标权人（即商标的在先使用者，senior user）标识的近似而误以为这些商品或服务来源于商标在先使用者。举例而言，假设甲公司拥有 A 商标，而乙公司使用 A' 商标。混淆可能性追问的是乙公司的潜在消费者在看到 A' 商标时，会否误以为乙公司的产品是来源于甲公司的。如果这种混淆可能性成立，那么乙公司使用 A' 商标的行为就构成对甲公司商标权的侵犯。此时，只有乙公司潜在消费者的心理状态与混淆可能性问题的认定有关，其他消费者（包括甲公司的潜在消费者）对

---

❶ DIAMOND S S. Reference Guide on Survey Research［M］//Federal Judicial Center. Reference Manual on Scientific Evidence 3rd ed. Washington D. C.：The National Acodemies Press，2011：377 - 378.

❷ MCCARTHY J T. McCarthy on Trademarks and Unfair Competition［M］. 5th ed. Eagan：Thomson Reuters，2019：§ 32：161.

❸ JACOBY J. Trademark Surveys：Designing，Implementing，and Evaluating Surveys［M］. Chicago：ABA Book Publishing，2013：277 - 278.

❹ JACOBY J. Trademark Surveys：Designing，Implementing，and Evaluating Surveys［M］. Chicago：ABA Book Publishing，2013：280 - 284.

A′商标的认知与所要解决的法律问题都是无关的。尽管在现实中甲、乙两公司产品的潜在消费者可能是重叠的，但在理论上仍然能够分清甲、乙公司产品的潜在消费者属于两个不同的群体，而只有后者才是该调查实验的恰当总体。相反，对于反向混淆案件，即商标在后使用者因名气或市场规模更大等原因，反而使商标在先使用者的潜在消费者误以为在先使用者的商品来源于在后使用者的案件，法律关心的是在先使用者产品的潜在消费者是否发生混淆和误认，因此，此时恰当的总体是商标在先使用者产品的所有潜在消费者。❶

此处应当注意混淆可能性调查实验的总体与通用名称、"第二含义"调查实验的不同。混淆可能性调查实验的总体应具体到原告或被告的商品或服务的潜在消费者，即某一具体企业的产品的潜在消费者；而通用名称、"第二含义"调查实验的总体是涉案商品或服务的潜在消费者，不仅局限于某一特定商家的潜在消费者。

驰名商标淡化的测度涉及两个关键问题，一个是商标知名度的认定，另一个则是该驰名商标因被"冲淡"或"污损"而淡化的事实。由于驰名商标获得保护的前提是该商标获得全国性的高知名度，因此，一般认为知名度调查的总体应当是全国范围内的一般大众（general public），而不局限于某一类产品的潜在消费者。而对于"冲淡"或"污损"问题，因为法律关心的是驰名商标（即原告商标）是否因在后使用者的使用行为而发生淡化，所以关键是测度原告的潜在消费者的心理认知是否发生变化，即是否因被告的使用行为而使其对该商标的指向性产生多元联想，或者对商标的声誉产生负面联想等。因此，此时的总体应当是驰名商标权利人商品的所有潜在消费者。❷

无论是"一般大众"，还是"涉案商品或服务的所有潜在消费者"，抑或是"商标在先/在后使用者商品或服务的所有潜在消费者"，都是通过对法律问题的分析所确定下来的理论上恰当的总体。这一总体范围在

---

❶　JACOBY J. Trademark Surveys：Designing, Implementing, and Evaluating Surveys［M］. Chicago：ABA Book Publishing, 2013：284 - 292.

❷　JACOBY J. Trademark Surveys：Designing, Implementing, and Evaluating Surveys［M］. Chicago：ABA Book Publishing, 2013：294 - 297.

理论上和理想上是正确的，可是在实际操作中，这一总体却无法直接应用，必须通过不同具体要素的限定，将理论上、理想上的总体转化为可操作（operational）的总体。这些限定要素包括消费者的性别、年龄、收入水平、地理位置、购买意愿、产品及其类别或形式、限定的时间段和购物场景等任何与该案所要测度的问题相关的消费者、消费行为或产品的特征。例如，某些产品的主要购买者是女性，如女性护肤品，因此可以将总体限定为女性消费者。❶ 某些产品面向特定年龄群体，如儿童运动鞋;❷ 某些产品面向特定收入水平的人群，如名贵手表;❸ 某些产品的潜在消费者主要集中在特定地域范围。❹ 尤其当总体的确定须精确到商标在先/后使用者的潜在消费者时，这些不同的要素都可以用来限定调查实验中真正可用的总体范围。通常而言，总体的确定是多种要素同时限定的结果，例如，"在珠宝和手表店购物〔限定购物地点〕的已经拥有或者认真考虑过未来一年购买〔限定购物意愿〕价值不少于15000美元〔限定消费水平〕的手表〔限定特定商品〕的顾客"❺，"伊利诺伊州库克县〔限定地理范围〕，年龄介乎 18 到 65 周岁〔限定年龄〕，本人或其家庭成员在过去一年曾饮用或提供柠檬汁〔限定消费意愿〕的家庭妇女〔限定社会地位、性别〕"❻，"14 周岁以上〔限定年龄〕，过去 12 个月内〔限定消费的时间跨度〕曾经在淡水水域钓鱼的人〔限定特定兴趣的人群〕"❼，等等。

在具体的调查实验中，总体的界定体现在样本框（sampling frame，即供抽样的实际总体清单）的选取或筛选问题（screening questions，即在调查实验实质内容展开前询问受访者的一组问题，通过这些问题筛选

❶ Gross v. Bare Escentuals Beauty Inc. , 641 F. Supp. 2d 175, 190（S. D. N. Y. 2008）
❷ In re Sneakers with Fabric Uppers & Rubber Soles, 223 U. S. P. Q. 536（Int'l Trade Comm'n 1983）.
❸ Audemars Piguet Holding S. A. v. Swiss Watch Intern. Inc. , 2014 WL 47465（S. D. N. Y. 2014）.
❹ General Foods Corp. v. Borden Inc. , 191 U. S. P. Q. 674（N. D. Ill. 1976）.
❺ Audemars Piguet Holding S. A. v. Swiss Watch Intern. Inc. , 2014 WL 47465（S. D. N. Y. 2014）.
❻ General Foods Corp. v. Borden Inc. , 191 U. S. P. Q. 674（N. D. Ill. 1976）.
❼ Brunswick Corp. v. Spinit Reel Co. , 832 F. 2d 513, n. 6（10ᵗʰ Cir. 1987）.

符合条件的受访者）的设定上。

3. 总体界定的常见错误

总体界定的恰当性取决于实际使用的总体与理想中的总体之间的重合度，重合度越高，意味着总体界定得越准确。总体界定的常见错误包括：①总体涵盖范围过窄（under – inclusive），即实际应用的总体范围小于理想上的总体；②总体范围过宽（over – inclusive），即实际应用的总体范围大于理想上的总体；③总体选择有偏（biased），即实际应用的总体与理想上的总体大部分不相重合。

涵盖范围过窄的调查总体将一部分心理认知与所要调查的问题紧密相关的人群排除在外，导致调查实验结论出现偏差。这种情况通常出现在调查实验专家为操作方便而力图选择清晰可辨的界定标准的时候。例如，在与跑步鞋立体商标有关的调查中，调查实验专家为了提升可操作性，将调查总体界定为"跑步赛事的观众和参与者"；而被告跑步鞋的潜在购买者显然不局限于这两个群体，其他未参与跑步赛事的消费者当然也可能购买跑步鞋。❶ 在涉及瓷砖立体商标的案件中，法院认为将调查总体限定为室内设计师也是不够的，因为建造商、建筑师、承建商和业主都可能是瓷砖的潜在购买者。❷

相反，涵盖范围过宽的调查实验将那些心理认知与所要调查的问题无关的人群也囊括进来，引入不相干的数据而导致调查实验结论出现偏差。这种情况通常出现在涉案产品的潜在消费者比较确定，而调查实验的设计者却试图将同类商品的相关消费者全部纳入调查总体的时候。例如，在一个涉及高端卤素灯的案件中，调查专家将调查总体设定为"购买或者打算购买台灯的女性"，法院认为高端卤素灯是一种昂贵的商品，并非所有购买或打算购买台灯的女性都会考虑高端卤素灯，因此调查总体存在涵盖面过宽的缺陷。❸

一般情况下，涵盖范围过宽的总体仍有补救的余地，因为它确实已

---

❶ Brooks Shoe Mfg Co. v. Suave Shoe Corp. , 533 F. Supp. 75（S. D. Fla. 1981）.

❷ Walker & Zanger Inc. v. Paragon Industries Inc. , 549 F. Supp. 2d 1168（N. D. Cal. 2007）

❸ Lon Tai Shing Co. v. Koch + Lowy, 21 U. S. P. Q. 2d 1858（S. D. N. Y. 1992）.

经将心理认知与该案有重要关系的那部分人群包括进来了，只要通过技术手段能从调查实验的结论中推导出与所要测度的问题相关的那部分相关公众的主观认知，那么该调查实验的结论仍然是有价值的。相反，如果调查总体的涵盖范围狭窄，则调查实验的错误将无可挽救——有一部分相关公众被排除在调查范围之外，该调查实验的结论注定是偏颇的。所以，对于当事人而言，一个比较稳妥的做法是先将总体定义得较为宽泛，然后在该总体范围内再设定若干子分组（sub - group）。由此，最终得出的数据既可以反映整个总体的认知情况，也可以反映每个子分组相关人群的认知情况，避免因总体涵盖过宽而被法院拒绝采信或赋予较低的证明力。例如，在一个涉及美式足球运动衫商标的案件中，原告先将总体宽泛地界定为"美国大陆上 13 到 65 周岁的全部人群"，然后再将总体细分为"购买过美国足球联盟运动衫的人""职业足球队球迷"以及"球迷相关者（fans plus）"三个子分组。❶ 如此，最终所得的调查实验数据既能反映一个宽泛的调查总体的整体认知情况，又能反映范围更小、更精准的子分组中相关消费者的认知情况，降低调查实验因总体选择不当而被法院排除的风险。

（二）样本的选取

1. 抽样方法的可靠性

在确定完总体后，当总体的数量较大时，通常无法对总体中的每一个个体进行普查（census），而只能采用一定的抽样方法选择特定数量的样本开展调查实验。商标调查实验正是如此，无论其总体是"一般大众"，还是范围更小的"在先/在后使用者商品或服务的潜在消费者"，其数量多是数以千计、数以万计的，某些日用商品的潜在消费者甚至达到百万、千万乃至更大的数量级，不可能也没有必要对总体中的每个个体开展调查实验。

在早期的司法实践中，对抽样方法的不信任曾是调查实验证据进入

---

❶ National Football League Properties Inc. v. Wichita Falls Sportswear Inc. , 532 F. Supp. 651 （W. D. Wash. 1982）.

法庭的主要障碍之一。❶ 不过，这一障碍在 1955 年的 Sears，Roebuck & Co. 诉 City of Inglewood 案后基本得以扫除。这个案件极富戏剧性：Sears 公司起诉加利福尼亚州的英格伍德市，要求退回其多缴的、本应只向本镇居民征缴的营业税。非本镇居民可以免税，而 Sears 公司的一位会计发现，商场因错误计算该镇的范围而多缴了该项营业税。为了可以不全面审计所有销售小票而同时能支持自己的诉讼请求，Sears 公司从 286 个销售日中抽取一个样本量为 33 的随机样本，得到多缴的税金总额估计为 28250 美元，正负误差是一个标准误，即 1150 美元。但是，出于对抽样的不信任，法官仍然坚持对所有销售小票进行全面审计。在审计完全部 95 万张销售小票后，得到的数字是 26750.22 美元。❷ 采泽尔（Hans Zeisel）教授和戴维·凯（David H. Kay）先生评价道："这是样本推断结果和来自普查的精确结果进行比较的实战结果，它对说服心存疑虑的法官们接受科学抽样方法的准确性作出了贡献。"❸

2. 常用的抽样方法

抽样方法可以分为概率抽样（probability sampling）和非概率抽样（nonprobability sampling）两大类。概率抽样的特点是总体中的每一个样本都有一个已知的、非零的被抽中的概率。通过概率抽样获得的样本，可以计算抽样误差（sampling error）和置信区间（confidence interval）等，而非概率抽样不具备这一能力。

常见的概率抽样包括简单随机抽样（simple random sampling）、系统随机抽样（systematic random sampling）、分层抽样（stratified sampling）和整群抽样（cluster sampling）等抽样方法。简单随机抽样分四个步骤：第一步，选择一个足以反映总体的样本框；第二步，赋予样本框中的每

❶ DIAMOND S S. Reference Guide on Survey Research [M] //Federal Judicial Center. Reference Manual on Scientific Evidence. 3ed. Washington D. C. : The National Acodemies Press, 2011：363.

❷ Sears, Roebuck & Co. v. City of Inglewood，引自：SPROWLS R C. The Admissibility of Sample Data into a Court of Law：A Case History [J]. 4 UCLA L. Rev. 222, 226 – 229（1956 – 1957）.

❸ 汉斯·采泽尔，戴维·凯. 用数字证明：法律和诉讼中的实证方法 [M]. 北京：中国人民大学出版社，2008：139.

个个体一个号码；第三步，确定抽样比例（sampling ratio）；第四步，使用任意的随机程序确定所要选择的号码。系统随机抽样的前三个步骤与简单随机抽样完全相同，但最后一步选取号码时则不是完全随机的，样本中每个元素的选择是有系统的，两个元素之间的间隔相同。在确定完抽样比例后，可以计算出每个元素之间的间隔 n；然后以随机的方式选取出所要抽取的第一个号码 x；而抽取的第二个号码、第三个号码分别是 $x+n$，$x+2n$；依此类推。分层随机抽样是指先将总体划分为若干个同质的、相互排斥的子集，然后再在子集中按比例进行简单随机抽样或者系统随机抽样。例如，如果 1 万名学生中 54% 是女生，46% 是男生，而在调查实验中，性别对调查结果可能存在实质性影响，此时可采用分层抽样方法，先将总体分为男生和女生，然后在男生中抽取 46% 的样本，在女生中抽取 54% 的样本。分层随机抽样是提高样本代表性的一种有效方法。当编制个体的样本框存在困难时，可以采用整群抽样的方法。例如，当要对全国已婚大学生进行抽样调查时，直接编制一个全国已婚大学生名单比较麻烦。此时可以先从全国 2956 所高校中随机抽取 50 个高校，然后再编制该 50 所高校中已婚大学生的名录，接着再进行个体层面的抽样。

常见的非概率抽样包括方便抽样（convenience sampling）、判断抽样（judgment sampling，或称立意抽样，purposive sampling）、配额抽样（quota sampling）等。顾名思义，方便抽样就是以最方便的方式选取相应数量的样本。例如，为了选择一个能够反映广州市天河区成年居民意见的 100 人的样本，调查员选择在某个工作日在广州市天河区黄埔大道太阳新天地购物广场对路过的行人进行调查，一直调查到 100 人为止。判断抽样（或称立意抽样）是指根据调查人员的主观经验从总体中选择那些被判断为最能代表总体的单位样本的抽样方法。配额抽样则是先将总体元素按某些受控的指标或特性分类，然后按方便抽样或判断抽样方法选取样本，直到相应类别的样本数量满足配额要求为止。配额抽样是商标调查实验中常用的抽样方法之一。

概率抽样方法能够有效地计算出样本的抽样误差、置信区间等，以评估样本的代表性，因此一般认为理论上概率抽样比非概率抽样更可靠。然而，正如戴尔蒙德教授指出的："尽管概率抽样调查实验在有组织的背景下（organizational settings）常被使用，也是学术和政府出版物中推荐的抽样方法，但当要求使用面对面调查（in‐person survey）、目标总体广为分散或者目标总体的成员较为罕见时，概率抽样调查将会十分昂贵。"❶ 所以，在商标调查实验领域，严格的概率抽样基本上是不现实的，不具有可操作性。首先，大多数商标调查实验往往涉及全国范围内数以千万计的、分散的潜在消费者，供概率抽样的样本框几乎不存在，也难以编制。其次，在商标调查实验和其他社会科学调查中，概率抽样方法通常以电话调查的方式实现，因为一个地域范围内的电话号码簿为调查实验提供了一个现成的样本框。而对于大多数商标调查实验而言，由于相关问题涉及相关公众对商标的视觉感知，很多时候恰恰必须采用面对面调查。即使使用概率抽样在某地区的住户清单中抽取一个概率样本，当调查员造访被选中的家庭时，留在家中且愿意接受访问的受访者通常不是选定的，此时样本的"概率性"就被破坏了——在家庭选择层面上确实已满足概率抽样的要求，但在受访者个体层面则并未满足概率抽样的要求。这一问题当然可以克服：例如，可预先调查每个家庭的成员，在个体层面进行概率抽样，提前预约受访者，通过适当的物质激励确保其接受访问等。但这将使大规模的面对面概率调查成本激增，对于大多数用于诉讼的商标调查实验是不现实的。最后也是概率调查最明显的障碍，就是社会调查越来越低的回应率（response rate）。与针对物件的概率调查不同，以人为对象的概率调查遭遇的最大困难是被选中的受访者可以拒绝接受调查。当大量被选中的受访者拒绝参与时，概率性将被破坏殆尽。研究表明，随着移动电话的兴起和社会习惯的变化，电话调查的回应率显著下降。在2000～2006年，电话调查的参与率大幅下跌了50%。❷ 其他学者的研究也表明，多年来社会调查的回应率均在

❶ DIAMOND S S. Reference Guide on Survey Research［M］//Federal Judicial Center. Reference Manual on Scientific Evidence. 3rd ed. Washington：The National Acodemies Press，2011：359 – 423.

❷ GELB G M，GELB B D. Internet Surveys for Trademark Litigation：Ready or Not，Here They Come［J］. The Trademark Reporter 2007，97（5）：1073 – 1076.

下降，❶ 且相比于"联系不上"，"拒绝参与"已成为回应率下降的首要原因，1996 年以来，调查回应率持续锐减，❷ 2003 年尤甚。❸ 因此，概率抽样的优势仅仅是一种"理论上"的优势。

　　一般认为，专家证人在法庭中提交的科学证据所采用的研究方法必须是其在相关研究领域通常使用的研究方法。❹ 而非概率调查正是实务界和学术界均惯常采用的研究方法。研究表明，在市场营销和广告业中，97% 的面对面调查采用的是非概率抽样；而 94% 的发表于学术期刊的实证研究论文使用的也是非概率调查。❺ 商标调查实验目的的单一性（例如，要么为了证明显著性，要么为了证明混淆或者淡化）使非概率抽样的实际效果与概率抽样相差无几。这一点在极罕见的同时运用了概率抽样和非概率抽样的案件——Quality Inns International 诉 McDonald's Corp. 案中得到印证。该案中，Quality Inns International 公司运营了 McSleep Inn 酒店，而 McDonald's Corp（麦当劳公司）认为这种用法将导致与"McDonald"商标的混淆，使消费者误以为 McSleep Inn 是由麦当劳所运营的。该案的概率调查通过随机选取 400 位受访者参与电话调查完成，询问的核心问题是："您认为是谁或哪家公司拥有或运营 McSleep Inn 酒店？"非概率调查则通过在美国各地选取若干购物商场进行的拦访调查完成，共调查了 401 位受访者。调查员向受访者展示 McSleep Inn 的标志并询问"您认为是谁或哪家公司拥有或运营这家酒店？"在概率调查中，31% 的受访者回答"McDonald's"，而在非概率调查中，这一比例是 31.9%。即使将相关样本再细分成不同子集——一组是"过去 12 个

　　❶ DE. LEEVW E, DE HEER W. Trends in Household Survey Nonresponse: A Longitudinal and International Comparison [M] //GROVES R M, DILLMAN D A, ELTINGE J L, et al. Survey Nonresponse. New York: Wiley, 2002: 41 - 53.

　　❷ CURTIN R, PRESSER S, SINGER E. Changes in Telephone Nonresponse over the Past Quarter Century [J]. Pub. Opinion Q., 2005, 69 (1): 87 - 98.

　　❸ Council for Marketing & Opinion Research. (CMOR), 2003 Respondent Cooperation and Industry Image Study.

　　❹ 例如，美国《联邦证据规则》第 703 条规定："专家形成意见或推论的事实或数据……必须是专家在该领域对相关主题形成意见或推论所合理依赖的那一类事实或数据。"

　　❺ JACOBY J, HANDLIN A H. Non - Probability Designs for Litigation Surveys [J]. The Trademark Reporter, 1991, 81: 169, 173, 175.

月内至少住过一次酒店"，另一组是"过去 12 个月内在酒店住过 12 次以上"——概率调查和非概率调查的结果也没有实质区别，分别是：33%：34.5%和 39%：38.5%。❶市场调查领域的专家指出："市场调查研究所具有的高无回应率（non - response rate）和目的单一性（single - purpose nature）······使得非概率抽样在理论上和实践上都比概率抽样更有吸引力。"❷

在商标调查实验中，通常应用的抽样方法是将概率抽样和非概率抽样结合起来，例如，先运用多阶段整群抽样方法（multi - stage cluster sampling）确定所要调查的购物广场，然后在相应的购物广场开展配额抽样，具体执行既可以选择方便抽样，也可以选择判断抽样来完成。❸当然，也可以将非概率抽样方法中的诸种方法结合起来，例如，先采用判断抽样选择拟开展调查的购物广场——通常认为，经验法则要求至少选择 4 个测试地点❹——然后再开展配额抽样，同样地，具体执行既可以选择方便抽样，也可以选择判断抽样来完成。

3. 样本量问题

在商标调查实验中，人们普遍关心的一个问题是：多大的样本量足以反映相关公众的心理认知？显然，当样本量过小时，法官将怀疑调查结论的代表性。在 MasterCard International Inc. 诉 First National Bank of Omaha 案中，法院评论道："首先，被调查的受访者数量如此之小，很难为本案提供有意义的结论。只有 52 名受访者完成该调查实验，其中仅有 27 名审阅了实验组的材料，25 名对对照组的材料作出评论。所声称的 15.3%的混淆率，不过是 5 名受访者对调查实验中提出的问题作出不同的回答罢了。主张基于数量如此之少的受访者的不同回答足以精确

❶ Quality Inns Int'l v. McDonald's Corp., 695 F. Supp. 198, 208（D. Md. 1988）.

❷ Edward L. Melnick & Karen Melnick - Goldelman, Sampled Survey Data：Quota Samples versus Probability Samples, Working Paper, Oct., 2009：2.

❸ DIAMOND S S. Reference Guide on Survey Research［M］//Federal Judicial Center. Reference Manual on Scientific Evidence. 3rd ed. Washington D. C.：The National Acodemies Bess, 2011：359 - 423.

❹ JACOBY J. Survey and Field Experimental Evidence［M］//KASSIN S M WRIGHTSMAN L S. The Psychology of Evidence and Trial Procedure Los Angeles：SAGE Publications, 1985：385.

测度对金融机构智能卡项目作出实际决定的人群发生混淆的情况，这是有误导性的。"❶ 一个数十人样本的调查实验结论能够反映市场上数以千万计的相关公众的心理认知？这一点实在让人难以心安。

那么，究竟多大的样本才足以提供统计学上有效的、可将结论推广到整个总体的数据？雅各比教授指出，在确定样本量时应当考虑的因素包括：①所作的分析将以整个样本为基础，还是需要再将样本细分为不同分组；②对结论精确度的要求；③被测现象的微妙程度；④被测现象的多样化程度；⑤定位总体中成员的难度；⑥相关领域中应用的调查通常采用的受访者数量；⑦成本和其他资源；⑧可用的时间；⑨审判者期待看到的数量（尤其在商标诉讼的场合）。由于样本量的确定需要考虑的因素如此之多，并涉及各个因素之间的平衡，这就不难理解为何美国联邦司法中心的《调查研究参考指引》和《统计学参考指引》（Reference Guide on statistics）均没有对样本量的最低要求提供任何指引。类似地，专业的市场营销或广告研究机构也没有为顾客市场营销或广告研究的最低样本量提供任何标准。

雅各比教授进一步指出，实践中和学术上通常用以解释调查结论并作出关于总体的推论的大部分抽样分布，样本量 30 ~ 50 就开始趋于稳定。样本量的增加通常并不影响对总体真值的估算值本身，影响的是置信区间的范围。例如，在为测试"第二含义"所做的调查实验中，假设抽取三个样本量不同的样本（样本量分别是 35、350 和 3500），其调查结果可能分别是 57.1%、59.4% 和 56%，即均在 57% 左右。样本量的不同影响的不是这个估算值，而是其置信区间。样本量越小，置信区间越宽；样本量越大，置信区间越小。对于样本量为 35 的调查实验，其置信区间是 ±16.4%，对于样本量为 350 和 3500 的调查，其置信区间分别为 ±5.19% 和 ±1.64%。所以样本量为 30 以上的样本基本可以得到具有代表性的数据，只不过其置信区间比较宽，精确度不那么高而已。

尽管如此，样本量过小确实会带来一些问题。假设测度混淆可能性的样本量为 33，那么每个受访者将是调查实验结论的 3.03%。在司法实

---

❶ MasterCard Int'l Inc. v. First Nat'l Bank of Omaha Inc. , 2004 WL 326708 10 (S. D. N. Y. 2004).

践中，一般认为 15% 的混淆率足以认定存在混淆可能性。但如果从样本量为 33 的样本得到 15% 的混淆率（即大约 5 人表示混淆），则只要受访者中有 1~2 名改变答案，调查实验的结论将截然不同。在置信水平为 95% 的情况下，在 33 人的样本中得出 15% 的混淆率，其置信区间为 ±12.23%，这意味着根据这一结果，我们可以 95% 地确信总体的混淆率真值落在 2.77%（即 15% − 12.23%）~ 27.23%（即 15% + 12.23%）中，此时很难据此认定相关消费者总体将发生混淆。当调查实验所得的结论接近门槛线时（例如，对于混淆可能性的认定，通常以 15% 为门槛；对于"第二含义"和知名度，通常以 50% 为门槛），过小的样本量将导致置信区间过宽，从而使结论不具有说服力。

雅各比教授指出，对于调查结果未落在门槛线上的调查实验，样本量为 200~300 即为充分。尽管访问 500 名受访者的调查实验听起来比访问 200 名受访者的调查实验更好，但其实当样本量从 200 上升到 500 时，置信区间并没有缩小多少。根据统计学计算，一个样本量为 200 的测度混淆可能性的样本，其置信区间是 ±4.95%，当样本量增加到 300 时，置信区间可以缩减为 ±4.04%，当样本量再进一步增加到 400 时，置信区间为 ±3.5%，当样本量增加到 500 时，置信区间为 ±3.13%。可见，当样本量从 200 上升到 500 时，置信区间仅相差不到 2%。

不过，在 5 种情况下，可能需要更多的样本量。第一，当调查实验的结论落在门槛线上时。此时再增加 200 名或 300 名受访者，很可能使结论往另一个方向倾斜。第二，当需要将样本再细分为若干子集时。此时最好每个子集能够达到 200 左右的样本量，因此总的样本量就是 200 的倍数。第三，当需要将样本分成实验组和对照组时，也需要保证两个组各自有 200 名受访者，因此总样本量应大于或等于 400。第四，当样本被分为实验组和对照组后，为了保证两组调查实验结论的差异具有统计学上的意义，有时也需要适当增加样本量。第五，鉴于实践中法院通常觉得样本量越大越能将抽样调查的结论推广到总体，因此出于实际的考虑，也建议将样本量增大。毕竟，当样本量为 200 时，每名受访者占了 0.5%，只要 2 名受访者改变态度，就可以使数据产生 1% 的变化；而当样本量为 500 时，则需要 5 名受访者作出改变，才能使数据发生相同

的变化。❶

三、调查实验的具体设计

（一）调查实验的常见模式（modes）与模型（formats）

确定调查实验的对象后，下一个关键问题是如何设计具体的调查实验流程。调查实验设计的基本原则是尽可能地模拟真实的市场环境，使受访者在接近真实的环境中作出购物决定。

调查实验的常用模式（modes）包括电话调查实验（telephone survey）、邮寄调查实验（mail survey）、购物商场拦截访问调查实验（mall intercept survey）和新兴的互联网调查实验（internet survey）。电话调查实验的优势是比较方便进行概率抽样。但其缺点也是明显的。首先，随着社会习惯的变化，各种来电显示、陌生电话拦截、骚扰电话拦截手段的应用，使电话调查实验的回应率越来越低。这一问题在中国尤为严重——电信诈骗的泛滥使人们对陌生电话特别警惕，不轻易接听陌生电话。其次，大多数商标调查实验涉及视觉商标，需要向受访者展示刺激物，而电话调查实验显然无法模拟消费者在购物过程中可以看到商标的真实场景，所以，只有商标在发音上的混淆可能性或者声音商标的显著性与知名度问题，才适宜以电话调查的方式开展调查实验。

邮寄调查实验的优点也是可以比较方便地开展概率抽样。与电话调查实验不同，邮寄调查实验的优点在于其可以向受访者展示商标图样。而其缺点同样是回应率较低。另外，受访者的答卷过程无法受到监督，他在回答时可能去查阅相关资料，而非依据心理认知的第一反应作出回答，因此与正常的购物场景有较大偏差。

购物商场拦截访问是商标调查实验最常用的模式。首先，在商场中购物的人群正处在购物的心境中，购物商场拦访是最接近于真实购物场景的

---

❶　如正文所述，本领域权威论著基本均未涉及样本量问题。唯一对样本量进行深入讨论的即是雅各比教授。参见 JACOBY J. Trademark Surveys：Designing，Implementing，and Evaluating Surveys［M］. Chicago：ABA Book Publishing，2013：389 - 399，439 - 453.

调查实验模式。其次，在调查实验过程中，调查员可以向受访者展示刺激物，例如相关的产品、宣传册和广告短片等。最后，有调查员引导受访者参与调查实验的整个流程，调查实验的可控性高。当然，购物商场拦访也有其缺点：习惯在购物商场购物的顾客通常是中等收入以上的人群，因此低收入人群的意见很可能得不到反映，对于同时面向低收入人群的商品而言，购物商场拦访调查的样本很可能是有偏样本（biased sample）。

　　互联网调查实验是近年来兴起的调查模式。进入 21 世纪以来，网上购物变得与实体店购物同样重要，甚至更加重要。换言之，在互联网中开展的调查实验比在线下开展的调查实验更"接近真实的购物场景"。在市场营销和广告业领域，互联网调查实验已成为专家们开展市场调查的最主要方式。❶ 其优点在于：第一，与电话调查实验和购物商场拦访调查实验相比，受访者可以在他们方便的时候接受调查实验；第二，可以便利地向受访者展示商品的图片、声音和视频；第三，可以快速地、大规模地筛选适格人群，使面对小众群体的调查实验也有可能实现；第四，效率更高、成本更低；第五，通过合理编程，调查实验流程不再需要调查员介入，避免了因调查员所带来的误导。❷ 互联网调查实验也有其缺点：低收入、农村人口或老年人可能存在接触互联网的障碍，当调查实验以他们为目标总体时，互联网调查实验提供的可能是一个有偏样本。当然，随着移动互联网和智能手机的普及，我国居民的上网率实现实质性增长，有偏样本问题得到一定程度的缓解。关于互联网商标调查实验的详细内容将在本书第七章介绍。

　　对商标法中的不同问题，已有相对成熟的调查实验模型进行测度。例如，测度一个标识是否为通用名称，已被法院接受的常用模型包括Thermos 模型和 Teflon 模型调查实验；已被法院接受的用于测度混淆可能性的常用调查实验模型是 Eveready 模型和 Squirt 模型。对测度通用名称、"第二含义"、混淆可能性和淡化可能性的调查实验模型的详细介

---

❶ GELB G M，GELB B D. Internet Surveys for Trademark Litigation：Ready or Not，Here They Come［J］. The Trademark Reporter，2007，97：1073，1077–1079，1084.

❷ GELB G M，GELB B D. Internet Surveys for Trademark Litigation：Ready or Not，Here They Come［J］. The Trademark Reporter，2007，97：1073，1082.

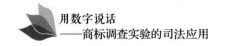

绍，将分别在本书第三章至第六章展开。

（二）调查实验设计中的常见问题

在商标调查实验的具体设计中，需要注意的是尽量避免"要求效应"（demand effect）。所谓"要求效应"，指的是受访者从调查实验的程序、问题乃至答案选项中得到关于调查实验目的的提示或线索，从而猜测该调查实验所要得到的"正确"答案，并有意选择他们认为的"正确"答案的效应。❶ 要求效应可能来源于调查实验程序、问题和答案选项的设计。带来要求效应的程序、问题和答案选项都是具有诱导性的（leadingness）。

1. 诱导性的程序设计

评估调查实验的程序设计是否具有诱导性（因此会带来不当的要求效应）的标准是，在调查实验过程中，受访者接触刺激物的方式是否与其在正常购物环境下的接触方式存在显著差异。如果受访者接触刺激物的方式与其在正常市场条件中的接触方式大异其趣，这种差异就构成对受访者的一种特殊提示，诱导受访者猜想实验者的意图并选择他们认为的"实验者想要的答案"。

对于诱导性的程序设计，Simon Property Group L. P. 诉 mySimon Inc. 案中原告所做的调查实验提供了典型的反面教材。该案中，原告 Simon Property Group（SPG）在全美运营实体购物商城，而被告 mySimon 公司则运营网络购物服务。原告主张被告使用"mySimon"、网址"www. mysimon. com"以及一个名为"Simon"的动画形象的行为侵犯了其商标权。为了证明其主张，原告在调查实验中首先向被访者展示一张载有 mySimon 网站主页的卡片，然后询问受访者关于该网站所提供的服务的相关问题。随后，调查员又向受访者展示载有 SPG 网站主页的卡片，然后询问受访者："您认为刚刚向您展示的两个网站是什么关系？"受访者被要求在下列三个选项中做选择："（1）来自两家无关的来源、公司或机构；（2）来自

❶ SIMONSON I, KIVETZ R. Demand Effects in Likelihood of Confusion Surveys：The Importance of Marketplace Conditions ［M］//DIAMOND S S, SWANN J B. Trademark and Deceptive Advertising Surveys：Law, Science, and Design, ABA Book Publishing, 2012：243.

相同的来源、公司或机构；（3）来自有关系但不同的来源、公司或机构。"

法院认为，这样的调查实验设计具有明显的诱导性。首先，在现实的网络环境下，消费者通常不会同时或者先后看到原、被告的网站主页。在通常的搜索引擎结果页面中，两个网站一般不会同时出现；而在两者同时出现的搜索结果列表中，通常又会出现其他大量含有"Simon"字样的链接，所以消费者必须认真甄别筛选。其次，SPG 运营的是实体购物商城，而 mySimon 仅在互联网中提供服务。于是，在真实的市场条件下，消费者一般仅在实体商城中遇到 SPG 的商标，而仅在互联网中遇到 mySimon 的商标，同时碰到两个商标的概率极低。当调查员向受访者先后展示两个网站的图片后，受访者很容易先入为主地猜想两者之间存在一定联系；为了迎合实验者所要证明的"联系"，他们开始寻找相关特征来证明这种联系的存在，而两个标识同样包含"Simon"字样就成了证明这种联系存在的提示和线索。在这种不符合真实购物场景的展示后，调查问题的设计本身又进一步夸大了要求效应，明显地诱导受访者关注 mySimon 和 SPG 之间可能存在的关系——这种特别关注在调查实验之外的场景中根本不会发生。❶

2. 诱导性的问题设计

研究表明，受访者往往会对不同的问题设计作出不同的反应。在一个知名实验中，普雷瑟教授（Presser）测试了受访者对民意调查中不同措辞的反应。他向其中一半受访者询问："您认为美国是否应当允许反民主的公开言论？"而向另一半受访者问："您认为美国是否应当禁止反民主的公开言论？"调查结果显示，对第一个问题，有 56% 的受访者选择"否"，而对第二个问题，只有 39% 的受访者选择"是"。此处，"不允许"与"禁止"基本上表达相同的意思，即受访者均认为美国不应该允许反民主的公开言论，但是，"禁止"一词更具绝对色彩和法律强制意味。因此，措辞上的不同导致选择相同结论的受访者数量出现了 17% 的显著差异。❷ 由此可见，商标调查实验应当尽量避免问题设计中可能存在的诱导性，以避免影响调查结果的有效性。

❶ Simon Properties Group. L. P. v. mySimon Inc., 282 F. 3d 986, 989（7th Cir. 2002）.
❷ MACFARQUHAR. The Pollster［J］. The New Yorker, 2004, 18：85, 92.

让受访者作出简单的"是""否"选择的问题，是一种典型的诱导性设计。大量心理学实验表明，接受调查实验的受访者下意识地为表示合作或友善，通常具有"回答'是'的倾向"（yea - saying response tendency）。这种倾向所带来的偏差是显著的：在一系列实验中，这种倾向足以导致回答"是"的统计结果上升10个百分点。❶当问题以这种方式构造时，很容易诱导受访者作出肯定性回答。在 Universal City Studios Inc. 诉 Nintendo Co. 案中，原告为了证明被告的 Donkey Kong 游戏与其电影 King Kong 发生混淆，向受访者询问："据您所知，Donkey Kong 是否获得 King Kong 电影制片人的许可或者授权？"法院认为该调查实验具有诱导性，拒绝采信。在该调查实验中，调查员刻意向受访者同时展示了原、被告的涉案标识，而两个标识在真实的市场环境中通常不会同时出现，此种展示方式不适当地提醒受访者注意两者间的联系。而"是或否"的提问再一次暗示了两者间的联系，因此该问题的设计具有"不适当的诱导性"。❷

为了防止提问中可能存在的诱导性，题面设计应当同时体现原告方和被告方的立场。例如："以下产品与我刚才向您展示的产品是否来自同一家公司？"——这样的表述方式是不可取的。一方面，该题目构成简单的"是或否"命题，另一方面，它片面地强调了"来自同一家公司"这一立场，使受访者下意识地片面关注两种产品间的联系。更能平衡双方立场的题面设计应当是："您认为以下产品与我刚才向您展示的产品是来自同一家公司，还是来自不同的公司？"心理学专家指出，虽然这样的提问方式比较拗口，也和我们日常的说话方式不同，但因为日常的提问方式恰恰是一种典型的诱导性设计，所以不宜用在供诉讼使用的商标调查实验中。❸

---

❶ KRONSNICK J A. Survey Research［J］. Annual Review of Psychology, 1999, 50: 537, 552.

❷ Universal City Studios Inc. v. Nintendo Co., 746 F. 2d 112 (2d Cir. 1984).

❸ JACOBY J. Are Closed - Ended Questions Leading Questions［M］//DIAMOND S S, SWANN B. Trademark and Deceptive Advertising Surveys: Law, Science, and Design. Chicago: ABA Book Publishing, 2012: 275.

　　3. 诱导性的答案选项

　　调查实验中的答案选项也可能给受访者提供诱导性的线索，导致调查实验结果产生实质性差异。例如，在一个实验中，实验者向两组随机分配的受访者询问："您尝试使用过多少种其他产品？"实验者为第一组受访者提供的答案选项是"A. 1 种；B. 2 种；C. 3 种"，而另一组受访者的答案选项是"A. 1 种；B. 5 种；C. 10 种"。经统计，第一组受访者声称使用其他产品的平均数量是 2.3 种，而第二组的平均数量是 5.2 种。❶显然，答案选项的设计框定了受访者回答的范围，选项设计上的差异带来了最终统计结果的差异。

　　封闭式（closed - ended）的答案选项很可能存在这种诱导性，因为受访者"被迫"在命题者所给出的答案选项中作出选择。所以，一般认为开放式（open - ended）的题目设计可以较好地避免诱导性问题，因为受访者不会受到封闭式选项的约束和诱导。然而，开放式的题目也有其缺陷。首先，当题目的答案完全"开放"时，受访者的回答天马行空，其答案可能始终无法落入该调查实验真正关心的焦点问题。其次，开放式问题虽然避免了诱导性，却可能带来客观性问题。调查实验的结果是每个受访者回答的加总，加总的前提是每个回答的数字化和编码化。当受访者的回答是纯主观、纯开放的答案时，对其进行分类、编码的责任就落在统计人员身上，而这个过程中难免掺入统计人员个人的主观判断，不同的统计人员对相同的回答可能作出不同的分类和编码。❷所以，从可行性和客观性角度看，封闭式问题仍然是商标调查实验及其他社会科学调查实验常用的模式，所以，关键是如何解决封闭式答案选项中可能存在的诱导性问题。

　　通常认为，封闭式问题设计须注意以下关键要点。第一，因为封闭式问题"迫使"受访者在给定的选项中做选择，所以有必要在答案中设置"不知道"这一选项，从而避免受访者不得不在"混淆"和"不混

---

　　❶　LOFTUS E. Leading Questions and the Eyewitness Report ［J］. Cognitive Psychology，1975，7：550.

　　❷　JACOBY J. Are Closed - Ended Questions Leading Questions ［M］//Shari Seidman Diamond & Jerre B. Trademark and Deceptive Advertising Surveys：Law，Science，and Design. Chicago：ABA Book Publishing，2012：264.

淆"之间作出选择。实证研究表明，未设置"不知道"这一选项可能使商标调查实验出现系统性误差。例如，当询问"您认为该商品是由哪一家公司推出的"时，如果未设置"不知道"选项，那么受访者不得不以市场上最知名的、市场占有率最高的品牌名称作答，而实际上他们内心并没有关于该商品究竟由谁推出的主观认知，因此，这样的答案选项使受访者的回答存在明显的"猜测效应"（guessing effect）。❶ 第二，与问题的平衡类似，答案选项的呈现也应注意原、被告立场的平衡。例如，如果答案选项是"完全同意""基本同意""部分同意""既不同意也不反对"和"不同意"，那么答案的排列明显偏向于"同意"的一端，因此是不平衡的。❷ 第三，答案选项的顺序也可能具有潜在的诱导效应。例如，实验表明，对于电话调查，受访者容易选择最后一个听到的答案选项；而对于当面向受访者展示的问卷，受访者倾向于选择第一个看到的选项。❸ 为了避免这种倾向，有必要对答案选项进行轮换（"rotate"），例如将受访者随机分为三组，其中一组看到的答案顺序是 A、B、C，第二组看到的是 B、C、A，第三组看到的是 C、A、B，由此避免单纯由答案选项顺序的原因而带来的偏差。

（三）对照组的重要性

商标法中需要测度的关键问题，如混淆可能性和淡化可能性，实际上是关于因果关系的问题，所以混淆可能性和淡化可能性调查实验是典型的因果型调查实验（causal survey）。在科学实验中，为了测度因果关系，通常要求设置实验组（test cell）和对照组（control cell），通过两组实验结果的对照排除所要测度的变量之外的其他变量对结果带来的影

---

❶ LIEFELD J P. How Surveys Overestimate the Likelihood of Consumer Confusion ［J］. The Trademark Reporter, 2003, 93: 939, 944－945.

❷ JACOBY J. Are Closed－Ended Questions Leading Questions? ［M］//DIAMOND S S, SWANN J B. Trademark and Deceptive Advertising Surveys: Law, Science, and Design. Chicago: ABA Book Publishing, 2012: 275－276.

❸ DIAMOND S S. Reference Guide on Survey Research ［M］// Federal Judicial Center. Reference Manual on Scientific Evidence. 3rd ed. Washington D. C. : The National Academies Press, 2011: 396.

响。在商标调查实验中，这种"其他变量"，或曰"噪声"（noise），主要来自三个方面：第一，消费者的前见（preexisting belief）；第二，肯定性回应的倾向（yea - saying）；第三，单纯的猜测（guessing）。例如，受访者误以为被告的产品来源于原告，这既可能是因为原、被告的商标确实存在混淆可能性，也可能是来自部分受访者错误的前见，例如由于某个品牌是一类产品的主流品牌，以至于消费者认为所有该类产品都是由该公司生产的。当受访者被询问"您是否认为该产品与我刚才向您展示的产品来自同一公司"时，肯定性回答的倾向会导致所得的混淆率高于真实市场条件下的正常水平。当被问及"您认为该产品是哪一家公司生产的"时，受访者也可能基于原告市场占有率高的事实而猜测问题的答案是原告公司，而并非真地因被告使用的商标导致混淆。鉴于这三类变量的存在，有必要通过设置对照组排除"噪声"对实验结果的影响。实际上，在描述性调查实验（descriptive survey）中，同样可能有"噪声"的存在。在商标调查实验中，通用名称、"第二含义"、知名度调查实验是典型的描述性调查，这类调查实验测度的是一个描述性的事实状态，而不是测度是否存在某种因果关系。描述性调查实验的"噪声"表现在几个方面：在通用名称调查中，有部分受访者无论如何也无法区分"通用名称"和"商标"的区别；在"第二含义"和知名度调查中，受访者同样可能因为市场占有率的问题而随意猜测，而并非基于他们对事实的真实了解作出回答。正因为如此，虽然在早期的商标案件中法院通常接受未设置对照组的调查实验，但随着法院对调查实验技术的日益熟悉，对照组的设置几乎已成为商标调查实验中的标准程式。❶

以混淆可能性调查为例，引入对照组的实验操作程序如下：①将等量受访者随机分入实验组和对照组，这一步骤被称为"随机选择"（random selection）；②实验组和对照组所看到的刺激物仅在商标标识上存在差异，其他方面应尽可能相同；③实验组测得的混淆率减去对照组

---

❶ DIAMON S S. Control Foundations：Rationales and Approaches［M］//DIAMOND S S, SWANN J B. Trademark and Deceptive Advertising Surveys：Law，Science，and Design. Chicago：ABA Book Publishing，2012：202.

测得的混淆率所得的"净混淆率"（net confusion rate）就是我们所要的结果。将受访者随机分组的目的是使实验组和对照组在构成上不存在系统性差异。而两组刺激物的唯一差异是商标标识，由此可得两组实验结果的差异仅仅来自商标这个变量，与其他变量无关。无论是实验组还是对照组，其中均有部分受访者受到各种类型"噪声"的影响，因此均存在一定比例的"噪声率"；用实验组测得的混淆率减去对照组测得的混淆率，就可以把这部分噪声率排除，得到我们需要的"净混淆率"。

为了保证对照组有效发挥作用，对照组中刺激物的选择尤为重要。首先，除了商标外，对照组中刺激物的其他特征应当尽可能与实验组的刺激物相同。这样，对照实验才能有效地将商标这个变量隔离出来，测度商标对混淆可能性的影响，排除其他变量的作用。这是对照组设置最基本的原则。其次，对照组中的刺激物中不能存在抑制混淆的线索。例如，对照组的刺激物上有明显的文字提示该产品的来源，使受访者清晰知晓该产品不可能来自原告。如果对照组存在这种线索，受访者受"噪声"干扰的可能性将显著减少，在"净混淆率 = 实验组混淆率 - 对照组混淆率"的等式中，由于对照组混淆率的数值被人为降低了，因此净混淆率将被人为提升。再次，对照组使用的刺激物必须和实验组的刺激物属于同一产品类型，否则同样存在人为抑制对照组混淆率的问题。最后，对照组使用的刺激物不应具有侵权特征。如果对照组选择的刺激物本身就是明显具有混淆可能性的侵权产品，那么对照组所测度的就不再是对照组和实验组均存在的、作为计算基准的"噪声率"，而是"噪声率 + 对照组混淆率"。此时所得的净混淆率将低于真实市场中存在的混淆率水平。

如前所述，当在调查实验中引入对照组时，样本量必须增加一倍，才能保证样本的代表性，所以，对照组的设置明显增加了调查实验的成本。在有些情况下，为了节约成本，也可以采用设置"对照问题"（control question）的方式来实现"降噪"。例如，在典型的通用名称调查实验中，除了让受访者判断涉案标识到底是商标还是通用名称外，还可以进一步要求受访者对其他标识作出判断。如果受访者将明显属于商标的标识判定为"通用名称"，或者将明显属于通用名称的标识判定为

"商标"，则证明该受访者无法理解通用名称与商标的区别，其是该调查实验中的"噪声"，其判断不应被纳入最终的统计。❶

四、调查实验的执行

（一）调查实验的执行规范

只有当调查实验按照符合规范的方式执行，前述关于总体、抽样、实验设计与问卷设计的所有要求才是有意义的，否则所有的严格要求都不过是纸上谈兵。在调查实验的执行方面，主要需要注意三方面的问题。

首先，调查实验必须严格遵守"双盲规则"。"双盲规则"指的是应当保证调查实验的执行者（调查员）和受访者均不知晓本调查实验委托人的相关信息。"双盲规则"是保证调查实验执行过程客观性的重要规则。一旦调查员知悉调查实验的委托人，他们很可能在有意无意之间向受访者透露此次调查实验的目的，甚至无意间引导受访者选择他们所认为的对委托人有利的选项。而受访者知悉调查实验的委托人和目的，则可能带来明显的"要求效应"，"作为知情的参与者，他们存在使实验环境变得有道理、避免来自实验者的负面评价，甚至可能以意图帮助实验者确认其研究假想的方式作出配合的动机。这种动机心态很可能使参与者有意或无意地对调查实验中的任何线索都高度敏感，希望自己显得正常或'使研究结果的结论正确'。"❷ 为了避免要求效应的发生，必须保证调查员和受访者对调查实验的目的及委托人均不知情。

其次，调查员必须接受基础训练，达到执行调查实验的能力要求。一般要求，调查员必须接受至少一天的关于调查实验一般技巧的基础

---

❶ DIAMON S S. Control Foundations：Rationales and Approaches ［M］. DIAMOND S S, SWANN J B. Trademark and Deceptive Advertising Surveys：Law, Science, and Design. Chicago：ABA Book Publishing, 2012：201 – 216.

❷ SIGALL H, ARONSON E, HOOSE T V. The Cooperative Subject：Myth or Reality? ［J］. Journal Experimental Social Psychology, 1970, 6：1.

培训。❶ 培训的内容包括多个方面。第一，筛选受访者的方法。在商标调查实验中，由于很多时候使用的是在购物商场的非概率调查，因此最终完成抽样任务的实际上是调查员。调查员必须根据调查实验专家的指示，筛选符合条件的受访者。但是，未经训练的调查员很可能寻找面容和善、和蔼可亲、穿着体面的受访者开展调查，而对态度恶劣、衣冠不整的受访者避之不及。所以，有必要对调查员筛选受访者的过程进行指导和训练，以避免样本出现系统性偏差。第二，提问的具体方式，包括对"跳转式"（skip pattern）问卷和对"追问"（probe）的正确执行等。当存在"跳转式"问卷设计时，例如，只有当对问题 3 的回答为"是"时才回答第 4~6 题；而当对该题的回答为"否"时，则应跳过 4~6 题并回答第 8~10 题，未经训练的调查员常常会出现错误，致使问卷无效。这种情况应当通过事前的训练加以避免。而当问卷中存在开放式题目时，通常要求调查员在适当的时机和情境下进一步追问，对于追问的具体问题、时机、情境，同样需要为调查员提供基础培训和指引。第三，调查实验开展的环境。应保证每次仅对一位受访者进行调查，其他受访者不得同时在场，以免造成对调查实验的干扰，或者事先知悉调查实验的内容。

最后，对调查实验执行过程必须实行严格的质量控制，包括事中控制和事后控制。事中控制是指在调查实验的执行过程中，调查实验专家应抽取一定的样本进行实地监督，以观察调查员是否按照调查实验的一般规范和该实验的具体要求认真执行。事后控制一般有两种形式：一种是抽取 10%~15% 的受访者进行回访，另一种是对调查实验结果进行个别分析。为了保证事后复查的客观性，通常这种复查应由第三方执行。为了提高效率，同时不至于对受访者构成打扰，回访通常仅复核其是否真地接受过调查实验，并核实其是否符合条件，但对访问过程中调查员是否能按照规范执行并不会进行深入询问。不过，调查员知悉其调查对象将会被回访这一事实通常足以形成对他们的督促，激励其按照规范执行调查实验。对部分调查实验结果进行个案分析，如果调查实验结果出

❶ DIAMOND S S. Reference Guide on Survey Research [M] //Federal Judicial Center. Reference Manual on Scientific Evidence. 3rd ed. Washington D. C. : The National Academies Press, 2011: 409.

现过多明显的矛盾冲突或某些可疑的模式，即证明调查实验过程存在不规范现象。在互联网调查实验的背景下，后台显示的受访者参与时间及IP地址等数据也可以提供关于调查实验是否存在作假嫌疑的线索。

（二）初步试验（pilot test）

为了提升商标调查实验的信度（reliability）和效度（validity），可以在正式执行调查实验之前先开展样本量为 10 ~ 50 名受访者的初步试验。开展初步试验的主要目的在于测试抽样方法、实验设计、执行过程是否能够满足预期要求。首先，在抽样方面，有可能因为抽样框选择不当，导致无法从其中抽取到足够数量的受访者。其次，在具体的实验设计方面，涉及问题的设计是否清晰、易于理解？问题的"跳转"设计是否过于复杂？选择的刺激物是否合适？最后，在执行方面，可以在初步试验中考察调查员是否具备按照规定和科学要求开展调查实验的能力，他能否在恰当的时机进行追问，并如实记录下受访者的所有回答？初步试验有助于帮助专家发现调查实验中潜在的问题，以帮助其修正实验设计；它也有助于律师对调查实验的结果有一定的预判，以确定是否值得花费更大的成本开展完整的调查实验；同时，当初步试验的结论具有明显的倾向性时，它也可以成为律师和当事人诉讼策略的重要参考，即决定起诉、答辩或者接受和解。

在社会科学领域，在正式的调查实验之前开展初步试验，这是一种常规的做法，但这种做法在为诉讼而开展的商标调查实验中仍不常见。据学者统计，截至 2011 年，在美国的商标案件中仅有 25 个案件在调查实验中采用了"初步试验"。应当注意的是，初步试验是提升调查实验信度和效度的科学手段，所以，如果专家在初步试验后调整调查实验的设计，法官不应据此认定调查实验证据存在瑕疵。相反，如果专家在初步试验后，为了获得对己方有利的数据而对调查实验环节进行刻意扭曲，则该调查实验证据的客观性和效度应受到质疑。❶

---

❶　ROSS I. The Use of Pilot Tests and Pretests in Consumer Surveys［M］//DIAMOND S S, SWANN J B. Trademark and Deceptive Advertising Surveys：Law, Science, and Design. Chicago：ABA Book Publishing, 2012：11 – 26.

五、调查实验的报告

商标调查实验的最终结果必须以报告的形式完整呈交法庭。《调查研究参考指引》指出，"调查报告的完整性是调查可信度和提供调查结果的专家的专业性的重要指标"，调查实验报告应当包含如下内容：

（1）调查目的；

（2）目标总体的界定及对样本框的描述；

（3）抽样设计的描述，包括挑选受访者的方法、访问的方法、回收量、受访者适格性或筛选的标准和方法、其他相关信息；

（4）抽样执行结果的描述，包括：①已联系的潜在受访者的数量，②未联系上的潜在受访者数量，③不适格的受访者，④拒绝参与的受访者，⑤未完成或终止的访问，⑥完成的访问；

（5）所使用的问题的准确表述，包括每一版本的真实问卷、调查员说明书和视觉刺激物；

（6）任何特殊计分方式的描述（例如，如何将字面回答分入更广的分组中）；

（7）所使用的评估证明力程序的描述；

（8）在合适的情况下对抽样误差的估算（仅适用于概率抽样）；

（9）清晰标明及定位数据来源的统计表，包括形成每个表格、行和列的基础的原始数据；

（10）调查员说明、复核结果和编码册若干份。❶

提供商标调查实验证据的一方不能仅仅提交一份简单的结论以及最终数据，而应提交一份详尽描述整个调查实验设计、执行过程的报告。作为一项社会科学研究，详尽的调查实验报告使第三方可以对调查实验进行独立检验，评估其信度和效度，在必要时甚至可以复制该调查实验过程。而从调查实验的实践角度讲，任何提交法庭的调查实验证据都只

---

❶ DIAMOND S S. Reference Guide on Survey Research ［M］//Federal Judicial Center. Reference Manual on Scientific Evidence. Washington D. C. ：The National Academies Press，2011：415 –416.

是对现实世界的模拟，不能期待一次调查实验证据提供关于显著性、知名度、混淆率、淡化率等的精确测度。调查实验的真正意义不在于提供几个数字，而在于数字背后所蕴含的丰富信息，这些信息必须放到调查实验的完整背景中，才能得到恰当的解读。因此，提交法庭的调查实验证据必须包含报告的完整内容，包括每一份调查问卷的原件，以供法官和对方当事人及专家审查。

对商标调查实验全过程及相关原始资料的披露，是为了让法官和对方当事人及专家可以对调查实验进行全方位的复核和审查。但应当注意的是，为了保护受访者的隐私，保障其正常生活不被打扰，鼓励受访者参与社会调查，并保障受访者可以作出真实、遵从内心的回答，社会科学的一般规范要求应当对受访者的个人信息保密，因此在提交法庭的调查实验报告中不应出现具体受访者的个人资料。法官和对方当事人可以通过审查每份调查问卷和每次实验记录来核实调查实验的有效性，但不能直接传唤受访者出庭作证，也不能因当事人未提供受访者的信息而判定调查实验缺乏证明力，否则将破坏社会调查领域的行业规范，影响整个学科和行业实践的正常运行和未来发展。

六、小结

商标调查实验的有效性取决于其是否遵循公认的社会科学规范。在商标调查实验专家的选择方面，当事人应当选择具备心理学、社会学或传播学硕士以上学位，并具有丰富实践经验的专家担任商标调查实验的设计者，并委托具有调查实验资质的市场调查公司执行商标调查实验。律师可以而且应当参与商标调查实验的设计环节，因为律师的参与在确保调查实验与所要测度的问题的相关性上具有非常重要的意义。但律师绝对不得参与商标调查实验的具体执行和数据统计，否则将违反"双盲规则"，破坏商标调查实验的客观性和可信度。在调查总体的选择方面，应该根据所要测度的具体问题而选择不同的调查总体，避免总体界定过宽、过窄或者选择有偏总体。在抽样方面，虽然概率抽样在理论上具有优越性，但在商标调查实验中，非概率抽样是广为接受的实践，也更具有可行性，其得出的结论不会与概率抽样所得结论存在系统性差异。对于商标调查实验，一般而言，200～300 的样本量是合适的，足以提供具有代表性的数据。但在特殊的情形中则可能必须适当增加样本量，才足以提高样本的代表性。在商标调查实验的具体设计方面，应当注意避免诱导性的程序设计、问题设计和答案选项设计，并通过设置对照组排除"噪声"的干扰。在商标调查实验的执行方面，应当严格遵守"双盲规则"；并为调查员提供基础训练，使之成为适格的调查员；对调查实验的执行过程进行严格的质量控制，开展事中控制和事后控制。最后，为了商标调查实验的有效执行，可以在开展正式的商标调查实验之前，先进行小范围的初步试验。在商标调查实验的报告方面，专家应当在报告中提供关于此次调查实验的所有详细信息，以供法庭和对方当事人及专家审查。

严格遵守公认的社会科学规范的商标调查实验具有较高的信度和效度，可以作为证明商标法关键问题的重要依据。相反，商标调查实验关键环节中的任何瑕疵和错误，都可能使之不具有客观性和可靠性。法院应对上述关键环节进行审查，并根据每个环节的科学程度，确定可以赋予商标调查实验证据的证明力。

第三章　通用名称的科学测度[*]

一、通用名称的法律意义

通用名称（generic name）是指在某一地域范围内为相关公众普遍使用的，反映一类商品与另一类商品之间根本区别的规范化称谓，包括规范的商品名称、俗称及简称。[❶] 在我国，通用名称包括法定的商品名称和约定俗成的商品名称两大类，前者指依据法律规定或者国家标准、行业标准属于商品通用名称的情形，后者指相关公众普遍认为某一名称能够指代一类商品的情形。[❷] 通用名称与商标存在本质区别。通用名称所回答的是"该商品是什么"的问题，而商标所回答的是"该商品是谁生产的？它从哪里来？谁为它提供担保？"的问题。[❸] 通用名称用于指示某一类商品，市场上的所有经营者都可以使用；商标则指示商品来自于某一特定的经营者，具备区分来源的功能。

一个标识成为通用名称，通常有两种不同情形。一是该标识自始就是指称一类商品的普通称谓，如"汽车""洗衣机""苹果"等，这些

---

[*]　本章部分素材取自本书作者发表于《知识产权》（2013 年第 7 期）的《商标通用性的数字证成》一文。作者在内容上作了实质性增补，在论述思路和结构上也作了全新调整。

[❶]　尹红强. 商品通用名称与商标权辨析［J］. 河北学刊，2014（2）：144.

[❷]　国家工商行政管理总局商标局、商标评审委员会.《商标审查及审理标准》（2016）第 51 页；《最高人民法院关于审理商标授权确权行政案件若干问题的规定》（2017）第 10 条。

[❸]　MCCARTHY J T. McCarthy on Trademarks and Unfair Competition［M］. 4th ed. Eagan：Thomson Reuters，2012：§ 12：1.

称谓不能用于它所指称的那类商品的商标。❶ 二是该标识起初是作为商标使用的，甚至已经注册，但由于商标权人在经营活动中使用不当，该商标逐渐被相关公众作为指代该类商品的通用名称。这种情形在商标法理论上被称为商标的"通用名称化"（genericide）。❷ 作者认为"genericide"更宜译作"退化"，即从一种具有显著性的状态退化为没有显著性的通用状态。如此翻译一方面更符合中文的表达习惯，另一方面与已有的"淡化"术语相区别。商标的退化通常由两种原因造成。一是因商标相当成功招致市场上大量模仿者使用，而商标权人又怠于维权，以至于相关公众因市场上大量经营者使用该商标的事实而认为它是该类商品的通用名称。❸ 例如，在邓某诉友臣（福建）食品有限公司案中，法院认为，因注册商标所有人未及时行使权利，导致全国90多家相关食品企业均使用"金丝"肉松饼，在客观上导致含有注册商标"金丝"文字的"金丝肉松饼"成为一类饼的通用名称，并已形成相对稳定的市场。❹ 二是经营者推出新产品后，原本打算在该产品上使用特定商标，但相关公众因没有更好的词汇来指称该款新产品，于是直接将该商标作为通用名称使用。例如，在美国历史上，"阿司匹林"（Aspirin）、"赛璐玢"（Cellophane）和"埃斯科雷特"（Escalator）曾都是新产品的商标，但由于消费者需要一个简明易懂的词汇来指称这些产品，上述商标很快分别退化为指代乙酰水杨酸、玻璃纸和自动扶梯的通用名称。❺ 我国也有许多类似的案例，例如，优盘的专利权人深圳朗科公司曾将"优盘"注册为闪存盘的商标，然而，现在几乎所有消费者都将"优盘"（或者发

---

❶ 笼统地说，通用名称不能作为商标使用是不准确的。通用名称只是不能作为它所指称的那类商品的商标，但可以作为其他类商品的商标。例如，"Apple"不能作为苹果这种常见水果的商标，但可以作为计算机等电子产品的商标。（MCCARTHY J T. McCarthy on Trademarks and Unfair Competition [M]. 4th ed. Eagan：Thomson Reuters，2012：§ 12：1. ）

❷ 刘斌斌. 比较法视角下商标的通用名称化及其救济 [J]. 甘肃社会科学，2012（1）：130.

❸ MCCARTHY J T. McCarthy on Trademarks and Unfair Competition [M]. 4th ed. Eagan：Thomson Reuters，2012：§ 12：1.

❹ 邓某诉友臣（福建）食品有限公司案 [福建省高级人民法院（2015）闽民终字第192号民事判决书]。

❺ MCCARTHY J T. McCarthy on Trademarks and Unfair Competition [M]. 4th ed. Eagan：Thomson Reuters，2012：§ 12：1.

音相同的"U盘")作为闪存盘的通用名称使用。❶

在美国和德国,通用名称与商标是两个互斥的概念,即通用名称永远不可能作为商标注册。❷ 这是因为,一方面,用作商标的标识必须具有显著性,方能发挥区分来源的识别功能。识别功能是商标其他功能得以发挥的前提和基础,而通用名称恰恰无法发挥这一基本作用。另一方面,从公共政策的角度看,允许某个市场主体将商品的通用名称注册为商标,实际上是赋予了该市场主体对商品的垄断权;这种做法阻碍了其他竞争者和消费者使用通用名称指称商品的自由,迫使竞争者和消费者采用其他次优称谓来描述特定商品,将导致商业沟通效率降低,大大增

---

❶ "优盘"案是一个极富戏剧性的案件。深圳朗科公司(以下简称"朗科公司")于2001年成功注册"优盘"商标,使用在移动存储产品上。2002年10月,北京华旗资讯数码科技有限公司(以下简称"华旗公司")以注册不当请求原国家工商行政管理总局商标评审委员会(以下简称"商评委")撤销该商标。2004年10月,商评委认为"优盘"已成为一类计算机存储器的通用名称,作出《关于撤销第1509704号"优盘"商标争议裁定书》。朗科公司不服,将商评委起诉至北京市第一中级人民法院(以下简称"北京一中院"),请求撤销商评委的裁定,华旗公司作为第三人参加诉讼。2006年2月,北京一中院以商评委"违反法定程序"为由判决撤销了其裁定。华旗公司不服一审判决,向北京市高级人民法院(以下简称"北京高院")提起上诉。不过,随后华旗公司在北京高院审理过程中又申请撤回上诉。2007年8月,北京高院裁定准许撤诉。

一直到2010年3月,商评委才重新作出商评字〔2004〕第5569号重审第270号《关于第1509704号"优盘"商标争议裁定书》,认为"优盘"已成为通用名称,裁定第1509704号"优盘"商标予以撤销。2010年4月,朗科不服商评委裁定,向北京一中院提起行政诉讼。但是,2011年7月,爱国者数码科技有限公司(原华旗公司,以下简称"爱国者公司")居然向商评委撤回了对朗科公司"优盘"商标的撤销申请。于是,商评委也相应向朗科公司发出通知,作出"商评委于2010年3月15日作出的商评字(2004)第5569号重审第270号关于第1509704号'优盘'商标争议裁定作废"的决定,同时本案终止审理,予以结案。相应地,朗科公司也向北京一中院申请撤回对商评委的诉讼,北京一中院裁定准许。

至此,关于"优盘"案的争议告一段落,第1509704号"优盘"注册商标因此也就依然是有效的注册商标,且到现在为止仍是如此。该案的过程与结局不禁令人感到唏嘘嗟叹、充满疑惑。

不过,即使"优盘"仍是朗科公司有效的注册商标,鉴于"优盘"已成为闪存盘的通用名称,根据《商标法》(2019)第59条,朗科公司仍然不能阻止竞争者在相同产品上正当地使用"优盘"二字来指示他们的商品。

❷ 关于美国的规定,参见:MCCARTHY J T. McCarthy on Trademarks and Unfair Competition [M]. 4th ed. Eagan:Thomson Reuters,2012:§ 12:1. 商标法第4条规定了禁止使用的标记:(一)普通名称不能作为商标注册。

加经济活动的交易成本。❶ 所以，商品的通用名称是任何人都可以自由使用的公共资源，属于公有领域的范畴。

根据我国《商标法》（2019）的规定，通用名称具有三方面的法律意义。第一，在商标注册程序中，通用名称是拒绝注册的绝对理由。《商标法》（2019）第 11 条第 1 款第 1 项规定，仅有本商品通用名称的标志不得作为商标注册。不过，与美、德等国将商标与通用名称绝对对立的做法不同，我国《商标法》（2019）规定，当通用名称经过使用取得显著特征后，即当通用名称获得了指示来源的"第二含义"后，可以作为商标注册。❷ 这一做法与法国商标法的规定相同。❸ 因此，通用名称是否取得指示来源的"第二含义"就成为一个非常关键的问题。关于如何运用商标调查实验测度"第二含义"的问题将在本书下一章讨论。第二，在商标撤销程序中，商标退化为通用名称是撤销注册的法定理由，这是 2013 年我国商标法修改时新增的内容。《商标法》（2019）第 49 条第 2 款规定，当注册商标成为其核定使用的商品的通用名称时，任何单位或者个人可以向商标局申请撤销该注册商标。第三，在商标保护程序中，注册商标中含有商品的通用名称是侵犯商标权的抗辩事由。《商标法实施条例》（2002）第 49 条规定，当注册商标中含有本商品的通用名称时，注册商标专用权人无权禁止他人的正当使用。2013 年商标法修改时，该规定被正式上升为法律，即《商标法》（2019）第 59 条第 1 款的规定。

通用名称的认定是商标法中的重要问题，具有重要的现实意义。在我国的商标法实践中，涉及通用名称认定的司法纠纷，如"小肥羊"❹

---

❶ 威廉·M. 兰德斯，理查德·A. 波斯纳. 知识产权法的经济结构 ［M］. 金海军，译. 北京：北京大学出版社，2005：240 – 253.

❷ 在 2001 年修法之前，我国《商标法》（1983 年版、1993 年版）均规定"本商品的通用名称和图形"不能作为商标标志使用。2001 年商标法修改时才增加了通用名称获得显著性后可以注册的规定。

❸ 法国知识产权法典第 711 – 2 条规定，纯粹是商品或服务的常用名称的标记或文字，缺乏显著性。但常用名称的显著性可以通过使用取得。不过，中、法对通用名称取得显著性的态度与美、德两国商标法的态度之间的差异，实际上并没有表面上看起来那么大。具体分析参见：杜颖. 通用名称的商标权问题研究 ［J］. 法学家，2007（3）：76 – 78.

❹ 西安小肥羊烤肉馆诉国家工商行政管理总局商标评审委员会案 ［北京市第一中级人民法院（2005）一中行初字第 181 号行政判决书、北京市高级人民法院（2006）高行终字第 94 号行政判决书］。

"解百纳"❶ "优盘"❷ 等案件，往往耗时十余年、官司十多场、裁判文书数十份，其涉案标的数额往往十分巨大，裁判结果将影响整个行业的布局。"84 消毒液"❸ "兰贵人"❹ "散利痛"❺ "鲁锦"❻ "沁州黄"❼ "稻花香"❽ 等，也是其中具有广泛社会影响的案件，部分案件在司法领域也具有重要地位，例如，"84 消毒液"案被收入《最高人民法院公报》2003 年第 5 期；"散利痛"案被收入《最高人民法院公报》2010 年第 7 期；"鲁锦"案被收入《最高人民法院公报》2010 年第 1 期，并作为最高人民法院 2015 年 4 月发布的第 46 号指导案例；"沁州黄"案被收录在 2014 年 4 月发布的《最高人民法院知识产权案件年度报告（2013 年）》中；"稻花香"案入选最高人民法院 2018 年 4 月发布的"2017 年中国法院十大知识产权案件"。

一个公众熟知的标识究竟是个体企业的商标，还是社会公用的通用名称？其利害关系重大，要么是企业经营多年的商标和其背后凝结的商誉被划入公有领域，一时间"化为乌有"；要么是公众长久通用的词汇被个别企业"攫取"为私人财产，竞争者失去了使用自由。无怪乎每个

---

❶ 中粮酒业有限公司等诉国家工商行政管理总局商标评审委员会案［北京市第一中级人民法院（2008）一中行初字第 916 号行政判决书；北京市高级人民法院（2010）高行终字第 310 号行政判决书］。

❷ 深圳市朗科科技股份有限公司诉国家工商行政管理总局商标评审委员会案［北京市第一中级人民法院（2004）一中知行初字第 1014 号行政判决书、（2010）一中知行初字第 2631 号行政判决书］。

❸ 北京地坛医院诉江苏爱特福药物保健品有限公司案［北京市高级人民法院（2001）高知初字第 79 号民事判决书；最高人民法院（2002）民三终字第 1 号民事判决书］。

❹ 武夷山市桐木茶叶有限公司诉国家工商行政管理总局商标评审委员会案［北京市第一中级人民法院（2013）一中知行初字第 894 号行政判决书；北京市高级人民法院（2013）高行终字第 1767 号行政判决书］。

❺ 西南药业股份有限公司诉国家工商行政管理总局商标评审委员会案［最高人民法院（2009）行提字第 1 号行政判决书；北京市高级人民法院（2006）高行终字第 253 号行政判决书］。

❻ 山东鲁锦实业有限公司诉鄄城县鲁锦工艺品有限责任公司、济宁礼之邦家纺有限公司案［山东省济宁市中级人民法院（2007）济民五初字第 6 号民事判决书；山东省高级人民法院（2009）鲁民三终字第 34 号民事判决书］。

❼ 山西沁县檀山皇小米基地有限公司诉山西沁州黄小米（集团）有限公司案［最高人民法院（2013）民申字第 1642 号民事裁定书］。

❽ 福州米厂诉五常市金福泰农业股份有限公司等案［最高人民法院（2016）最高法民再 374 号民事判决书］。

涉及通用名称的司法案件背后，都隐藏着个别企业与行业整体之间利益攸关的生死博弈。

二、通用名称的认定标准和证明方法

（一）通用名称的认定标准

通用名称的认定可以从主体标准、词义标准、地域标准和时间标准四个层面加以把握。

第一，主体标准。一般认为，判断标识是否为通用名称的主体应该是使用该标识的商品的所有相关公众。正如汉德法官（Judge Learned Hand）在认定"阿司匹林"为通用名称的著名判决书中所言："在我看来，在这类案件中唯一的问题不过是事实性的，即对于双方主张不同用法的这个单词，购买者到底是怎么理解的。"❶ 美国联邦第三巡回上诉法院更直接地指出："应当由相关消费者来确定一个术语是否指称一类产品，而不是由法院来确定。"❷

如前所述，在我国，通用名称包括法定的商品名称和约定俗成的商品名称。其中，约定俗成的通用名称"一般以全国范围内相关公众的通常认识为判断标准"❸。而对于法定的通用名称，则应以法律规定或者国家标准、行业标准为依据。尽管如此，仍有学者指出："国家、行业规定应该是确定通用名称的初步证据，如果能够以其他证据证明消费者并非把该名称作为通用名称使用，就可以推翻这一认定。如果国家、行业标准和公众的认识出现不完全一致的情况时，则应以公众是否约定俗成地判断名称已通用为准。"❹ 有法官也同意这一观点，认为即使是法定的通用名称，也应当以相关公众的认知为准，因为国家标准、行业标准更

---

❶ Bayer Co. v. United Drug Co., 272 F. 505 (D. N. Y. 1921).

❷ Berner International Corp. v. Mars Sales Co., 987 F. 2d 975 (3rd Cir. 1993).

❸ 《最高人民法院关于审理商标授权确权行政案件若干问题的规定》（2017）第10条。

❹ 杜颖. 通用名称的商标权问题研究 [J]. 法学家，2007（3）：79. 持类似观点的还有：陶懿. "解百纳"案：通用名称认定的法律困境及思考 [J]. 电子知识产权，2010（3）：77.

多的是一种技术性的标准，并不能涵盖整个商品通用名称的范围；国家标准、行业标准的制定有一定的滞后性，滞后于消费者对商标意义的感知；国家标准以及其他标准对通用名称的规定可能与消费者对商标的认知出现矛盾。因此，有必要以相关公众对商标的认知理解作为判断商品通用名称的优先标准。❶

这一观点在司法实践中已得到支持。在北京龙泉四喜酿造有限公司诉北京汇成酒业技术开发公司侵犯商标权纠纷案中，案件的争议焦点是"甑馏"是否属于一种白酒的通用名称。尽管原告提供了北京酿酒协会出具的《有关"甑流"产品的说明》、中国酿酒协会出具的《有关"甑流"产品的说明》以及中国轻工业出版社出版的《白酒生产指南》来证明"清流""甑流"和"甑馏"是酿制白酒工艺过程的名称，也属于未经掺兑、高度白酒的一种质量概念的区域性通用名称，但北京市高级人民法院还是认为，这些并不能证明其产品上使用的"甑馏"为公众早已熟知的高度白酒的酿造工艺和高度白酒的通用名称。❷ 该案的关键之处即在于，被告公司并未充分证明相关公众对"甑馏"已经形成一种约定俗成的认识。

应当注意，这里的"相关公众"是一个宽泛的概念，对于零售商品，"相关公众"主要指最终消费者；而对于专业性较强的商品，例如药品或者其他高科技产品，"相关公众"可以指购买该类产品的专业人士，也可以包括相关商业渠道中的经营者、经销商等。

主体标准的确定对于调查实验中总体的界定具有重要意义。既然通用名称的判断标准是特定商品的相关公众对该标识的主观认知，那么，通用名称调查实验的主体就应该被界定为涉案商品的全部潜在相关公众，包括普通消费者、专业购买者和相关经营者等。❸

第二，词义标准。词语往往是多义的，而词义又是流变的。即使是通用名称，经过经营者在一定地域和时期内的培育，也可能在一定的市

---

❶ 赵克. 商标撤销制度中通用名称认定标准研究 [J]. 法律适用，2016（3）：75.

❷ 北京市高级人民法院（2003）高民终字第 543 号民事判决书。

❸ FOLSOM R H, TEPLY L L. Surveying "Genericness" in Trademark Litigation [J]. The Trademark Reporter, 1988, 78：1, 11–12.

场小生境中获得某种商标含义。我国《商标法》(2019) 规定,当通用名称经过使用取得显著特征后,可以获得商标注册,那么,当一个词语在一定程度上获得"第二含义",而同时又保留着通用名称的含义 (generic significance) 时,应当对该标识作出何种定性?对这一问题,我国现行法暂无直接规定。美国《兰哈姆法》的规定可以为我们提供有益参考,该法规定:"相关公众理解的注册商标的主要含义 (primary significance) ……应是判断注册商标是否演变成使用它的或者与它相联系的商品或服务的通用名称的标准。"❶ 麦卡锡教授指出,这一标准意味着,判断一个术语是通用名称还是商标的标准并非该术语对于公众而言是否存在某些指示物品通用名称的含义,而是其通用名称含义是否构成该术语的首要含义 (principal significance)。而"主要含义/首要含义"的判断标准,取决于大多数人的用法 (majority usage controls)。如果大多数人是在通用名称意义上使用该术语的,那么,即使这一标识具有某种程度上的商标含义 (some trademark significance),也应当被认定为通用名称。❷

词义标准的确定对调查实验结果的解读和评估具有重要意义。鉴于通用名称的认定是以"大多数人的用法"为标准,因此,只有当调查实验的结果是超过 50% 的相关公众在通用名称的意义上使用相关术语时,该术语才能被认为已经成为通用名称。实践中,美国法院通常也以 50% 作为相关标识构成通用名称的门槛性要求。❸

第三,地域标准。词语的含义具有地域性,有些词语在部分地区可能是通用名称,而在其他地区则不具有通用名称的含义。一般认为,判断词汇是否构成通用名称,应当以全国范围内相关公众的主观认知为标准。我国相关司法解释规定:"约定俗成的通用名称一般以全国范围内相关公众的通常认识为判断标准。"❹ 在大多数案件中,法官均是按照这

---

❶ 15 U. S. C. § 1064 (3).

❷ MCCARTHY J T. McCarthy on Trademarks and Unfair Competition [M]. 4th ed. Eagan: Thomson Reuters, 2012: § 12: 6.

❸ FOLSOM R H., TEPLY L L. Surveying Genericness in Trademark Litigation [J]. The Trademark Reporter, 1988, 78: 1, 21.

❹ 《最高人民法院关于审理商标授权确权行政案件若干问题的规定》(2017) 第 10 条第 2 款。

一标准裁判的。例如，在河南省柘城县豫丰种业有限责任公司诉国家工商行政管理总局商标评审委员会案中，尽管有证据表明在河南省柘城县有一种形状像子弹头的辣椒在当地被称为"子弹头"，但法院仍认为，辣椒是我国一种常见的农作物，在我国许多省份都有广泛种植，没有证据证明在我国其他辣椒产区有将"子弹头"作为辣椒通用名称的情形。因此，"子弹头"已经在国家或者本行业中成为广泛使用的商品名称的论点不能成立。❶ 在福州米厂诉五常市金福泰农业股份有限公司等案中，最高人民法院认为，考虑到涉案产品的销售范围为全国，仅以五常市的特定地域范围为标准认定"稻花香"构成通用名称是错误的，应以全国范围内公众的认知作为判定标准，因此，"稻花香"未构成通用名称。❷

　　但是，在某些特殊情况下，词语的含义也可能依据特定地域内相关公众的认知来判定。司法解释同时规定："对于由于历史传统、风土人情、地理环境等原因形成的相关市场固定的商品，在该相关市场内通用的称谓，人民法院可以认定为通用名称。"例如，在山西沁州黄小米（集团）有限公司诉山西沁县檀山皇小米基地有限公司等案中，最高人民法院认为"沁州黄"能够反映一类谷子与其他谷子的根本区别，从而构成通用名称。对于因为特定历史和地理原因而形成了固定的相关市场的商品，在这个市场的特定地域范围内通用就可以构成通用名称，商标所有人不能依据其对该商品的贡献而主张权利，也不能禁止他人使用。❸ 在山东鲁锦实业有限公司诉鄄城县鲁锦工艺品有限责任公司等案中，山东省高级人民法院认为判断具有地域性特点的商品通用名称，应考量涉案名称是否约定俗成和长期普遍使用、涉案商品是否为特定地域的群众共同劳动所形成、涉案商品的原料是否为特定地域普遍生产。对于具有地域性特点的商品名称，应以该产品的特定产区以及该特定地域的相关公众为判断标准。就"鲁锦"而言，"鲁锦"指的是山东地区的手工棉

---

❶ 河南省柘城县豫丰种业有限责任公司诉国家工商行政管理总局商标评审委员会案［北京市高级人民法院（2005）高行终字第 25 号行政判决书］。

❷ 福州米厂诉五常市金福泰农业股份有限公司等案［最高人民法院（2016）最高法民再374 号民事判决书］。

❸ 山西沁州黄小米（集团）有限公司诉山西沁县檀山皇小米基地有限公司等案［最高人民法院（2013）民申字第 1642 号民事裁定书］。

纺织品，即使我国其他省份的手工棉纺织品不被称为"鲁锦"，也不影响"鲁锦"构成通用名称。❶

因此，在测度通用名称的调查实验中，一般情况下，总体的范围应当界定为全国范围内的相关公众，在抽样过程中也应选择在全国范围内具有代表性的样本。只有在特殊情况下，才能将特定地域的相关公众界定为调查总体，在特定地域范围内实施调查实验。

第四，时间标准。语词的含义具有流变性，通用名称有可能通过经营者的使用获得"第二含义"，而商标也可能因为经营者的使用不当而丧失显著性，退化为通用名称。因此，在具体的商标争议中，应当确定好判断标识含义的时间点。我国相关司法解释规定："人民法院审查判断诉争商标是否属于通用名称，一般以商标申请日时的事实为准。核准注册时事实状态发生变化的，以核准注册时的事实状态判断其是否属于通用名称。"❷ 鉴于该司法解释主要处理的是商标授权确权行政纠纷问题，即在注册程序中当事人对相关标识是否构成通用名称的争议，因此，判断诉争标识含义的时间点以申请日或核准注册时为准显然是恰当的。但如果是在撤销程序或者商标保护程序（即在侵权抗辩）中提出相关标识退化为通用名称的主张时，则应该以提出撤销申请或者提出通用名称正当使用抗辩时为判断的时间点。所以，鉴于词汇含义的流变性，测度相关标识是否已成为通用名称的调查实验应当在提出相关主张时开展，以证明在当下这一时间点，诉争标识的主要含义究竟是商标还是通用名称。

（二）通用名称的证明方法

在传统司法实践中，有一系列证据常被用于证明标识是否成为通用名称。第一，国家有关标准和专业辞典、普通辞典定义是认定通用名称的重要参考。我国相关司法解释规定："依据法律规定或者国家标准、

---

❶　山东鲁锦实业有限公司诉鄄城县鲁锦工艺品有限责任公司等案［山东省高级人民法院（2009）鲁民三终字第 34 号民事判决书］。

❷　《最高人民法院关于审理商标授权确权行政案件若干问题的规定》（2017）第 10 条第 4 款。

行业标准属于商品通用名称的，应当认定为通用名称。""被专业工具书、辞典等列为商品名称的，可以作为认定约定俗成的通用名称的参考。"❶ 一般情况下，法律规定、国家标准、行业标准、专业工具书和辞典等反映了社会公众或者业内人士对相关术语的共同认知，因此可以作为认定术语含义的关键依据。但是，专业工具书和辞典等只宜作为认定术语含义的参考，否则可能赋予工具书和辞典编纂者过大的权力，使编纂者足以掌握对标识商标意义的"生杀大权"。❷ 同时，当法律规定、国家标准、行业标准、专业工具书、辞典等没有收入相关术语时，不能据此反推该术语不是通用名称。由于标准的制定、辞书的编纂和更新具有滞后性，因此，大量案件中被认定为通用名称的术语都未曾被收录到标准和辞典中，毕竟，没有一部辞书能够真正做到包罗万象、应有尽有，囊括所有通用词汇。❸ 尤其是当相关标识是由若干通用名称组成的词组时，该特定词组虽未被收录任何辞书，却不影响其作为通用名称的属性。著名哲学家罗素先生（Bertrand Russel）指出："尽管字典或者百科全书给一个字写下了可以说是官定的并且为社会所公认的意义，但是并没有两个人用同一字的时候，在他们的心目中恰好有着同一的思想。"❹ 因此，字典和百科全书仅能作为相关公众对标识认知的一种间接依据。

第二，媒体的用法。如果大量行业期刊、一般杂志和报纸等媒体都将相关术语作为通用名称使用，则这些用法"成为公众认知的强有力的指针"，证明相关公众已将该术语作为通用名称使用。❺ 不过，如果同时存在一些媒体将相关术语作为通用名称，一些媒体将之作为商标使用的情况，那么，此时的媒体用法就不宜作为认定通用名称的有效依据。

第三，业内人士的证词。业内人士对相关术语在行业内的用法较为

---

❶ 《最高人民法院关于审理商标授权确权行政案件若干问题的规定》（2017）第 10 条第 1 款。

❷ In re Minnetonka, Inc., 212 U. S. P. Q. 772（T. T. A. B. 1981）.

❸ Liquid Controls Corp. v. Liquid Control Corp., 802 F. 2d 934（7th Cir. 1986）.

❹ 罗素. 西方哲学史：上卷 [M]. 何兆武，李约瑟，译. 北京：商务印书馆，2005：81.

❺ Murphy Door Bed Co. v. Interior Sleep Systems, Inc., 874 F. 2d 95（2nd Cir. 1989）.

熟悉，其证词可以作为术语主要含义的证据。但是，如果证词来自与当事人关系密切的员工或交易商，则显然存有偏见的可能。

第四，主张相关标识为商标的一方的日常用法。如果主张相关标识是商标的一方在日常经营活动中一直将该标识作为通用名称使用，当发生争议时，就不能重新主张该标识是自己的商标。这是禁止反言原则在商标法中的体现。❶

第五，对于已经注册为商标的标识，如果竞争对手长期将该标识作为通用名称使用，而商标权人未积极维权，导致市面上大量竞争者均将该标识作为通用名称使用，则这种市场状况可以作为标识退化为通用名称的证据。例如，在著名的 King – Seeley Thermos Co. 诉 Aladdin Industries Inc. 案中，法官指出："由于原告在主张和保护对'thermos'一词的商标权方面缺乏合理勤勉……'thermos'一词已变成公共领域的一部分。"❷ 在 E. I. DuPont de Nemours & Co. 诉 Yoshida International Inc. 案中，法官批评"商标权人对其商标作为通用名称的使用保持了相当长时间的默许，随后还未能采取充分的积极行动纠正这种作为通用名称的使用"。❸ 类似地，在前述邓某诉友臣（福建）食品有限公司案中，我国法院也认为商标权人未积极行使权利，导致全国90多家企业将"金丝肉松饼"作为肉松饼的一种类型来使用，由此认定注册商标中的"金丝"二字已退化为指示一类肉松饼的通用名称。

第六，使用者的意图也是推断标识含义的一种间接证据。❹ 如果被告有明显的搭便车的故意，那么可以由此反推原告的标识仍然具有商标含义。相反，如果主张商标含义的一方具有抢注公共资源的明显恶意，则可以作为标识属于通用名称的证据。我国相关司法解释规定，如果

---

❶ MCCARTHY J T. McCarthy on Trademarks and Unfair Competition [M]. 4th ed. Eagan：Thomson Reuters，2012：§ 12：13.

❷ King – Seeley Thermos Co. v. Aladdin Industries, Inc. 321 F. 2d 577, 579（2nd Cir. 1963）.

❸ E. I. DuPont de Nemours & Co. v. Yoshida International, Inc. 393 F. Supp. 502（E. D. N. Y. 1975）.

❹ LEISER A W，SCHWARTZ C R. Techniques for Ascertaining Whether a Term Is Generic [J]. The Trademark Reporter，1983，73：376，378.

"诉争商标申请人明知或者应知其申请注册的商标为部分地域内约定俗成的商品名称的，人民法院可以视其申请注册的商标为通用名称"❶。

第七，市场上有没有描述该类产品的替代词，是判断诉争标识是否成为通用名称的重要参考。其合理性在于，当市场上不存在其他描述该类商品的替代词时，如果还将涉案术语作为特定市场主体的商标保护，那么消费者和竞争者的交流成本将显著提升，他们难以找到合适、准确的词汇来描述该商品。此时宜将相关术语视为通用名称。❷ 但是，如果市场上存在描述该类产品的多个通用称谓，却不能由此当然推导出诉争标识就一定是商标，因为同一事物的通用名称可能有很多个，反方向的推导是不能成立的。❸

第八，竞争对手对诉争标识的使用是否会导致消费者混淆，是判断诉争标识是否已经退化为通用名称的参考标准。奥古斯都·汉德法官（Judge August Hand）在"赛璐玢"案的判决书中清楚地阐述了这一标准："我认为，判断的标准是，其他人使用该标识是否仍是为了欺骗公众，对它的使用是否还存在引诱公众购买本不是由商标权人制造却伪装成商标权人制造的商品。而如果该商标已经在如此普遍的使用中变得如此公共，以至于没有人会因为它而受到欺骗，也没有人因受到它的引诱而误以为自己购买的是原商标权人的商品时，这个标识上的商标权就应该被取消了。"❹

此外，原、被告双方有时可能请来语言学专家作证，证明相关术语的普通含义。而主张商标权的一方，还可以以自己在广告宣传方面已作出的投入为证据，表明其将标识作为商标使用的努力。

最后一类常用的证据形式，也是本书论述的中心，是商标调查实验证据。在美国，1936 年的 DuPont Cellophane Co. 诉 Waxed Products Co.

---

❶ 《最高人民法院关于审理商标授权确权行政案件若干问题的规定》（2017）第 10 条第 3 款。

❷ FOLSON R H, TEPLY L L. Surveying "Genericness" in Trademark Litigation ［J］. The Trademark Reporter, 1988, 78: 1, 18.

❸ PALLADINO V N. Assessing Trademark Significance: Genericness, Secondary Meaning and Surveys ［J］. The Trademark Reporter, 2002, 92: 857, 887.

❹ DuPont Cellophane Co. v. Waxed Products Co., 85 F 2d 75, 82 (2nd Cir. 1936).

案是当事人运用调查实验来证明商标是否退化为通用名称的首次重要尝试。❶ 该案中的第一个调查实验是针对零售商的，结果显示，88%的零售商在订购玻璃纸时仅使用"cellophane"一词，且不知道其他替代性词汇。第二个调查实验针对的是流行杂志的订阅用户。在参与调查实验的用户中，72%认为"cellophane"是一个商标。不过，这两个调查实验在该案中几乎都没有起到什么作用。❷ 经过数十年的发展，时至今日，商标调查实验几乎已成为证明通用名称的必备（de rigeur）证据。❸ 有学者指出："毫无疑问，调查实验证据对于证明一个术语当下是通用名称还是商标是非常有价值的，甚至可能是唯一直接的证明方式。"❹ 法官已习惯于运用调查实验，且通常希望在解决关于通用名称纠纷的过程中能获得调查实验的证据支持。❺ 主张相关标识构成通用名称的一方如果未能提交调查实验证据，在一些法官看来，其结果是相当严重的。例如，在 Gimix Inc. 诉 JS & A Group Inc. 案中，法官就表示："本案中，双方均未提供调查实验或者类似的证据。双方在这方面的懈怠都是有过错的。"❻ 商标调查实验在证明通用名称方面的重要性可见一斑。

三、测度通用名称的调查实验模型

在测度通用名称方面，已有两个比较成熟的调查实验模型经过司法检验，并广为法院接受，分别是 Thermos 模型和 Teflon 模型。❼

---

❶ FOLSON R H, TEPLY L L. Surveying "Genericness" in Trademark Litigation [J]. The Trademark Reporter, 1988, 78: 1, 9.

❷ DuPont Cellophane Co. v. Waxed Products Co., 85 F. 2d 75, 80 (2nd Cir. 1936).

❸ MCCARTHY J T. McCarthy on Trademarks and Unfair Competition [M]. 4th ed. Eagan: Thomson Reuters, 2012: § 12: 14.

❹ LEISER A W, SCHWARTZ C R. Techniques for Ascertaining Whether a Term Is Generic [J]. The Trademark Reporter, 1983, 73: 376, 378.

❺ MCCARTHY J T. McCarthy on Trademarks and Unfair Competition [M]. 4th ed. Eagan: Thomson Reuters, 2012: § 12: 14.

❻ Gimix, Inc. v. JS & A Group, Inc. 213 U. S. P. Q. 1005 (N. D. Ill. 1982).

❼ MCCARTHY J T. McCarthy on Trademarks and Unfair Competition [M]. 4th ed. Eagan: Thomson Reuters, 2012: § 12: 14.

（一）Thermos 模型

Thermos 型调查实验在 1962 年的 American Thermos Products Co. 诉 Aladdin Industries Inc.（以下简称"Aladdin 公司"）案中首次使用，用于证明"thermos"一词是否为通用名称，因此得名。该案的争议焦点是，原告用在其真空隔热容器产品上的注册商标"thermos"是否已退化为通用名称。为了证明这一核心问题，原、被告双方分别委托专家进行了各自的商标调查实验，而法院最终采纳了被告 Aladdin 公司的调查实验模型，即现在美国商标法律界熟知的 Thermos 模型。

在该案中，Aladdin 公司委托专家进行了一个面向 3300 人的商标调查实验。该调查实验的核心思路是考察消费者在购物情境和日常生活中究竟会使用哪些词汇来描述真空隔热容器。如果大部分消费者都以"thermos"来指称此类容器，那就证明"thermos"已成为它们的通用名称。该调查实验共由 12 个问题组成，这 12 个问题大致可以分为四组。第一组问题如下：

问题 1：您是否熟悉用于保持液体，如汤、咖啡、茶或柠檬汁在一段时间内的温度的那种容器？

问题 2：您自己是否使用过（或装满过）此类容器——保持液体温度的那种容器？

问题 3：您在什么场合使用过此类容器？

第一组的三个问题是筛选问题，以选择适格的受访者，即所有真空隔热容器的潜在购买者。通过该组问题的筛选，只有熟悉真空隔热容器的消费者才有资格进一步回答后续的问题。第二组问题如下：

问题 4：如果您明天打算购买一个这种容器——保持食物和饮料温度的容器——您将选择到哪种商店购物？

问题 5：您将索要什么？即您将告诉售货员您需要什么？

问题 6：您能想到其他您用来索要保持液体温度的容器时将使用的词汇吗？

第二组问题是该调查实验模型的核心，其主要目标是验证在购物情境中消费者将采用哪个词汇描述真空隔热容器。如果大多数受访者对问题5的回答都是"thermos"，那就证明"thermos"已经成为真空隔热容器的通用名称。而问题6是对问题5的追问。有些受访者在回答问题5时未必回答"thermos"。但是，商品的通用名称并不是唯一的，同一商品可能有多个通用名称，例如，"自行车"也可以称为"单车""脚踏车"。所以，如果在进一步追问下受访者回答了"thermos"，这一回答也应作为"thermos"是通用名称的证据。另外，问题5的提问方式本身是存在缺陷的。当消费者对某一商标的品牌忠诚度很高时，他在回答该问题时很可能会直接以商标作答。也就是说，当受访者回答"thermos"时，其内心可能非常清楚"thermos"是原告的商标，因为他想要购买的商品非常明确，就是原告的真空隔热容器，对于其他厂家的同类产品，他一概不感兴趣。当出现这种情况时，问题6一定程度上可以作为问题5答案的修正性参考。当在问题5中回答"thermos"的受访者在回答问题6时提出其他词汇，例如"真空瓶""真空容器""真空烧瓶"时，就应当进一步考察该受访者是将"thermos"和他在问题6中所回答的其他词汇一样作为通用名称使用，还是将其视为原告的商标。第三组问题如下：

问题7：如果您打算向您的朋友描述该款容器——您首先想到哪个词语来描述这种保持液体温度的容器？

问题8：您或者其他人家中是否有我们在谈论的这类容器？

问题9：您家中全体成员共有多少这样的容器？

问题10：你们把这种容器叫什么？

第三组问题也是该调查实验模型的核心，其主要目标是验证消费者在日常生活中将采用什么词汇来描述真空隔热容器。其中问题7关心受访者本人将使用什么词汇来描述真空隔热容器。而问题8~10实际上把调查范围作了适度扩展，通过受访者了解受访者及其家人一般情况下使用什么词汇来描述该产品。在问题7和问题10中回答"thermos"的，可以作为该词语已成为通用名称的证据。第四组问题如下：

问题11：您知道生产这种保持液体温度的容器的厂家名称吗？

问题12：您能列举若干用在这类容器上的商标或品牌吗？

　　第四组问题是第二组、第三组问题的重要对照。如果在回答该组问题时，在前面两组问题中将"thermos"作为通用名称的受访者能提出一个甚至多个其他厂家名称和商标，那么，这两个问题的答案就有效地加强了"thermos"是通用名称的论断。相反，如果受访者在这组问题中回答"thermos"，那就意味着这部分受访者仍然是在商标意义上使用"thermos"一词，从而一定意义上修正了前两组问题所得到的结论。

　　此次调查实验的结果显示，75%的受访者将真空隔热容器称为"thermos"，而只有约12%的受访者知晓"thermos"的商标意义，11%的受访者使用"真空瓶"作为此类容器的通用名称。根据前述认定通用名称的标准，即以"大多数人的用法"作为标识的"主要含义"，该调查实验的结果显示"thermos"在美国已经成为指代真空保温容器的通用名称。❶

　　被告的调查实验模型设计通过四组问题测度了相关公众在购物情境和日常生活中是如何使用"thermos"一词的，并测度了"thermos"是否仍然具有商标含义，比较客观地反映了该词的首要含义。因此，该调查实验被大多数法院所接受，成为测度通用名称的标准模型之一。不难看出，Thermos 模型的两组核心问题都在鼓励受访者说出相关商品的通用名称，所以，有学者指出，对于主张标识已成为通用名称的一方，Thermos 型调查实验特别适用。❷

（二）Teflon 模型

　　Teflon 型调查实验在 1975 年的 E. I. DuPont de Nemours & Co. （以下简称"杜邦公司"）诉 Yoshida International Inc. （以下称为"吉田公司"）案中首次被使用。该案中，原告杜邦公司在"二战"前发明了聚四氟乙烯材料。自 1944 年起，杜邦开始使用"teflon"作为相关产品的商标。这款产品主要用在工业领域，最终消费者之所以也能接触到，是因为它被用在厨具上，即覆盖在厨具上保证不粘的材料。20 世纪 60 年

---

❶ American Thermos Products Co. v. Aladdin Industries, Inc., 207 F. Supp. 9, 21 – 22 (D. Conn. 1962).

❷ LEISER A W, SCHWARTZ C R. Techniques for Ascertaining Whether a Term Is Generic [J]. The Trademark Reporter, 1983, 73: 376, 380.

代末，被告吉田公司推出一款尼龙制拉链，并以"Eflon"作为商标。当吉田公司在美国销售 Eflon 尼龙拉链时，杜邦公司起诉其侵犯了"teflon"的商标权。而吉田公司的其中一个重要的抗辩理由是，"teflon"已经成为聚四氟乙烯的通用名称，因此不能再获得商标权保护。

在这个案件中，双方当事人各自委托了若干个商标调查实验，而最终被法院所采纳的，只有原告杜邦公司为证明"teflon"仍具有商标含义而实施的调查实验。该调查实验的思路是首先向受访者介绍通用名称与商标之间的区别，再由受访者来判断"teflon"究竟是通用名称还是商标。调查员首先向受访者介绍道："我将向您宣读 8 个名称，请您告诉我它们究竟是品牌名称还是通用名称。当我说'品牌名称'时，我指的是像'雪佛兰'这样由一个公司生产的品牌；当我说'通用名称'时，我指的是像'汽车'这样的词，它可以由众多不同公司生产。"在这个简单的"教程"后，调查员紧接着问："如果我问您'雪佛兰是品牌名称还是通用名称？'时，您将如何回答？"不论受访者能否正确回答该问题，调查员都将进一步追问："请问洗衣机是品牌名称还是通用名称？"这两个问题都是筛选问题，只有能够作出正确回答的受访者才真正理解通用名称与商标之间的区别，有资格进入正式的调查实验。最终，杜邦公司对分布于 20 个城市的 514 名男性和 517 名女性适格受访者进行调查，这些受访者根据前面调查员的提示将 8 个名称作出分类，结果如表 3-1 所示。

表 3-1　杜邦公司的 Teflon 型调查实验结果

名称	品牌/%	通用名称/%	不知道/%
STP	90	5	5
THERMOS	51	46	3
MARGARINE	9	91	1
TEFLON	68	31	2
JELLO	75	25	1
REFRIGERATOR	6	94	—
ASPIRIN	13	86	—
COKE	76	24	—

该调查实验除了对诉争商标"teflon"进行测试外，还检验了受访者对其他 7 个名称的认知。如此操作主要有三方面的目的。一是不让调查员和受访者知道此次调查实验的真正目的，即不让他们知道真正测度的是哪个词汇，以有效贯彻"双盲规则"。二是形成组内对照，排除"噪声效应"。受访者对其他词汇做选择的情况，足以证明他们有能力区分商标和通用名称。同时，不论是什么词汇，都会有一定基数的人将它们认作通用名称或者商标。组内对照可以将这种情况反映出来。三是可以排除那些明显无法区分通用名称和商标的受访者。❶ 法官指出，从受访者对其他名称的分类情况看，"公众很擅于将品牌名称和通用名称区分开来"。这个调查实验回答了通用名称认定标准中最核心的问题，即"teflon"的主要含义究竟是什么。由于 68% 的受访者选择"teflon"是品牌名称，这证明"teflon"一词仍然是商标，而非通用名称。

Teflon 型调查实验比较直观地测度了相关词汇的主要含义，符合商标法对通用名称的认定标准，因此受到美国专利商标局商标审查与上诉委员会（Trademark Trial and Appeal Board，TTAB）及大多数法院的青睐。❷ 有学者指出，Thermos 型调查实验偏重于引导受访者回答词语的通用含义，而 Teflon 型调查实验则要求受访者在通用名称和商标含义之间做选择，明确地为受访者选择商标含义提供了机会。所以，对于主张标识具有商标含义的一方，Teflon 型调查实验特别适用，而且可能是唯一有效的调查实验模型。❸

（三）不能用于测度通用名称的调查实验

在通用名称的测度方面，Thermos 模型和 Teflon 模型是目前公认的调查实验模型。而"消费者认知度"模型（consumer recognition survey）

---

❶ JAY E D. Genericness Surveys in Trademark Disputes：Evolution of Species ［J］. The Trademark Reporter, 2009, 99：1118, 1139.

❷ JAY E D. Genericness Surveys in Trademark Disputes：Evolution of Species ［J］. The Trademark Reporter, 2009, 99：1118, 1131.

❸ LEISER A W, SCHWARTZ C R. Techniques for Ascertaining Whether a Term Is Generic ［J］. The Trademark Reporter, 1983, 73：376, 386.

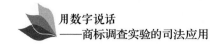
则被普遍认为不能用于通用名称含义的测度。❶

在确立了 Thermos 模型的 American Thermos Products Co. 诉 Aladdin Industries Inc. 案中，原告为了证明"thermos"仍是商标，也委托了一项面向 3650 人的商标调查实验。在该调查实验中，调查员仅向受访者提出一个要求："请您列举您所熟悉的用于保温的真空瓶、隔热瓶或其他容器的商标或品牌名称。"经统计，1/3 的受访者回答"thermos"。原告据此宣称，有相当比例的消费者知晓和熟悉"thermos"标识，知道它是用在真空瓶、隔热瓶或者其他容器上的商标品牌。然而，这一消费者认知度调查实验未能说服法院。法院指出，该模型中的问题具有明显的诱导性，它要求消费者"列举"出"商标或者品牌名称"，从一开始就迫使消费者在商标意义上使用他们所给出的答案。法院批评道："本调查实验问题本身的性质决定了它几乎没有给回答者多少机会来揭示'thermos'的通用名称或描述性含义。"❷ 因此，调查实验所得的"1/3"是一个虚高的数值，是题目诱导性措辞的结果。

类似地，在确立了 Teflon 模型的 E. I. DuPont de Nemours & Co. 诉 Yoshida International Inc. 案中，杜邦公司也曾开展过一个消费者认知度调查实验。在该调查实验中，调查员首先告诉受访者："生产者有时会将保护膜应用于家用厨具内部，以防止食物或油脂粘在上面。"接着调查员询问："您知道这种保护膜的品牌名称或者商标吗？"对于回答"知道"的受访者，调查员紧接着问："您所知道的品牌名称或商标是什么？"在接受调查的受访者中，一共有 60% 的受访者回答知道保护膜的品牌名称或者商标；在这些受访者中，80% 回答"teflon"。杜邦公司据此主张相当多数受访者是在商标的意义上使用"teflon"一词的。然而，这一模型的问题同样"几乎没有给回答者多少机会来揭示'teflon'的通用名称或描述性含义"。调查实验的问题从一开始就要求受访者以"品牌名称或者商标"作答。所以，法院认为该模型不能用于证明"tef-

❶ JAY E D. Genericness Surveys in Trademark Disputes: Evolution of Species [J]. The Trademark Reporter, 2009, 99: 1118, 1144.

❷ American Thermos Products Co. v. Aladdin Industries, Inc., 207 F. Supp. 9, 21 (D. Conn. 1962).

lon"的主要含义。

在此后的一系列案件中，消费者认知度调查实验都被法院和美国专利商标局商标审查与上诉委员会所批评。美国专利商标局商标审查与上诉委员会与法院基本认为：这类调查实验设计无法有效测度通用名称案件真正需要解决的问题，即诉争标识的主要含义究竟是商标还是通用名称。❶ 显然，这一调查实验模型具有明显的"要求效应"，受访者的回答最终会向主张商标权的一方倾斜，使结果无法公正地反映消费者对标识主要含义的真实认知情况。

四、通用名称调查实验模型的改进

（一）通用名称调查实验标准模型的缺陷

虽然 Thermos 模型和 Teflon 模型已成为测度通用名称的公认模型，但它们也存在各自的问题。

对 Thermos 模型最严厉的批评首先出现在 Teflon 案中。❷ 在该案发生时，Thermos 模型已经为美国法院广为接受，因此，为了证明"teflon"已成为通用名称，吉田公司开展了两项 Thermos 型调查实验。第一项调查实验的对象是"熟悉内部覆盖能防止油脂或食物粘锅的化学材料的厨用盆罐及平底锅"的成年女性。在接受调查的成年女性中，有 90.6% 的受访者满足这一筛选要求。在适格受访者中，当被问及"这些盆罐和平底锅的名称是什么"时，有 86.1% 的人明确提到且仅仅提到了"teflon"。而当被问及她们在购物情境中将如何向售货员描述该商品，以及在日常生活中将如何向她们的朋友描述该商品时，有 71.7% 的适格受访者仅回答"teflon"。最后，在 Thermos 型调查实验的第四组问题中，只有 7.3% 的适格受访者指出杜邦公司是这些不粘锅的生产者。吉田公司

---

❶ Hershey Foods Corp. v. Cerrets, 195 U. S. P. Q. 246, 255 - 256（T. T. A. B. 1977）. Donald F. Duncan, Inc. v. Royal Tops Mfg. Co., Inc., 343 F2d 655, 665（7th Cir. 1965）.

❷ LEISER A W, SCHWARTZ C R. Techniques for Ascertaining Whether a Term Is Generic [J]. The Trademark Reporter, 1983, 73: 376, 382.

据此主张"Teflon"已成为不粘锅、不粘盆罐的通用名称。

第二项商标调查实验的对象是"熟悉生产者应用于产品表面，以防止物体粘在上面的物质"的成年女性。在受访者中有89.4%符合这一要求。在这部分适格受访者中，当被问及"这种物质的名称是什么"时，有81.4%明确提到且仅仅提到"teflon"。当被问及她们在购物情境中将用什么词汇来向售货员描述使用此种物质的盆罐或平底锅，以及如何向她们的朋友们描述这种物质时，60%的适格受访者仅回答"teflon"。最后，在Thermos型调查实验的第四组问题中，仅有9.1%的适格受访者指出杜邦公司是这种物质的生产者。且在该调查实验中，根本没人提到杜邦公司所主张的该物质的通用名称，即"聚四氟乙烯"（polytetrafluoroethylene）。吉田公司据此主张，"teflon"已成为聚四氟乙烯的通用名称。

审理该案的纽约东区法院指出，虽然这两项实验都遵循了为美国联邦第二巡回上诉法院所认可的Thermos模型，但该模型实际上存在重大缺陷。两项调查实验都要求受访者提供一个"名称"——前者要求提供"这些盆罐及平底锅的名称"，后者要求提供"这种物质的名称"——这种情况下，受访者将提供他们所熟悉的一个词语，而无论这个词汇的主要词义是通用名称还是商标。当消费者对某品牌的产品相当忠诚时，她很可能直接以该品牌产品的商标作答。于是，越是驰名的商标，在该调查实验中反而越处于不利地位。法院指出："这些问题的设计，使得受访者更多关注的是提供一个'名称'给调查员，而不论她所提供的名称的主要含义是'指示一类事物或其性质，还是指示其来源'。"❶ 这一论断也得到调查实验原始记录的佐证。在吉田公司提供的调查实验报告中，有多位受访者的回答被计入"仅以'teflon'作答"一栏，即这位受访者以"teflon"来指称聚四氟乙烯材料。然而，原始的调查记录显示，这些受访者的回答实际上是"Teflon不粘涂层"（Teflon non-stick finish），也就是说，这些受访者能够正确地将"Teflon"作为商标，而将"不粘涂层"作为与"聚四氟乙烯"同义的通用名称。但是，当调查

---

❶ E. I. Du Pont de Nemours & Co. V. Yoshida International, Inc., 393 F. Supp. 502, 527 (E. D. N. Y. 1975).

员要求他们提供"一个名称"时，他们还是用"teflon"作答了。❶

综上所述，Thermos 模型的基本缺陷在于：第一，它并未真正测度消费者对争议标识的主要含义的理解，它关心的仅仅是争议标识在购物情境和日常生活中的"用法"，而词语的"主要含义"和"用法"之间并不能完全画等号；第二，其核心问题要求受访者提供一个用于描述相关商品的名称，受访者在这种要求下很可能向调查员提供一个词语，而不论他平常是在通用名称的意义上还是在商标的意义上使用该词。Thermos 型调查实验的统计结果可能导致相关标识被归入通用名称的比率异常偏高，对驰名商标尤其如此。根据一般语言学原理，公众倾向于选择最简短、最便捷的符号来指代事物，而驰名商标正是这种既简短又便于记忆的符号，当受访者被问及他们在购物情境和日常生活中如何称呼某商品时，驰名商标就常常成为他们首选的答案。❷

Teflon 模型在大多数情况下被认为是更可靠的调查实验模型，但当涉案商品仅由市场上唯一一个经营者生产时，该模型就难以对标识的含义实现有效测度。Teflon 模型首先教导受访者区分商标和通用名称，而商标被界定为"该名称描述的是仅由一家公司生产的商品"。但是，当涉案商品仅由一个市场主体提供时，无论是该商品的通用名称还是商标，描述的都是"仅由一家公司生产的商品"。这种情况首先出现在 1982 年的 Anti – Monopoly Inc. 诉 General Mills Fun Group（以下称为"通用磨坊公司"）案中。原告帕克兄弟公司（Parker Brothers）是知名桌面卡牌游戏产品"大富翁"（Monopoly）的生产者。在相当长的时间内，市场上仅有帕克兄弟公司生产和提供"大富翁"游戏产品。随后，被告通用磨坊公司拟推出自己的同款游戏。为了清楚而简明地向消费者表明其游戏的性质，通用磨坊公司也在该游戏产品的包装上写上"大富翁"字样。原告因此认为被告侵犯了其注册商标"Monopoly"的专用权。而被告主张，"大富翁"已经成为该款游戏的通用名称，它指涉的

---

❶ E. I. Du Pont de Nemours & Co. V. Yoshida International, Inc. , 393 F. Supp. 502, 526 (E. D. N. Y. 1975).

❷ SWANN J B, PALLADINO V N. Surveying Genericness: A Critique of Folsom and Teply [J]. The Trademark Reporter, 1988, 78: 179, 180, 184.

是一套特定的游戏模式、规则、道具、角色等。

那么，"大富翁"究竟是一款游戏的名称，还是帕克兄弟公司用在这款游戏上的商标？为了测度"大富翁"的主要含义，被告通用磨坊公司开展了一项 Teflon 型调查实验。但是，在通用磨坊公司进入该款游戏的市场之前，市面上仅有帕克兄弟公司一家提供"大富翁"产品，而 Teflon 型调查实验又教导受访者"品牌名称指称的是仅由一家公司生产的事物"，根据调查实验中给出的定义，"大富翁"当然应该被归类为"品牌名称"。美国联邦第二巡回上诉法院批评道："该调查实验的结果与本案争议点毫无关系。根据调查实验提供的定义，'大富翁'必然是'品牌名称'，因为它是'仅由一家公司生产的'。该调查实验无法告诉我们，在消费者心中'大富翁'的主要含义究竟是什么。"❶

Teflon 模型的核心是教导受访者关于"品牌名称"与"通用名称"的区别，再由受访者来作出选择。其中，"品牌名称"所指示的商品是由一家公司提供的，"通用名称"所指示的商品是由众多公司提供的。这一区别在市场上只有一家生产者提供独一无二的商品时完全失去意义。❷ 随着互联网视听游戏的兴起，关于游戏名称的商标争议越来越多，新游戏首先是由一家公司独家运营的情况也非常常见，这些新游戏名称到底是指代一款新游戏的通用名称，还是游戏运营商的商标，这类争议日益增多。❸ 于是，Teflon 模型的缺陷也愈加突出。当然，单一生产者情境也不仅出现在互联网视听游戏领域，传统产品领域同样可能出现类似问题。例如，中山市凯达精细化工股份有限公司是唯一一家在我国农业农村部登记生产和销售"灭害灵"产品的单位，而该公司也在其产品上使用"灭害灵 AESTAR 及图"标识。此时，"灭害灵"究竟是此类产

---

❶ Anti-Monopoly, Inc. v. General Mills Fun Group, 684 F. 2d 1316, 1323 (9th Cir. 1982).

❷ PALLADINO V N. Assessing Trademark Significance: Genericness, Secondary Meaning and Surveys [J]. The Trademark Reporter, 2002, 92: 857, 876.

❸ 尹腊梅. 商标通用名称正当使用抗辩实证考察：一则网络游戏名称侵权引发的思考 [J]. 上海交通大学学报, 2017 (3): 55.

品的通用名称，还是该公司的商标，就带来了认定上的难题。❶

（二）通用名称调查实验标准模型的改进

Thermos 模型的主要缺陷在于，当受访者被要求说出在购物情境或日常生活中如何描述涉案商品时，他们可能迫于"要求效应"的压力而"随便"提供一个词语，而不管他们平常是在通用名称还是在商标的意义上使用该词。为了克服这一问题，有学者提出可以将 Teflon 模型中的一些因素引入 Thermos 模型，即首先教导受访者关于商标与通用名称的区别，然后告诉他们在回答 Thermos 型问题时不要以商标作答。在 In re Minnetonka 案中，商标申请人就采用了这一改进方案。Minnetonka 向受访者展示了其液态香皂包装盒（不带商标）的图片，然后询问他们在日常生活中将用什么词语描述该商品，但提醒他们不要用商标来作答。❷其问卷设计如下：

对市场上销售的物品有两种命名方式。

第一种是同类产品的通用名称。您用通用名称来指称同一类型或类别的所有产品。

第二种是品牌名称，即生产该类产品的某一特定产品的某个特定的公司的品牌。

雪佛兰牌的汽车就是一个例子。雪佛兰是一款汽车的品牌名称；汽车是我们来用指称所有品牌的该类商品的通用名称。

请您认真审阅这些图片中的产品。我们已将这些产品的品牌名称去掉了。请告诉我这些图片所展示的产品的通用名称。

通过这一改进，Thermos 模型保留了测度相关标识在日常生活及购物场景的用法这一优势，同时降低了"要求效应"的影响，由此提高了该调查实验模型的有效性。

对于 Teflon 模型，其最大缺陷是无法测度市场上仅有单一生产者的

---

❶ 陆丰市全美实业有限公司诉国家工商行政管理总局商标评审委员会案（北京市高级人民法院（2005）高行终字第 25 号行政判决书）。

❷ In re Minnetonka, Inc., 212 U. S. P. Q. 772, 780（T. T. A. B. 1981）.

情形。这种情形相对罕见，但非常棘手。麦卡锡教授评价道："到目前为止，最难用调查实验证据来解决的案件类型，是涉案商品仅有一家销售者的情形。当市场上只有一家销售者时，消费者根本没有机会去考虑'通用含义'与'商标'之间的区别，因此要勘测消费者的心理认知也就非常困难了。虽然已经有不少评论家对该问题作出探讨，但它仍然是一个有待解决的充满挑战的事实谜题。"❶

为了解决这一问题，有学者提出了"购物动机"调查实验（Motivation survey）。❷ 他们认为，在某一产品只有单一提供者的情况下，通常用于区分商标和通用名称的标准——"指示特定厂家的产品"／"指示所有厂家的同类产品"——失效了。这种情况下，应当寻找替代标准，这种标准可以从消费者的购物动机来探寻。当消费者购买这款产品是为了消费该款产品，而不关心该款产品到底是哪一家公司生产的时，他便是在通用名称的意义上理解指示该产品的标识。而当消费者购买这款产品的动机是获得该特定公司提供的产品，即使市场上有其他公司提供同类产品也不会去购买，此时他便是在商标的意义上来理解指示商品的标识。

购物动机模型在前述 Anti – Monopoly Inc. 诉 General Mills Fun Group 案中首次使用。在该案中，原告在调查实验中询问消费者："您为什么购买'大富翁'游戏?"受访者的回答将被记录下来，并被分为"产品相关"（product – related）和"来源相关"（source – related）两组。如果大多数受访者是基于产品相关理由而购买"大富翁"，则可以认为"大富翁"主要是一个通用名称。为了确证这一点，调查实验的第二个问题让消费者在两个选项之间作出选择："A. 我选择帕克兄弟公司的'大富翁'游戏，主要因为我喜欢帕克兄弟公司的产品；B. 我选择'大富翁'游戏，是因为我喜欢玩'大富翁'这款游戏，我不在乎是谁提供这款游戏的。"❸ 当大多数人选择第二个选项时，则证明"大富翁"是

---

❶ MCCARTHY J T. McCarthy on Trademarks and Unfair Competition［M］. 4th ed. Eagan：Thomson Reuters, 2012：§ 12：17.

❷ LEISER A W, SCHWARTZ C R. Techniques for Ascertaining Whether a Term Is Generic［J］. The Trademark Reporter, 1983, 73：376, 387 – 389.

❸ Anti – Monopoly, Inc. v. General Mills Fun Group, 684 F2d 316, 1323（9th Cir. 1982）.

通用名称。

将购物动机作为区分商标和通用名称的标准，从一提出之时就遭到严厉的质疑。麦卡锡教授指出："这种奇怪、偏离的观点不是商标法的主流。"❶ 这种标准对商标提出了高要求，即商标必须能够使消费者基于对特定生产者的热情而购买其提供的商品。而传统商标法对商标的要求并没有那么高，商标只需要可以指示来源即可，消费者甚至可以不知道真正的生产者是谁，只需要知道该商标固定地指向特定的生产者即可，这就是所谓的"匿名来源规则"（anonymous source rule）。例如，消费者只需要知道使用"肯德基"和"KFC"商标的商品来自某一公司，但并不要求他们知道这些商品是由百胜餐饮集团提供的。购物动机模型要求，只有当消费者是基于对生产者的热情而购买该商品时，他才是在商标的意义上认识相关标识。对商标的这一要求明显超出了商标法对商标的定义，因此这一区分标准也已经被 1984 年修正《兰哈姆法》的《商标澄清法案》（*Trademark Clarification Act*）所明确否定，该法规定："注册商标在相关公众心中的主要含义，而非购物动机，是确定注册商标是否已退化为使用它或与它相关联的商品的通用名称的标准。"❷ 有学者据此表示，购物动机模型仅具有历史意义，因为它已经被商标法所明确否弃。❸

尽管如此，在本书作者看来，购物动机模型仍是测度单一生产者情境下相关标识通用含义的可操作的方法。正如莱泽（Allan W. Leiser）和施瓦茨（Carl R. Schwartz）所言："认为商标的主要作用是指示来源，这当然没有问题。但是完全否定动机因素，则是对商业现实的无视。商标的最终作用正是帮助销售产品或服务，也许有大量商标权人乐意用商标的指示来源功能来换取消费者的购物动机。"❹ 所以，尽管购物动机标

---

❶　MCCARTHY J T. McCarthy on Trademarks and Unfair Competition ［M］. 4th ed. Eagan：Thomson Reuters，2012：§ 12：7.

❷　15 U. S. C. § 1064（3）.

❸　JAY E D. Genericness Surveys in Trademark Disputes：Evolution of Species ［J］. The Trademark Reporter，2009，99：1118，1144.

❹　LEISER A W，SCHWARTZ C R. Techniques for Ascertaining Whether a Term Is Generic ［J］. The Trademark Reporter，1983，73：376，388.

准不能准确反映商标的定义，甚至对商标提出了更高的要求，但它仍是一个接近商业实践的替代标准。在没有其他更好选择的情况下，购物动机模型或许是单一生产者情境下测度标识含义的可用方式。

此外，帕拉蒂诺（Vincent N. Palladino）提出，可以对 Teflon 模型进行改造，以适应单一生产者的情境。其设计思路是：①根据定义，商标应能指示特定产品来源，将该产品与其他生产者的产品区分开来；②通用名称是商标的对立面，它指示一类或者一种产品，通常来源于多个主体；③在单一生产者的情境下，商标和通用名称的这种区分是理论上的，除非有新的生产者进入该产品市场参与竞争；④因此，从逻辑上讲，将 Teflon 模型应用到单一生产者情境，唯一的区别在于，询问受访者的问题应该是，虽然目前该商品仅由单一生产者提供，但如果将来有其他生产者也提供同种商品，此时受访者会将诉争标识视为商标，还是通用名称？❶ 换言之，适用于单一生产者情境的 Teflon 模型设计，只需要将原来"现在时"的问题，转换成"将来时"的命题即可。所以，在改进版的 Teflon 模型中，其开头关于品牌名称与通用名称区别的"简短教程"部分无须改变，而在实验部分，应该将问题修改为：

如果这种产品由多于一家公司生产，您认为［涉案标识］是品牌名称还是通用名称？

帕拉蒂诺以知名的 Kellogg Co. 诉 National Biscuit Co. 案为例说明这一新模型的应用。该案是一个典型的"单一生产者"案件。在 Kellogg 公司进入市场之前，"碎小麦"（shredded wheat）是仅由 National Biscuit 公司生产销售的谷物产品。在相关产品的专利保护期过后，Kellogg 公司拟生产同类谷物，并认为"shredded wheat"是这一特别种类的谷物的通用名称。如果将改进版的 Teflon 模型应用于该案，那么实验组的问题应该设计为：

1. 如果这类谷物［向受访者展示该谷物］是由多于一家公司提供的，您认为"shredded wheat"是品牌名称还是通用名称？

---

❶ PALLADINO V N. Assessing Trademark Significance: Genericness, Secondary Meaning and Surveys [J]. The Trademark Reporter, 2002, 92: 857, 881-882.

2. 如果这类谷物是由多于一家公司提供的，您认为"National Biscuit"是品牌名称还是通用名称？

不难想象，大多数受访者会选择"shredded wheat"是该类谷物的通用名称，而"National Biscuit"是这类谷物的商标。而如果 National Biscuit 公司从一开始就有较强烈的意图将"shredded wheat"作为商标使用，并有意识地推广该类谷物的通用名称，例如"SHREDDED WHEAT 牌'枕头饼'（pillow biscuits——因这款谷物产品的形状似枕头）"，那么该调查实验的结果将会有较大区别，即受访者应能将"shredded wheat"归入"品牌名称"这一类。❶ 不过，尽管帕拉蒂诺提议的调查实验模型在理论上是正确的，但目前为止还没有人在司法案件中尝试使用该模型，因此该模型是否能得到法院的承认与支持，仍然是一个未知数。

五、小结

通用名称的认定在商标法的实践中干系重大，涉及特定市场主体与行业整体、消费者利益之间的博弈与平衡。在我国，至少在商标注册、商标撤销和商标保护三个程序中涉及通用名称的认定问题。通用名称的认定标准，应当从主体标准、词义标准、地域标准和时间标准四个层面加以把握，这四个标准也为通用名称调查实验中的关键问题，如总体界定、数据解读、时机选择等提供了必要指引。传统上，通用名称的证明主要通过国家标准、行业标准、辞书定义、媒体用法、专家证词、商标权人的用法、行业内竞争者的用法等一系列证据加以证明。20 世纪 60 年代以来，在美国兴起了以调查实验方法对相关标识是否构成通用名称进行测度的实践。到目前为止，商标调查实验几乎成了在司法中验证通用名称问题的必备证据。

在长期的司法实践中，已经形成两种用于测度通用名称的较为成熟

---

❶　PALLADINO V N. Assessing Trademark Significance：Genericness, Secondary Meaning and Surveys ［J］. The Trademark Reporter, 2002, 92：857, 884.

且已经过司法验证的调查实验模型，即 Thermos 模型和 Teflon 模型。Thermos 型调查实验主要测度的是受访者在购物情境和日常生活中如何使用相关术语。Teflon 模型则首先教导受访者关于通用名称与商标的区别，然后让受访者对包含诉争标识在内的多个标识的属性进行判断。不过，这两个模型都有其各自的缺点，因此学者和调查实验专家们陆续提出各种改进模型，希望尽可能地提升通用名称调查实验的信度和效度。

值得一提的是，通用名称调查实验不仅可以帮助法院和商标行政管理部门确认相关标识是否已成为通用名称，还可以为法院最终提供何种救济措施提供事实依据。例如，在 American Thermos Products Co. 诉 Aladdin Industries Inc. 案中，虽然商标调查实验帮助法院验证了"thermos"已退化为通用名称这一事实，但调查实验的数据同时显示，至少有 25% 的相关公众仍然知晓"thermos"的商标含义。为了保护这部分公众的认知利益，法院判决，虽然被告可以使用"thermos"商标，但不能将"thermos"全部字母或首字母大写来突出使用，更不能在"thermos"前面加上"真正的""正宗的"等修饰语。❶ 我国《商标法》(2019) 第 59 条规定，注册商标中含有的本商品通用名称，注册商标专用权人无权禁止他人正当使用。商标调查实验的结果可以作为他人使用是否"正当"的判断标准。即使诉争商标已被证明为通用名称，但调查实验结果显示其仍然具有一定程度的商标含义，则他人对该标识突出的使用就难谓"正当使用"。

---

❶ American Thermos Products Co. v. Aladdin Industries, Inc., 207 F. Supp. 9, 26 (D. Conn. 1962).

第四章　"第二含义"的科学测度

一、"第二含义"的法律意义

我国商标法采取注册主义，重在为注册商标提供专用权保护。商业标识要成为注册商标，前提是具有显著性——《商标法》（2019）第 9 条规定："申请注册的商标，应当有显著特征，便于识别"。根据传统商标法理论，标识的显著性可以分为"固有显著性"（inherent distinctiveness）和"获得的显著性"（acquired distinctiveness）两大类。固有显著性指的是标识本身所具有的区别性特征，无须考虑其使用情况。根据固有显著性由高到低排序，标识可以分为臆造性标识（fanciful mark）、任意性标识（arbitrary mark）、暗示性标识（suggestive mark）、描述性标识（descriptive mark）和通用名称（generic name）五种类型。其中，臆造性标识、任意性标识和暗示性标识本身即具有固有显著性，可以用于区别商品来源，能够发挥商标的基础功能，因此天然地可以作为商标使用、申请注册。而描述性标识和通用名称不具有固有显著性，无法发挥区分商品来源的功能，所以在一般情况下不得作为商标注册。我国《商标法》（2019）第 11 条第（1）、（2）项规定，仅有本商品的通用名称、图形、型号的，或者仅直接表示商品的质量、主要原料、功能、用途、重量、数量及其他特点的，不得作为商标注册。

这并不意味着描述性标识和通用名称永远无法成为注册商标。《商标法》（2019）第 11 条第 2 款同时规定，只要通用名称和描述性商标经过使用取得显著特征，并便于识别，就可以作为商标注册。换言之，当描述性标识和通用名称经过长期使用，为相关公众广为知悉，并指向唯一来源时，它们就具备了"获得的显著性"。描述性标识和通用名称取得"获得的显著性"的标志，是"为相关公众广为知悉，并指向唯一的来源"——这在商标法理论中被称为"第二含义"（secondary meaning）。麦卡锡教授直接明了地指出，"第二含义"就是"获得的显著性"的同义词。❶"第二含义"是指商品的标识或者名称在原来的（通用的、描述性的）含义之外，又取得了新的含义，而相关公众往往将新含义的标识或者名称与特定的商品联系在一起。在识别特定商品上，新含义已经超越原有含义，成为主要含义，从而可以用标识的新含义来识别商品。此时，标识原有的含义是"第一含义"，标识的新含义是"第二含义"。但在识别商品的时候，"第二含义"实际上已经喧宾夺主，成为实质上的"第一含义"。可见，"第二含义"并非"次要含义"，"第二含义"至少在特定场合已成为"主要含义"或者"第一含义"，即超越了其本来的"第一含义"而具有识别性、显著性，成为能够区别特定商品的标识。❷

由此可见，"第二含义"的证明与认定对于原属通用名称或者描述性的标识申请商标注册具有重要意义，是这类标识获得注册商标专用权的前提。除此之外，"第二含义"的证明与认定对颜色组合商标、声音商标和三维商标的注册申请也有着特别重要的意义。我国《商标法》（2019）第8条虽然允许将颜色组合、声音和三维标识注册为商标，但是，颜色、声音与三维形状的天然特征导致该类标识通常比较难具有固有显著性。为了保障公众和其他经营者的使用自由，《商标审查及审理标准》（2016）特别指出："一般情况下，颜色组合商标需经长期使用才能取得显著特征"❸"一般情况下，声音商标需经长期使用才能取得显著特征"❹。北京知识产权法院在司法实践中也指出："对于颜色组合标志

---

❶ MCCARTHY J T. McCarthy on Trademarks and Unfair Competition［M］. 4th ed. Eagan：Thomson Reuters，2012：§ 15：10.

❷ 孔祥俊. 反不正当竞争法原理［M］. 北京：知识产权出版社，2005：148.

❸ 国家工商行政管理总局商标局、商标评审委员会.《商标审查及审理标准》（2016）第119页。

❹ 国家工商行政管理总局商标局、商标评审委员会.《商标审查及审理标准》（2016）第126页。

而言，其本身固有的指代颜色这一含义使得相关公众通常会将其认知为商品或服务的颜色，而非商标。对于三维立体标志而言，其本身的固有含义常会使得相关公众通常将其认知为商品包装物或形状等，而非商标。……此种情况下，使用者如希望相关公众对该类标志产生'商标'的认知，其必须使该类标志的商标识别含义强于其'固有'的含义"。❶因此，颜色组合、声音片段和三维标识是否已经产生"第二含义"，是其取得商标注册并获得注册商标专用权保护的前提条件。

我国商标法虽然采取注册主义，保护注册在先的注册商标，但在例外的情况下，也为使用在先、未注册的商业标识提供保护，即采用所谓"注册在先为主，使用在先为辅"的保护原则。例如，《商标法》（2019）第32条规定，申请商标注册不得以不正当手段抢先注册"他人已经使用并有一定影响的商标"。第59条第3款规定，商标注册人申请商标注册前，他人已经在同一种商品或类似商品上先于商标注册人使用与注册商标相同或者近似并有一定影响的商标的，注册商标专用权人无权禁止该使用人在原使用范围内继续使用该商标。由此可见，某些标识虽然未经注册，但仍可以基于"使用在先"而获得一定程度的保护。但是，未注册的标识要获得"反抢注"与"在原有范围使用的权利"，其前提是该标识或名称足以被认定为"商标"。因此，商标法中对"商标"显著性的要求同样适用于这些未注册的标识。如果未注册标识的固有显著性不足，那么，其获得商标法为未注册商标提供的保护的前提，就是它们已经在长期使用的过程中形成了来源指向的"第二含义"。

未注册的商业标识或名称还有可能获得反不正当竞争法保护。我国《反不正当竞争法》（1993）第5条规定，经营者不得擅自使用知名商品特有的名称、包装、装潢，或者使用与知名商品近似的名称、包装、装潢，造成和他人的知名商品相混淆，使购买者误认为是该知名商品。通说认为，未注册的商业标识或名称欲获得该条所规定的"反仿冒"保护，应当符合4个构成要件：①该标识或名称是知名的；②该标识或名称是特有的名称、包装和装潢；③他人进行了相同或者近似的使用；

---

❶ 金冠（中国）食品有限公司诉国家工商行政管理总局商标评审委员会案［北京知识产权法院（2015）京知行初字第1807号行政判决书］。

④导致市场混淆和误认。● 其中，第二个要件要求，未注册的标识或名称获得该条保护的前提是该标识或名称是知名商品所"特有"的。在江苏爱特福药物保健品有限公司诉北京地坛医院等案中，最高人民法院明确指出："所谓知名商品的特有名称，是指不为相关商品所通用，具有显著区别性特征，并通过在商品上的使用，使消费者能够将该商品与其他经营者的同类商品相区别的商品名称"。❷ 可见，"特有"实际上就是对未注册标识或名称的显著性要求。如果未注册标识或名称的固有显著性不足，它们只有经过长期使用，才能获得指示特定来源的"第二含义"，取得"获得的显著性"。"第二含义"的证明与认定，也是未注册标识或名称获得反不正当竞争法反仿冒条款保护的前提。为了保持反不正当竞争法与商标法术语的一致、保证法律的体系化，2017 年新修订的《反不正当竞争法》将该条的表述更改为"擅自使用与他人有一定影响的商品名称、包装、装潢等相同或者近似的标识"。尽管如此，立法者解释道，这一表述并未实质性改变为标识提供反仿冒保护的标准。❸ 对于缺乏固有显著性的标识或名称，"第二含义"依然是其获得反仿冒保护的前提条件。

二、"第二含义"的认定标准和证明方式

（一）"第二含义"的认定标准

"第二含义"是在不具有固有显著性的词汇或标识上新添加的含义，而后公众使用该等词汇或标识来指示和区分单一商业来源。通常来讲，公众能够很好地区分词汇的"主要含义"和"第二含义"——"主要含义"继续用于描述商品本身或商品的性质，而"第二含义"则用于指示和区分单一的商业来源。所谓"第二"，仅仅指的是时间先后顺序上

● 孔祥俊. 反不正当竞争法原理［M］. 北京：知识产权出版社，2005：118.
❷ 江苏爱特福药物保健品有限公司诉北京地坛医院等案［最高人民法院（2002）民三终字第 1 号民事判决书］。
❸ 王瑞贺. 中华人民共和国反不正当竞争法释义［M］. 北京：法律出版社，2018：16 – 17.

的“第二”，而非重要性和影响力上的“第二”。“第二含义”是在词汇或标识原有含义上新添加的一层含义，在产生时间上晚于“主要含义”，但在特定的商品上其重要性超越了词汇或标识的“主要含义”。美国联邦第九巡回上诉法院明确指出："‘第二’一词指的仅仅是时间顺序上的第二，因为新增的‘来源联系’的含义取代了标识原有的、在时间上先出现的含义。"❶ 美国法学会（The American Law Institute）的《反不正当竞争法第三次重述》（*Restatement of the Law Third，Unfair Competition*）也指出："‘第二含义’不是指次要的或罕见的含义。相反，它指的是在词汇先前含义的基础上随后新增的含义。"❷

尽管理论上对“第二含义”的理解几乎已达成共识，但在实践中究竟如何判断和认定词汇或标识是否已经在原有的“主要含义”基础上新添加了“指示和区分单一商业来源”的含义，却绝非易事。有学者批评我国《商标法》（2019）没有明确指出“第二含义”的判断标准，最高人民法院颁布的相关司法解释也回避了此问题，只是在几处重申“显著特征”的定义，即能够识别商品来源。❸ 事实上，与其说是刻意回避，不如说这一现象反映了“第二含义”认定上的现实困境。麦卡锡教授直言："对于一个标识获得‘第二含义’所必需的最低程度的显著性，是不可能制定任何一般性的规则的。"❹ 美国知名的知识产权专门法院联邦巡回上诉法院（Federal Circuit）的前身——关税与专利上诉法院（Court of Customs and Patent Appeals）曾指出："对于准确判断单词是否获得显著性、足以作为商标将特定的生产者指定为商品的来源这一问题，并没有确定和快速的界线可供依凭，也没有一般的规则可供阐释。"❺ 对于“第二含义”的认定，还是需要从主体标准、词义标准、地域标准和时

❶ Levi Strauss & Co. v. Blue Bell Inc., 632 F. 2d 817, 208 U. S. P. Q. 713（9th Cir. 1980）.

❷ The American Law Institute. Restatement of the Law Third, Unfair Competition［M］. Soint Paul：American Law Institute Publishing，1995：§ 13，commente.

❸ 熊文聪. 论商标法中的“第二含义”［J］. 知识产权，2019（4）：25.

❹ MCCARTHY J T. McCarthy on Trademarks and Unfair Competition［M］. 4th ed. Eagan：Thomson Reuters，2012：§ 15：10.

❺ Clinton Detergent Co. v. Procter & Gamble Co., 302 F. 2d 745（C. C. P. A. 1962）.

间标准四个方面加以把握。

第一，主体标准。与通用名称的认定一样，判断标识是否已获得"第二含义"的主体应该是使用该标识的商品的所有相关公众。通常而言，这里所指的相关公众主要是指相关商品的潜在消费者。批发商和经销商对系争标识的心理认知一般不能作为认定标准：基于其专业性，有些情况下，批发商和经销商更容易将在普通消费者看来属于描述性的标识看作是某一特定生产商的来源标记；相反，在另一些情况下，某些在消费者看起来具有显著特征的标识实际上只是行业内一般性的描述性标识——医药和化学产品尤其如此。如果商品的潜在购买者同时包括批发商、经销商和最终消费者，那么这些市场主体的心理认知都应是"第二含义"的判断基础。虽然消费者的认知是判断标识含义的基础，但此处的消费者并非指一般大众，而仅指相关商品的潜在消费者。例如，在一个涉及贸易的杂志的名称是否已获得"第二含义"的案件中，法官认为，判断的主体并非所有的一般读者，而是"美国国际市场营销和广告共同体中的经理人"这一特殊群体。❶ 我国法院也指出，在考察"第二含义"时，"判断主体应以具体商品或服务领域中相关公众的普遍知识水平和认知能力为依据。在此应当注意的是，针对不同商品或服务的具体类别、属性、功能等本质特性的差异，相关公众所表现的具体知识水平和认知能力也会存在不同，故应当结合具体的商品或服务作出符合市场客观化标准的判断。"❷

主体标准的界定对于"第二含义"调查实验的总体界定具有重要意义。与通用名称的调查实验一样，"第二含义"调查实验的总体应当是涉案商品的全部潜在相关公众，一般情况下是涉案商品的潜在消费者；特殊情况下，还可能包含专业的购买者、批发商、经销商等相关经营者。

第二，词义标准。在相关公众看来，词汇或标识的含义必须达到何

---

❶ Centaur Communications Ltd. v. A/S/M Communications Inc., 830 F. 2d 1217 (2nd Cir. 1987).

❷ 兰州商业联合会诉国家工商行政管理总局商标评审委员会案［北京市高级人民法院（2018）京行终 6256 号行政判决书］。

种程度，才足以证明其已经产生"第二含义"？美国北卡罗来纳州最高法院给出了一般的认定标准："除了词汇在文字上的、字典上的含义外，当它们向公众传递的是商品的唯一来源这一含义时，'第二含义'就存在了。"❶ 换言之，当词汇或者标识与商品提供者之间产生了唯一对应关系时，"第二含义"就诞生了。在相关公众心中，标识与商品来源之间的"联系"（association），是判断"第二含义"存在与否的关键——美国联邦第九巡回上诉法院简明扼要地点出"第二含义"的实质："第二含义的定义就是'联系'，别无其他。"❷ 我国法院基本也认同这一标准：当词汇或标识与商品来源建立了紧密、稳定的联系，并指向唯一的来源时，标识便具有了"第二含义"。在中证指数有限公司诉国家工商行政管理总局商标评审委员会案中，一、二审法院均指出："关于商标是否经过使用取得了显著特征，应当以该标志是否经过实际使用与原告之间建立起唯一、稳定的联系，从而使得相关公众能够通过该标志区分服务来源而作为判断标准。"该案中，"'沪深300指数'标志经过长期大量使用、宣传，已经使得相关公众将其与原告紧密联系，具有唯一、稳定的指向性"，因此可以作为商标注册。❸ 类似地，在开平味事达调味品有限公司诉国家工商行政管理总局商标评审委员会案中，北京市第一中级人民法院指出："如果使用者可以证明全国范围的相关公众对使用在特定商品或服务上的某一标志已广为知晓，且能够将其与使用者之间建立起了唯一对应关系，则可以认定该标志在这一商品或服务上具有获得显著性。"❹ 北京市高级人民法院进一步指出："如果他人没有该标志的使用行为，则主张权利的一方当事人可以通过自己单独的长期使用行为，建立起其与该标志之间的唯一的、稳定的对应关系，从而使该标志具有区分商品和服务来源的识别作用。但是，如果在主张权利的一方当

❶ Charcoal Steak House Inc. v. Staley, 144 U. S. P. Q. 241 (1964).
❷ Carter – Wallace Inc. v. Procter & Gamble Co., 434 F. 2d 794, 802 (9th Cir. 1970).
❸ 中证指数有限公司诉国家工商行政管理总局商标评审委员会案 [北京知识产权法院 (2015) 京知行初字第6012号行政判决书、北京市高级人民法院 (2016) 京行终744号行政判决书]。
❹ 开平味事达调味品有限公司诉国家工商行政管理总局商标评审委员会案 [北京市第一中级人民法院 (2012) 一中知行初字第269号行政判决书]。

事人使用的同时，市场上其他主体也在长期大量地使用该标志，甚至早于或者广于主张权利的一方当事人的使用，则不能只依据主张权利的一方当事人的使用行为来认定该标志通过使用获得了显著特征。因为此时，该标志并未与单一主体之间建立起唯一的、稳定的联系，相关公众无法通过该标志对商品来源加以识别。"❶ 由此可见，在中国，不具有固有显著性的标识或名称是否已经具有"第二含义"，关键的判断标准在于标识与商业来源之间是否建立了唯一的、稳定的联系。

应当注意的是，标识与商业来源建立"唯一的、稳定的联系"，并不意味着相关公众必须知晓这个商业来源的实际身份，即生产者、销售者或服务提供者的企业名称及其他详细信息。标识只要与"虽然匿名但却唯一的来源"（a single，though anonymous，source）产生联系，就足以满足商标显著性的要求。❷ 这是因为，一方面，很多企业商标的知名度可能远高于它的企业名称，对于消费者而言，他们仅需要知道商标指向了特定的某个企业，而不需要知晓该企业究竟是谁。例如，当消费者看到"麦当劳"或"M"字标识时，他们就相信这些西式快餐产品是来自同一家公司、具备基本稳定的质量和口感的，而并不一定知道这些产品来自一家名叫金拱门（中国）有限公司的企业。❸ 自更名之后，"金拱门"这个略带"城乡接合部"色彩的称谓很可能远不如洋气的"麦当劳"那么容易让消费者记住，但这并不影响"麦当劳"和金色"M"标记成为指示特定来源的商标。另一方面，现代市场经济的复杂分工机制使实际提供商品的主体与商标所有者很可能并不是同一个主体，商标更主要的是发挥品质保证功能。所谓商标指示来源，实际上主要是保障消费者每次购买使用同一商标的商品时，都能获得与过去购买使用相同商标的商品相同的体验，以保障消费者对产品的合理预期。例如，购买肯德基上校鸡块的消费者希望获得的是味道、口感均达到中等水平的炸鸡块，他们看到"肯德基"或"KFC"标识时，未必知晓肯德基是由一家

---

❶ 开平味事达调味品有限公司诉国家工商行政管理总局商标评审委员会案［北京市高级人民法院（2012）高行终字第 1750 号行政判决书］。

❷ MCCARTHY J T. McCarthy on Trademarks and Unfair Competition［M］. 4th ed. Eagan：Thomson Reuters，2012：§ 15：8.

❸ 麦当劳（中国）有限公司于 2017 年 10 月 12 日正式更名为金拱门（中国）有限公司。

名叫百胜餐饮集团的公司提供的，也不在意百胜餐饮集团采用的特许经营模式，即消费者购买到的商品实际上可能是由某个中国加盟商"承包"的门店所提供的。消费者在意的只是使用"肯德基"或"KFC"商标的商品能够保持一以贯之的质量和口感，而这一质量和口感受到一家特定企业的保障，至于这家企业到底叫什么名字、这家企业是否特许其他主体实际提供这些商品，消费者并不关心。这就是商标指示来源的"匿名来源规则"。

"第二含义"的词义标准决定了测度这一问题的调查实验应如何设计。在"第二含义"调查实验中，一方面必须测度在相关公众心中标识或名称是否已经与特定的商业来源产生"稳定的、唯一的联系"；另一方面，又不能要求被访者必须指出该唯一来源的名称，否则就违反"匿名来源规则"。"匿名但唯一"的要求使"第二含义"的科学测度尤为困难，需要巧妙的调查实验设计才能准确测度出标识的这种微妙含义。

当被用于特定的商品上，标识或名称的"第二含义"的重要性及其影响应当超越其"主要含义"时，才足以认定原本不具有固有显著性的标识已产生"获得的显著性"。我国司法实践普遍奉行这一标准，例如，在萨塔有限公司诉国家工商行政管理总局商标评审委员会案中，北京市第一中级人民法院指出："此类标志（指不具有固有显著特征的标识）只有在其通过使用行为给消费者带来商标意义上的认知，且该认知强于该标志的固有含义时，才被认为具有显著特征。"[1] 类似地，在金冠（中国）食品有限公司诉国家工商行政管理总局商标评审委员会案中，北京知识产权法院指出："本院之所以为获得显著性设定这一知名度标准，主要基于以下考虑：此类标志之所以不具有固有显著性，究其根源在于该类标志均具有识别作用之外的其他'固有'含义，且相关公众对上述'固有'含义均有所认知。……此种情况下，使用者如希望相关公众对该类标志产生'商标'的认知，其必须使该类标志的商标识别含义强于其'固有'的含义，而因为相关公众对于这一固有含义通常具有较为强烈的认知，故只有该使用行为使该标志具有很高知名程度时方可能达到

---

[1]　萨塔有限公司诉国家工商行政管理总局商标评审委员会案［北京市第一中级人民法院（2009）一中行初字第1716号行政判决书］。

这一效果。"❶ 由此可见，司法实践中"强于固有含义"的词义标准一般被转化为较可操作的知名度量化标准。在我国，这种知名度的要求是比较高的，许多法院指出，这一知名度标准与驰名商标的知名度标准相当。❷ 而麦卡锡教授主张，对于"获得的显著性"，通常并不要求相关公众中的大多数都产生"第二含义"的认知，而仅要求购买群体中的"实质部分"（substantial part）或"相当数量"（appreciable nummber）产生这一认知即可。❸ 不过，在实践中，"实质部分"和"相当数量"都不易把握，在应用调查实验的案件中，通常法院还是采纳了类似于我国的知名度标准，即50%以上的相关公众产生"第二含义"认知时，才足以认定相关标识已经产生了"获得的显著性"。❹

第三，地域标准。麦卡锡教授认为，在侵权诉讼中，如果被告的被控侵权行为仅发生在特定的地域范围内，则原告仅需要证明在该地域范围内其标识获得了"第二含义"。而对于注册商标的申请，由于申请人最终将获得在全国具有排他性效力的注册商标，因此申请人必须证明其标识在全国范围内已经具备了"第二含义"。❺ 这一推理显然是符合逻辑的。根据这一思路，在我国的不正当竞争诉讼中，如果原告主张被告擅自使用其有一定影响的商品名称、包装、装潢等标识，原告仅需证明在被告存在侵权活动的地域范围内，其商品名称、包装、装潢等标识已经获得指示来源的"第二含义"，而不必证明在全国范围内都具有此种"第二含义"。类似地，在依据《商标法》（2019）第59条第3款主张在先使用抗辩时，抗辩人仅需证明在其原有的使用范围内标识已经获得"第二含义"。这就意味着，在这两类案件中开展的调查实验仅需覆盖特定的地域范围即可，不须开展全国性的调查实验。相反，在商标注册申

---

❶ 金冠（中国）食品有限公司诉国家工商行政管理总局商标评审委员会案［北京知识产权法院（2015）京知行初字第1807号行政判决书］。

❷ 金冠（第1807号行政判决书），开平味事达调味品有限公司诉国家工商行政管理总局商标评审委员会［北京市第一中级人民法院（2012）一中知行初字第269号行政判决书］。

❸ MCCARTHY J T. McCarthy on Trademarks and Unfair Competition［M］. 4th ed. Eagan：Thomson Reuters，2012：§ 15：45.

❹❺ PALLADINO V N. Techniques for Ascertaining If There Is Secondary Meaning［J］. The Trademark Reporter，1983，73（2）：391，401.

请及相关的行政诉讼中，由于商标申请人最终将获得一个具有全国效力的注册商标，因此申请人必须证明其标识或名称已在全国范围取得来源指向的"第二含义"。这意味着，在这些程序中，如果申请人决定开展调查实验，调查实验的总体应该覆盖全国范围，而不仅仅是特定的地域市场。

第四，时间标准。一般而言，在侵权诉讼中，原告需要证明在被告进入市场之时，原告的标识已经获得"第二含义"，从而值得获得商标法或反不正当竞争法的保护。而在被告进入市场与原告对被告提起诉讼之间，往往有一定的时间差，此时原告很难"穿越"回被告刚刚进入市场的时间节点去开展"第二含义"调查实验。一般认为，只要其他证据证明，在被告进入市场到原告起诉被告的时间点之间，原告标识的知名度和显著程度没有发生显著变化，尤其是没有显著提升，那么在诉讼开始时执行的商标调查实验结果完全可以反推到被告进入市场之时。❶ 对于申请注册商标的标识，显然应当证明其在申请时已经获得来源指向的"第二含义"，所以，申请人证明标识"第二含义"的调查实验需在提交注册申请前夕执行。

（二）"第二含义"的证明方法

在我国，"第二含义"的证明通常转换为证明知名度这一更可操作的间接证明方式。一般认为获得"第二含义"的知名度标准与驰名商标的知名度标准基本相同，故对于获得显著性的举证要求可以参照驰名商标的相关规定。❷ 我国《商标法》（2019）第 14 条规定，认定驰名商标的考虑因素包括：①相关公众对该商标的知晓程度；②该商标使用的持续时间；③该商标的任何宣传工作的持续时间、程度和地理范围；④该商标作为驰名商标受保护的记录；⑤该商标驰名的其他因素。此外，实践中，一些法院还总结出认定"第二含义"的考量因素，例如，在兰州商业联合会诉国家工商行政管理总局商标评审委员会案中，北京市高级

❶ PALLADINO V N. Surveying Secondary Meaning [J]. The Trademark Reporter, 1994, 84 (1): 155, 158-159.
❷ 熊文聪. 论商标法中的"第二含义"[J]. 知识产权, 2019 (4): 27.

人民法院指出，在判断标志是否通过使用获得显著性时，应当结合以下因素进行考量：①该标志实际使用的方式、效果、作用，即是否以商标的方式进行使用，在此应当以是否能够达到识别商品或服务的来源为判断基准；②该标志实际持续使用的时间、地域、范围、销售规模等经营情况；③该标志在相关公众中的知晓程度；④该标志通过使用具有显著性的其他因素。❶美国联邦第七巡回上诉法院也总结了类似的考量因素。该院指出，"第二含义"可以通过直接证据和间接证据证明。其中直接证据包括：①直接消费者证言，②消费者调查；间接证据包括：①使用的排他性、时间长度和方式，②广告的数量与方式，③销量与顾客数量，④市场中的稳固地位，⑤故意仿冒的证据。❷归结起来，这些证据都是为了证明涉案标识广泛暴露于相关公众面前，使相关公众有较多的机会接触，因此也越有可能建立来源指向的联系。❸根据中外司法经验，总结起来，这种证明标识"暴露"的广度和深度的证据，主要包括以下四种类型。

第一，标识的广告宣传情况。销售实践和广告宣传是公众将标识与特定商业来源联系在一起的重要方式，其中，广告宣传的影响至为深远，以至于能使无关的消费人群都对标识产生来源联系。例如，对于路易威登等奢侈品牌，即使一般大众并非其目标消费群体，但广告的效应足以让一般大众认识到路易威登或"LV"是指向特定商业来源的商业标识。因此，一般认为，标识所有者在广告方面的投入可以作为"第二含义"的间接证据。广告投入越多，消费者就越容易接触到相关标识，也就越可能将标识与特定的商业来源相联系。❹此外，广告的持续时间和地域范围也是重要的考量因素，通常广告宣传的持续时间越长、地域范围越广，标识在相关公众心中产生"第二含义"的可能性就越大。不

---

❶ 兰州商业联合会诉国家工商行政管理总局商标评审委员会案［北京市高级人民法院（2018）京行终 6256 号行政判决书］。

❷ Echo Travel Inc. v. Travel Associates Inc. 870 F. 2d 1264（7ᵗʰ Cir. 1989）.

❸ MCCARTHY J T. McCarthy on Trademarks and Unfair Competition［M］. 4th ed. Eagan：Thomson Reuters，2012：§ 15：48.

❹ MCCARTHY J T. McCarthy on Trademarks and Unfair Competition［M］. 4th ed. Eagan：Thomson Reuters，2012：§ 15：51.

过，应当注意的是，在具体的认定过程中，还应考察广告的具体方式，不宜简单地以广告投入、时间和地域为标准。例如，广告是否将相关标识作为指示来源的符号，并将标识作为整个广告的核心要素？只有当广告着重强调标识的来源指向功能，才能真正促进"第二含义"的逐步建立。对于非文字商标，"认准型"广告（"Look For"Advertising）就具有强调来源指向的重要作用，反复宣传"想选购 X 商品吗？请认准红蓝黄包装"，这是特定的"红蓝黄包装"与"X"企业建立稳定的、唯一联系的重要方式。相反，如果广告并未着意强调标识的指示来源功能，而只是介绍某立体结构的实用功能，或者只是在描述的意义上使用文字标识，那么，即使再多的广告也无法建立该立体结构或文字标识与商业来源之间的特定联系。❶

第二，标识的使用时间。标识的使用时间越长，表明消费者有更多的机会接触到涉案标识，因此产生"第二含义"的可能性就越大。不过，应当注意的是，不能简单地认为标识使用的时间短暂就必然不具有"第二含义"。随着现代媒体和发达的互联网的出现，通过大规模的广告策略有可能使标识在一夜之间获得较高知名度，产生"获得的显著性"。麦卡锡教授特别强调：并没有明确的法律规则对标识获得"第二含义"的最短使用时间作出规定。❷ 在美国，描述性标识 DYANSHINE 在使用不足三年的情况下被认定为已经具备"第二含义"，❸ 而 FAMILY RE-CORD PLAN（家庭唱片计划）甚至在使用不足 5 个月的情况下即被认定为已具有"获得的显著性"。❹ 不过，使用时长毕竟只是"第二含义"产生的必要条件，而非充分条件，只能作为证明"第二含义"存在的考量因素之一，不能仅以使用时间的长短来判断标识是否已具备"获得的显著性"。

第三，使用标识的商品的销量及企业的规模。拥有标识的企业规模和使用标识的商品销量越大，接触到作为商标使用的标识的相关公众数

---

❶❷ MCCARTHY J T. McCarthy on Trademarks and Unfair Competition［M］. 4th ed. Eagan：Thomson Reuters，2012：§ 15：52.

❸ Barton v. Rex－Oil Co.，2 F. 2d 402（3rd Cir. 1924）.

❹ Family Record Plan Inc. v. Mitchell，122 U. S. P. Q. 414（2nd Dist. 1959）.

量就越多，从逻辑上推理，这些相关公众也更容易将标识与他们熟悉的大企业稳定、唯一地联系起来。相反，如果销售规模过小，消费者对标识的接触不足，就难以熟悉相关的标识，更遑论认识到其商标意义。❶不过，商品的销售规模和受欢迎程度仅能作为证明存在"第二含义"的间接证据，因为商品销量和消费者的满意度很可能是基于商品的其他属性，例如，商品实用性能更好、价格更低等因素，并不一定意味着标识具有更强的市场号召力和来源指向力。

第四，竞争者的故意仿冒（intentional copying）。通说认为，当被告故意模仿原告的标识时，通常可以推知消费者可能因标识的相似性而发生来源混淆——否则被告完全没有故意仿冒的必要。而如果消费者足以产生来源混淆，这就意味着标识已经具备来源指向的能力，否则"来源混淆"也无从谈起。因此，竞争者的故意仿冒可以作为论证"第二含义"产生的间接证据：除非竞争者认为他所仿冒的是一个有价值的、有效的商标，否则完全没有必要费力去仿冒。不过，这种推理存在循环论证的嫌疑：在一般的商标侵权案件中，通常应先证明标识是有效的商标，再证明存在混淆的可能性；而上述证明方式先证明两标识相似而存在混淆的可能性，然后从混淆可能性反推出标识是有效的商标，再进一步指出因为标识是指示来源的商标，所以他人近似或相同的使用将导致来源混淆——然而，如果标识根本就不具备指示来源的功能，那么即使标识之间相似乃至相同，也不会导致来源混淆。另外，竞争者模仿原告的标识很可能出于其他原因，如三维形状具有的实用性功能、标识本身具有能够有效传递信息的描述性含义等。所以，竞争者的故意仿冒只能作为推断"第二含义"存在的相关（relevant）证据，却不能作为决定性的（determinative）证据。

以上证据均是证明标识已形成"第二含义"的间接证据，我们只能说存在上述证据时，标识就更可能已经产生来源指向的"第二含义"，却不能由此得出"第二含义"必然已经形成。而经营者、标识所有者的员工、随机选择的购买者的证词虽然反映了相关公众对标识的认知，貌

---

❶ MCCARTHY J T. McCarthy on Trademarks and Unfair Competition [M]. 4th ed. Eagan：Thomson Reuters, 2012：§ 15：49.

似可以成为证明标识含义的直接证据，但这些证词常常因为代表性不足或可能存在偏见而证明力不足。

最后，测度相关公众是否对标识产生"第二含义"的心理联系，最科学的方法是开展一项符合社会科学原则的商标调查实验。❶ 美国联邦第九巡回上诉法院甚至认为："对购买者的专家调查实验可以提供'第二含义'的最有说服力的证据。"❷ 我国也有学者主张，相对于各类间接证据，商标调查实验是"直接考证""唯一对应关系"的更好的办法，而我国知识产权法院肩负着我国司法改革"排头兵"和"试验田"的重要使命，理应在采纳商标调查实验方面"有所突破和创新"。❸

三、测度"第二含义"的调查实验

（一）刺激物的选择：分离被测度的标识

"第二含义"调查实验的目标是测度相关公众是否将涉案标识与特定的商业来源联系在一起，以及这种联系的普遍程度。因此，在调查实验过程中，需要将被测度的标识单独分离出来，以避免商品或包装上的其他信息给受访者提供额外的来源提示。对于平面商标，调查员可以直接向受访者展示涉案标识的文字和图形；为了尽可能地模拟真实市场中的情境，调查员也可以向受访者展示反映平面商标在真实商品中呈现的模样的照片。如果测度的是颜色组合、三维形状、包装装潢等商业外观的"第二含义"，则需要制作删除了其他来源信息（如生产厂家、产地等）的道具，以有效排除其他来源信息给受访者作出的提示。有效分离被测度的标识，排除其他信息干扰，对于调查实验的准确性有重要意义。例如，在 Brooks Shoe Mfg. Co. Inc.（以下称为"Brooks 公司"）诉 Suave Shoe Corp. 案中，原告主张其运动鞋上

---

❶ MCCARTHY J T. McCarthy on Trademarks and Unfair Competition [M]. 4th ed. Eagan：Thomson Reuters，2012：§ 15：42.

❷ Vision Sports，Inc. v. Melville Corp.，888 F. 2d 609（9th Cir. 1989）.

❸ 熊文聪. 论商标法中的"第二含义"[J]. 知识产权，2019（4）：30.

的"V"标识已经获得指示来源的"第二含义"。原告开展的商标调查实验使用其生产的运动鞋作为刺激物，为了测度相关公众对"V"标识的反应，排除其他信息的影响，原告将自己的商标"BROOKS"进行遮挡处理。调查结果显示，71%的受访者能正确地认出该运动鞋系由Brooks公司生产的。不过，在进一步追问中，这71%的受访者中仅有1/3将该来源联系归因于"V"标识，表明刺激物中仍有其他信息为受访者提供了来源提示。被告的调查实验也使用原告的运动鞋为刺激物，不同的是，被告将"V"标识之外的所有特征都进行遮蔽处理，结果显示仅有2.9%的受访者认为该款运动鞋是由原告生产的。❶由此可见，有效分离被测度的标识可能对调查实验结果带来的重大影响。

商标调查实验的一个基本原则是尽可能地接近真实的市场情境，以免人造的环境人为地使调查实验结果对委托方特别有利，因此，一般而言，调查实验所使用的刺激物也应当是或者接近市场中真实的产品。尤其在本书下一章所论述的混淆可能性调查实验中，遮挡商品上的来源信息通常被认为是一种人为扭曲调查实验结果的行为——因为商品来源的部分相关信息被遮挡，必然增加受访者发生混淆的概率，从而使调查实验结果对原告特别有利。然而，在"第二含义"调查实验中，这种人为制造的道具却是必要的。如果不以人为制造的、不同于市场真实商品的道具来作刺激物，调查实验将无法准确测度涉案标识与商业来源之间的联系，所得到的数据可能受到其他"噪声"的影响。因此，在"第二含义"调查实验中使用人造道具并不违反"接近真实市场情境"的基本原则。❷

（二）测度"第二含义"的标准模型

1. "第二含义"调查实验的核心问题

在向受访者展示已分离的涉案标识后，可以直接询问：

---

❶ Brooks Shoe Mfg. Co., Inc. v. Suave Shoe Corp., 533 F. Supp. 75, 79 (S. D. Fla 1981).

❷ PALLADINO V N. Surveying Secondary Meaning [J]. The Trademark Reporter, 1994, 84 (1): 155, 164.

问题1：您是将［涉案标识］与一家生产［涉案商品］的企业联系在一起，还是与多家企业联系在一起？

这是"第二含义"调查实验的核心问题。如果大部分受访者（通常指＞50%）选择"一家企业"，则证明涉案标识已经具备指示来源的功能，已经具备"第二含义"；而如果大部分受访者选择"多家企业"，则意味着涉案标识并未与某一商业来源产生稳定的、唯一的对应关系，因此不可能具备"第二含义"。此即所谓的"多数规则"（majority rule）。同时，这一问题还坚持了"匿名来源规则"，即并不要求受访者说出标识所有者的企业名称，其目标仅仅在于确认标识已经具备指示唯一来源的功能。

不过，当受访者实际上对涉案标识并不熟悉时，直接询问问题1则可能带来"猜测效应"，即许多受访者并不真正清楚标识的状态，而只是为了配合和表示友好而随意给出答案。因此在询问核心问题之前，可以增加一道筛选问题，以选择真正熟悉涉案标识的受访者。

问题0：您是否熟悉（或者，您是否听说过）［涉案标识］？

［对问题0回答"否"，则调查实验终止；对回答"是"的受访者，进一步询问：］

问题1：您是将［涉案标识］与一家生产［涉案商品］的企业联系在一起，还是与多家企业联系在一起？

在引入筛选问题后，运用"多数规则"时应更加谨慎，即不能简单地以"熟悉标识"的受访者中大多数认为标识来源于"一家企业"，就认定该标识具备"第二含义"，还应当考虑该部分受访者占全部受访者的比例，如果这个比例过低，同样不应认为标识已获得"第二含义"。举例而言，如果一个调查实验选取的样本是500人，其中490人表示熟悉或听过涉案标识，在这490人当中，有440人选择"一家公司"，那么，不论在熟悉标识的人群（89.8%）还是在整个样本（88%）中，选择标识指示唯一来源的受访者都占绝对多数（参见表4-1）。这种情况下，可以清楚地认定标识已经获得"第二含义"。

表4-1　示例1

问题	受访者人数	在熟悉标识的受访者中所占的比例/%	在整个样本中所占比例/%
熟悉标识的受访者	490	—	98
一家企业	440	89.8	88
多家企业	50	10.2	12

相反，如果熟悉标识的受访者仅是一个较小的人群，例如，仅有49人熟悉或听过涉案标识，那么即使在该子集中选择"一家企业"的人数占比很高（89.8%），但在整个样本中，选择这一选项的受访者实际上仅占很小比例（8.8%）（参见表4-2）。这种情况下则不宜认定标识已经获得"第二含义"。如果熟悉或听过标识的相关公众数量都极其有限，那将之作为商标看待的消费者数量必然更少，毕竟，认识一个标识是将其作为商标使用的基本前提；如果大多数相关公众不认识涉案标识，遑论将其作为商标使用？

表4-2　示例2

问题	受访者人数	在熟悉标识的受访者中所占的比例/%	在整个样本中所占比例/%
熟悉标识的受访者	49	—	9.8
一家企业	44	89.8	8.8
多家企业	5	10.2	1.2

有时候，可能出现在熟悉标识的人群中选择"一家企业"的受访者超过半数，但在整个样本中选择这一选项的受访者却未超过50%的情况。例如，假设熟悉标识的受访者为400人，其中选择"一家企业"的220人。那么，在熟悉标识的人群中，选择标识指向一家企业的占55%；但在整个样本中，认为标识具有来源指向功能的仅占44%（参见表4-3）。这种情况下，则须结合其他证据来共同判断标识是否已经具备指示来源的"第二含义"。正如帕拉迪诺（Vincent N. Palladino）先生所言："法官和律师都应记住，'第二含义'的确定应当依靠所有在案证

据，而不仅是调查实验的结果。"❶ 在实际操作中，如果在熟悉标识的人群中有50%认为标识已具备"第二含义"，而在全体样本中该人群也能达到实质数量，通常已足以证明"第二含义"的存在。例如，曾有案件认为46%❷和37%❸的受访者认为标识指向单一来源，即可以认定存在"第二含义"；相反，如果认为标识指向单一来源的受访者仅占25%❹或低于10%❺，则可以认为标识并未产生来源指向的"第二含义"。

表4-3 示例3

问题	受访者人数	在熟悉标识的受访者中所占的比例/%	在整个样本中所占比例/%
熟悉标识的受访者	400	—	80
一家企业	220	55	44
多家企业	180	45	36

2. 落实"匿名来源规则"

问题1虽然能够证明受访者将涉案标识与特定商业来源联系在一起，但却不能指明该特定商业来源的身份。谁能保证回答"一家企业"的受访者所指的就一定是原告呢？受访者所指的完全可能是其他经营者，甚至可能其心中想到的实际上是被控侵权的一方。如果对回答"一家企业"的受访者进一步追问"是哪家企业"，又违反了"匿名来源规则"，给原告施加了过重的证明责任——尤其在涉案标识相当知名而企业名称却鲜为人知的情况下，调查实验结果可能对原告十分不利。测度相关公众是否将涉案标识与"匿名但唯一的来源"联系在一起虽然是困难的，但并非不可能。一种常用的方法是仔细挑选出标识所有者区别于其他经营

❶ PALLADINO V N. Techniques for Ascertaining If There Is Secondary Meaning [J]. The Trademark Reporter, 1983, 73: 391, 404.

❷ North Carolina Dairy Foundation, Inc. v. Foremost - McKesson, Inc., 92 Cal. App. 3d. 98 (1st Cir. 1979).

❸ Monsieur Henri Wines, Ltd. v. Duran, 204 U. S. P. Q. 601 (T. T. A. B. 1979).

❹ Zippo Mfg. Co. v. Rogers Imports, Inc., 216 F. Supp. 670 (S. D. N. Y. 1963).

❺ Roselux Chemical Co. v. Parsons Ammonia Co., 299 F. 2d 855 (C. C. P. A. 1962); Brooks Shoe Mfg. Co. v. Suave Shoe Corp., 533 F. Supp. 75 (S. D. Fla. 1981); Straumann Co. v. Lifecore Biomedical Inc., 278 F. Supp. 2d 130 (D. Mass. 2003); Citizens Banking Corp. v. Citizens Financial Group, Inc., 2008 WL 1995104 (E. D. Mich. 2008).

者的特征，包括主体和其商品的任何特征，供受访者识别。如果受访者能够有效识别这些特征，即可甄别出受访者所指的"一家企业"的真实身份。例如，可以进一步追问：

问题2：就您所知，这家企业生产哪些商品？

如果受访者列举出原告所特有的商品，则证明受访者将标识与原告唯一、稳定地联系在一起。President & Trustees of Colby College 诉 Colby College – New Hampshire 案是一个非常典型的案例。原告位于缅因州，而被告位于新罕布什尔州；原告提供四年制的教育项目，而被告提供两年制的教育项目；原告是一所同时招收男女生的学院，而被告是一所女子学院。基于此，调查实验专家设计了三道题目。第一，Colby College 位于何处？对该问题，37% ~ 79%的受访者回答"缅因州"。第二，Colby College 是四年制还是两年制？45% ~ 72%的受访者回答"四年制"，4% ~ 15%回答"两年制"。第三，Colby College 是男女同校制吗？48% ~ 81%受访者选择"是"。调查实验结果显示，综合起来，超过50%的受访者认为 Colby College 是一所位于缅因州的、男女同校的四年制学院。显然，受访者心中所想的"一家企业"，指的是原告，而非被告或其他机构。❶

如果调查实验需要测度的是颜色组合、三维形状或包装、装潢等商业外观的"第二含义"，则上述问题更容易解决。调查实验仅须测度商业外观与商标之间是否建立唯一的联系，即可回避"匿名来源规则"的难题。根据这一思路，调查实验的具体问题可以做如下修改：

［向受访者展示遮蔽商标等来源信息的商品道具］

问题0：您是否熟悉（或者，您是否见过）［涉案商业外观］？

［对问题0回答"否"，则调查实验终止；对回答"是"的受访者，进一步询问：］

问题1：您是将［涉案商业外观］与一个品牌的［涉案商品］联系在一起，还是与多个品牌联系在一起？

---

❶ President & Trustees of Colby College v. Colby College – New Hampshire, 508 F. 2d 804 (1st Cir. 1975).

［对于回答"一个品牌"的受访者，进一步追问］

问题2：这个品牌是什么？

3. 品牌授权情境中的"第二含义"调查实验

此外，特许经营或其他形式的品牌许可是现代经济的重要组织形态，如果标识所有者采用特许经营或其他形式的品牌许可，消费大众可能非常清楚标识不仅与一家企业相联系，而是与众多受许可企业相联系。例如，虽然"肯德基"和"KFC"是百胜餐饮集团的注册商标，但是，作为一个成功的特许经营体系，至少部分相关公众知晓使用"肯德基"和"KFC"商标的门店并不一定是百胜餐饮集团的直营店，而可能是由其他受许企业经营的。在这种情况下，当被问及"您是将［涉案标识］与一家生产［涉案商品］的企业联系在一起，还是与多家企业联系在一起"时，这部分相关公众很可能选择"多家企业"，即使他们非常清楚"肯德基"和"KFC"属于一家特定的企业（但未必知晓其名称），而其他"相联系"的企业仅仅是被授权使用商标的企业而已。对这种情况，调查实验的模式可以稍做修改，以反映现代品牌经济的现实：

问题1：您是将［涉案标识］与有一家企业授权的［涉案商品］联系在一起，还是与多家企业授权的［涉案商品］联系在一起？

如此，受访者可以清楚地知晓调查实验真正想测试的是什么问题，从而有可能提供符合调查实验目的的答案。

（三）不能用于测度"第二含义"的模型

1. 询问商品提供者型调查实验（Who‐type Survey）

一些调查实验试图通过询问商品提供者来证明"第二含义"的存在。在Sunbeam Corp. 诉Equity Industries Corp. 案中，被告开展的调查实验询问受访者：您是否知道该食品处理器是由哪家企业或者哪几家企业生产的？对于回答"知道"的受访者，调查员进一步追问："是哪一家企业？"❶ 有相当

---

❶　Sunbeam Corp. v. Equity Industries Corp. , 635 F. Supp. 625, 631（E. D. Va. 1986）.

数量的当事人向法庭提交了这种类型的调查实验。❶ 这类调查实验的逻辑浅显易懂：如果消费者和其他相关公众看到商品时能够准确地说出其生产者，这就意味着该商品上必然存在某些信息能够有效地指向该特定的生产者，因此也就证明了"第二含义"的存在。

但是这种调查实验模型存在两个突出的问题。第一，其提问方式明显违反了商标的"匿名来源规则"。标识获得"第二含义"的标准是其能够发挥指向唯一、稳定的商业来源的功能，但并不要求相关公众知晓该商业来源具体是谁。这种调查实验要求受访者明确以标识所有者的企业名称作答，明显加重了标识所有者的举证责任。当标识本身的知名度远高于企业名称的知名度时，调查实验的结果将对标识所有者十分不利。

第二，这类调查实验通常先向受访者展示涉案商品，然后问询受访者该商品是由哪家企业生产的。与标准的"第二含义"调查实验相比，这种调查实验模型没有将待测标识与商品的其他部分有效分离，受访者很可能受到商品上其他信息的提示。因此，即使受访者能准确说出生产涉案商品的企业，也不能证明该涉案标识已经获得了指示来源的唯一含义。在前述 Sunbeam Corp. 诉 Equity Industries Corp. 案中，法官指出："调查实验无法使受访者专注于原告主张获得'第二含义'的 OSKAR 的外观或设计结构，因此该调查实验未能完成其证明的目标。"❷ 在 Schwinn Bicycle Co. 诉 Ross Bicycles Inc. 案中，法院对"询问商品提供者型"调查实验作出明确的否定性评价："这类调查实验中的问题设计

---

❶ Textron, Inc. v. U. S. International Trade Commission, 753 F. 2d 1019, 1023（CAFC 1985）（该案中，受访者被问到："谁生产了该机器？"并被追问"为什么这么说？"）；Zatarains, Inc. v. Oak Grove Smokehouse, Inc., 698 F. 2d 786, 795（5th Cir. 1983）（该案中，受访者被问到："谁生产了您心中所想的那种特定的商品？"）；American Footwear Corp. v. General Footwear Co. Ltd., 609 F. 2d. 655, 660 - 661（2nd Cir. 1979）（该案中，受访者被问到："您将'Bionic 长靴'和谁或和什么联系在一起？"）；Essie Cosmetics, Ltd. v. Dae Do International, Ltd., 808 F. Supp. 952, 955（E. D. N. Y. 1992）（受访者被问到："您认为谁销售该商品？"）；Rolodex Corp. v. Rubbermaid Commercial Products, Inc., 230 U. S. P. Q. 198, 204（D. N. J 1986）（受访者被问到："您认为谁生产了该商品？"）；Yoo - Hoo Chocolate Beverage Corp. v. A. J. Canfield Co., 299 U. S. P. Q. 653, 658（D. N. J. 1986）（受访者被问到："谁生产了该款巧克力乳糖苏打？"）.

❷ Sunbeam Corp. v. Equity Industries Corp., 635 F. Supp. 625, 631（E. D. Va. 1986）.

对于探求我们想要获取的信息（即，商业外观与唯一一家生产者相联系）而言，并不是最优的。"❶ 这是对该类"第二含义"调查实验的中肯评价。

2. 询问词义型调查实验（What – type Survey）

另一些调查实验则试图通过探求标识的含义来实现"第二含义"的测度。例如，在 A. J. Canfield Co. 诉 Vess Beverages Inc. 案中，被告的调查实验询问受访者："此处'巧克力乳糖'（Chocolate Fudge）这个词对您而言是什么意思？"❷ 类似地，在 Waples – Platter Companies 诉 General Foods Corp. 案中，被告的调查实验询问受访者："当您想到'牧场风格'（Ranch Style）一词时，您想到了什么？当您听到'牧场风格'时，您想到了什么？"❸ 这类调查实验模型的逻辑是，既然我们需要测度标识是否具备"第二含义"，那么就直接测度在相关公众心中涉案标识的含义到底是什么，由此便能了解涉案标识是否具备指示特定来源的含义。

询问词义型调查实验最大的问题是，它将更多地诱导受访者回答词汇或短语的日常含义或描述性含义。例如，在 A. J. Canfield Co. 诉 Vess Beverages Inc. 案中，法官指出，在这种提问方式下，受访者回答"一种口味"或者"一种产品"，这再正常不过了。❹ 而在 Waples – Platter Companies 诉 General Foods Corp. 案中，由于"牧场风格"本身丰富的描述性含义，且原本该形容词就可以在不同场合中使用，因此受访者的回答更是五花八门——从"豆子""马匹"到"清新的空气"，不一而足。❺ 标识产生"第二含义"，并不意味着标识原有的"第一含义"被

---

❶ Schwinn Bicycile Co. v. Ross Bicycles, Inc., 678 F. Supp. 1336, 1343（N. D. Ill. 1988）.

❷ A. J. Canfield Co. v. Vess Beverages, Inc., 612 F. Supp. 1081, 1093（N. D. Ill. 1985）.

❸ Waples – Platter Companies v. General Foods Corp., 439 F. Supp. 551, 570（N. D. Tex. 1977）.

❹ A. J. Canfield Co. v. Vess Beverages, Inc., 612 F. Supp. 1081, 1092（N. D. Ill. 1985）.

❺ Waples – Platter Companies v. General Foods Corp., 439 F. Supp. 551, 570（N. D. Tex. 1977）.

完全掩盖或者取而代之，也不意味着指示来源的含义在任何情况下都必然超越描述性含义。相反，标识的"第一含义"和"第二含义"在很多情况下可以并行不悖。例如在医生群体中，"两面针"主要指的是一种中草药，而相当数量的消费大众则可能将"两面针"作为一款牙膏的商标。然而，即使是将"两面针"作为商标看待的相关公众，他们也很可能知晓两面针是一种中草药。因此，"两面针"的"第二含义"并未完全掩盖其"第一含义"。所以，当被问及标识的含义是什么时，难免有大量受访者选择以标识的"第一含义"作答，而未必提及标识的"第二含义"。

3. 品牌知名度调查实验（Brand Awareness Survey）

第三类常见的实验是测度品牌的知名度。Sprinklets Water Center Inc. 诉 McKesson Corp. 案中的调查实验很有代表性，在该调查实验中，调查员询问受访者："在提及非碳酸饮用水时，您想到的第一个品牌是什么？"随后再进一步追问："您还能想到其他品牌的非碳酸饮用水吗？"[1] 类似地，在 Schimidt 诉 Honeysweet Hams Inc. 案中，原告开展了一个品牌认知型调查实验，以证明其"蜜炙火腿"（Honey Baked Ham）名称已经获得"第二含义"。结果，53%的受访者在没有任何提示的情况下表示，在购买火腿时第一个想到的品牌是"蜜炙火腿"。在整个调查中，总共有96%的受访者提到"蜜炙火腿"这个名称，表明"蜜炙火腿"具有很高的知名度。法院据此认为"蜜炙火腿"已经获得指示来源的"第二含义"。[2] 这一调查实验模型的逻辑是，如果一个标识或名称的知名度极高，那证明为数众多的消费者都以该标识或名称作为指示来源的商标，因此可以推知其已经获得指示来源的"第二含义"。

不过，品牌知名度调查实验存在两个突出问题。第一，品牌知名度调查实验未能测度真正需要解决的问题。"第二含义"调查实验的根本任务是测度一个描述性的名称是否已经成为商标，而不是测度一个商标到底有多知名——品牌知名度调查实验显然是解决后一问题的。虽然我

---

[1] Sprinklets Water Center, Inc. v. McKesson Corp. , 806 F. Supp. 656 （E. D. Mich. 1992）.

[2] Schmidt v. Honeysweet Hams, Inc. , 656 F. Supp. 92, 94 （N. D. Ga. 1986）.

国法院在很多情况下也认为"第二含义"的认定可以参照驰名商标的考察因素，但有学者正确地指出"知名度"与"第二含义"是两个完全不同的概念，两者不能直接画等号，即，有知名度的商业标识不一定有"第二含义"，反之亦然。知名度顶多只是"第二含义"的一个考量因素或间接证据，而绝不应该将其完全取代"第二含义"。❶ 有些标识可能已经获得"第二含义"，足以作为商标使用，只是还未达到驰名的程度而已。例如，在 Schimidt 诉 Honeysweet Hams Inc. 案的调查实验中，提及"蜜炙火腿"名称的受访者数量近乎是提及 Armour、Swift 或 Hormel 等品牌的受访者的两倍，但在市场上 Armour、Swift 和 Hormel 显然也是有效的商标。❷ 第二，品牌知名度调查实验的问题设计本身具有诱导性。在询问受访者"您想到的第一个品牌是什么"时，实际上是在向受访者暗示涉案的标识已经具备商标地位，而事实上，这一问题恰恰是需要通过调查实验来测度的。

四、小结

"第二含义"的认定对于缺乏固有显著性的标识或名称获得商标法和反不正当竞争法的保护具有重要意义，是这些标识获得法律保护的基本前提。"第二含义"的认定须从主体标准、词义标准、地域标准和时间标准加以把握。当使用标识的商品的相关公众（主体标准）认为标识能够唯一、稳定地指向某一特定的、可以是匿名的来源时（词义标准），则可以认定该标识已经获得了来源指向的"第二含义"。在一般的侵犯商标权或者不正当竞争案件中，原告仅需证明在被告从事侵权活动的地域范围内原告的标识已经具备"第二含义"；而在商标注册申请及相关的行政诉讼中，申请人则必须证明标识已在全国范围内获得"第二含义"。在时间方面，一般侵害商标权纠纷或者不正当竞争案件须证明在被告开始其侵权活动时，原告的商标已获得"第二含义"；而在注册商

---

❶ 熊文聪. 论商标法中的"第二含义"[J]. 知识产权，2019（4）：23.

❷ PALLADINO V N. Surveying Secondary Meaning [J]. The Trademark Reporter, 1994, 84 (1): 155, 175.

标申请的行政程序及相关的行政诉讼中，则应证明在申请人递交商标注册申请时标识已经获得"第二含义"。

传统上，标识是否获得"第二含义"，可以通过标识的广告宣传情况、使用时间、使用标识的商品销量及企业规模、竞争者的故意仿冒等加以证明，但这些证据都只是证明"第二含义"产生的间接证据。相反，商标调查实验则能够直接测度在相关公众心中标识是否已经获得来源指向的"第二含义"。

标准的"第二含义"调查实验模型首先须分离待测的标识，以排除商品上其他信息的干扰，然后询问受访者是将涉案标识与一家企业相联系，还是与多家企业相联系。如果超过半数的受访者选择他们已经将涉案标识与一家企业相联系，则证明该标识已经获得"第二含义"。这一调查实验模型反映了"第二含义"的词义标准，即标识与生产者的唯一对应关系，且不需要受访者点明生产者的企业名称，遵守了商标的"匿名来源规则"。相反，询问商品提供者型调查实验、询问词义型调查实验和品牌知名度调查实验都有其各自的缺陷，不宜作为测度"第二含义"的有效模型。

第五章　商标混淆的科学测度[*]

一、"混淆可能性"的法律意义

　　"混淆可能性"是知识产权国际条约和各国商标法公认的侵犯商标权的认定标准。《与贸易有关的知识产权协定》（TRIPS）第 16 条规定："注册商标的所有者应享有一种独占权，以防止任何第三方在未经其同意的情况下，在商业中对于与已注册商标的商品或服务相同或相似的商品或服务采用有可能会导致混淆的相同或相似的符号标记。在对相同或相似的商品或服务采用相同的符号标记时，就推定混淆的可能性已经存在。"类似地，美国《兰哈姆法》规定，如果商标具有混淆可能性，其法律后果包括：①构成对商标权的侵犯；②不予注册；③商标注册申请如经审定公告，利害关系人可以提起异议；④商标如已经注册，利害关系人可以申请撤销。《欧共体商标条例》第 8 条、第 9 条也明确规定，在相同或类似商品上使用相同或近似商标时，如果存在混淆的可能性，应当驳回商标注册申请，或者认定构成对商标权的侵犯。[❶]

　　"混淆可能性"在我国商标法中同样居于中心地位。《商标法》（2013）明确将"混淆可能性"作为侵害商标权的核心要件。《商标法》（2019）（与 2013 年法同）第 57 条第（1）项规定："未经商标注册人的许可，在同一种商品上使用与其注册商标相同的商标的"，属侵犯注册

---

* 本章部分素材取自本书作者与谢晓尧教授合作发表于《中山大学学报（社会科学版）》的《商标混淆的科学测度——调查实验方法在司法中的应用》一文。作者在内容上进行实质性增补，在论述思路和结构上也作了全新的调整。

❶ 如果是在相同商品或服务上使用相同商标，则直接认定构成对商标权的侵犯或者驳回注册。

商标专用权。通说认为,该项规定使商品、商标"双相同"的情形不再需要考虑混淆可能性问题,体现了商标权保护的绝对性和确定性。但该条第(2)项规定:"未经商标注册人的许可,在同一种商品上使用与其注册商标近似的商标,或者在类似商品上使用与其注册商标相同或者近似的商标,容易导致混淆的",构成对注册商标专用权的侵犯,由此明确了在"双相同"之外的其他情形均应以"混淆可能性"作为认定侵犯注册商标专用权的前提。❶

即使在 2013 年修法之前,"混淆可能性"也是认定侵犯商标权的一个重要因素。《商标法》(2001)第 52 条规定:"未经商标注册人的许可,在同一种商品或者类似商品上使用与其注册商标相同或者近似的商标的",属于侵犯注册商标专用权的行为。有学者据此主张《商标法》(2001 年)所采的实际上是"近似标准",而非"混淆标准"。❷ 最高人民法院进一步对"商标近似"和"商品类似"作出界定。"商标近似"指的是商标"易使相关公众对商品的来源产生误认或者认为其来源与原告注册商标的商品有特定的联系";"商品类似"是指商品"在功能、用途、生产部门、销售渠道、消费对象等方面相同,或者相关公众一般认为其存在特定联系、容易造成混淆……"❸ 由此可见,即便按照"近似标准",对"混淆可能性"的证明仍然是认定侵犯商标权的关键一环——"容易使相关观众混淆"是认定"商标近似"和"商品类似"的基准。此外,与大多数国外立法一致,"混淆可能性"也是我国商标法不予注册的相对理由,❹ 是商标初步审定公告后在先权利人、利害关系人提出异议的理由,❺ 以及在商标已经注册后在先权利人、利害关系人宣告注册商标无效的理由之一。❻

---

❶ 孔祥俊. 新修订商标法适用的几个问题(下)[N]. 人民法院报,2014 - 06 - 25 (7).

❷ 张今,陆锡然. 认定商标侵权的标准是"混淆"还是"商标近似"[J]. 中华商标, 2008(8):47 - 49.

❸ 《最高人民法院关于审理商标民事纠纷案件适用法律若干问题的解释》(2002)第 9 条、第 11 条。

❹ 《商标法》(2019)第 30 条。

❺ 《商标法》(2019)第 33 条。

❻ 《商标法》(2019)第 45 条。

另外,"混淆可能性"的认定也是未注册商业标识获得法律保护的前提。我国《反不正当竞争法》(1993)第5条规定,擅自使用知名商品特有的名称、包装、装潢,或者使用与知名商品近似的名称、包装、装潢,在"造成和他人的知名商品相混淆,使购买者误认为是该知名商品"时,构成仿冒的不正当竞争行为。该条在2017年作出修改,《反不正当竞争法》(2019)(与2017年法同)第6条规定"经营者不得实施下列混淆行为,引人误认为是他人商品或者与他人存在特定联系……。"由此可见,"混淆可能性"的认定还是我国反不正当竞争法为未注册商业标识提供反仿冒保护的核心要件。

二、混淆的类型与证明方法

(一)混淆的类型

1. 正向混淆与反向混淆

根据相关公众发生混淆的方向的不同,混淆可以分为正向混淆和反向混淆两种类型。正向混淆是传统和常见的混淆类型。在正向混淆中,消费者误以为商标的在后使用者提供的商品来源于商标的在先使用者,从而误购了在后使用者的商品——这也正是商标在后使用者刻意制造这种混淆的用意所在。通常情况下,在先使用者的商标已经具备一定商业声誉,在后使用者希望通过相同或近似的商标使消费者误以为自己的商品来源于商标在先使用者,从而实现攫取他人商誉、搭他人便车的目的。对于正向混淆,所要测度的核心问题是商标在后使用者的潜在消费者是否会误以为该商品来源于商标在先使用者,因此,重要的是测度商标在后使用者的潜在消费者的心理认知情况。所以,在选择调查实验对象时,应当以商标在后使用者的潜在消费者为调查总体。❶

与此相反,在反向混淆中,由于商标在后使用者往往是规模较大、知名度较高的大公司,其在短时间内对涉诉商标进行大规模广告宣传,

---

❶ JACOBY J. Trademark Surveys: Designing, Implementing, and Evaluating Surveys [M]. Chicago: ABA Book Publishing, 2013: 284 – 292.

反而使消费者误以为商标在先使用者提供的商品来源于商标的在后使用者，从而挤压了商标在先使用者的市场空间，使商标在先使用者在市场上变得越来越不为人知。❶ 我国已发生多起反向混淆案例，如"蓝色风暴"案❷、"米家"案❸、"MK"案❹等，法院已根据反向混淆理论为商标在先使用者提供救济。正如一些法院所指出的，商标法之所以制止反向混淆行为，目的在于防止"一个规模更大、实力更强的公司篡夺一个规模相对较小的在先使用者的企业身份"。❺ 对于反向混淆，所要测度的核心问题是商标在先使用者的潜在消费者是否会误以为该商品来源于商标的在后使用者。因此，重要的是测度商标在先使用者的潜在消费者的心理认知情况。在选择调查实验对象时，应当以商标在先使用者的潜在消费者为调查总体。❻

2. 来源混淆、关联关系混淆与认可关系混淆

根据混淆内容的不同，可以将混淆分为来源混淆（source confusion）、关联关系混淆（confusion as to affiliation or connection）和认可关系混淆（confusion as to sponsorship）。❼ 来源混淆是最基本的混淆形式。它是指因不同生产经营者使用的商标相同或者近似，导致相当数量的消

---

❶ MCCARTHY J T. McCarthy on Trademarks and Unfair Competition ［M］. 4th ed. Eagan：Thomson Reuters，2012：§ 23：10.

❷ 浙江蓝野酒业有限公司诉杭州联华华商集团有限公司、上海百事可乐饮料有限公司案（浙江省高级人民法院（2007）浙民三终字第 74 号民事判决书）。

❸ 杭州联安安防工程有限公司诉小米通讯技术有限公司、小米科技有限责任公司等（浙江省杭州市中级人民法院（2017）浙 01 民初 1801 号民事判决书）。

❹ 汕头市澄海区建发手袋工艺厂诉迈克尔高司商贸（上海）有限公司（浙江省高级人民法院（2018）浙民终 157 号民事判决书）。

❺ Commerce Np. Ins. Services, Inc. v. Commerce Ins. Agency, Inc. , 214 F. 3d 432 (3rd Cir. 2000).

❻ JACOBY J. Trademark Surveys：Designing, Implementing, and Evaluating Surveys ［M］. Chicago：ABA Book Publishing，2013：284 – 292.

❼ MCCARTHY J T. McCarthy on Trademarks and Unfair Competition ［M］. 4th ed. Eagan：Thomson Reuters，2012：§ 23：8. 多数文献将"confusion as to sponsorship"直译为"赞助混淆"（例如，李雨峰. 侵害商标权判定标准研究 ［M］. 北京：知识产权出版社，2016：85.）。从翻译的角度看，这当然没有错。但探究该术语所指的混淆类型，实际上是指导致相关公众误认为商标在后使用者获得了在先使用者的某种许可或授权。孔祥俊先生将其译作"认可关系混淆"，更符合该术语的真正含义，也更符合中文表述的习惯。（孔祥俊. 反不正当竞争法原理 ［M］. 北京：知识产权出版社，2005：166. ）

费者误以为两种商品是由同一家生产经营者提供的。关联关系混淆指的
是商标在后使用者对商标的使用方式虽然不会使消费者误认为其商品来
源于商标在先使用者，但会使消费者误以为商标在后使用者和在先使用
者之间存在某种关联关系或附属关系，如母子公司关系或者连锁关系，
从而使商标在后使用者可以利用在先使用者的良好商誉，搭在先使用者
的便车。认可关系混淆指的是，虽然消费者能清楚知悉两种商品并非来
源于同一生产经营者，也知晓两家企业之间不可能存在关联关系，但
是，商标在后使用者对标识的使用方式足以使消费者误以为它已经获得
商标在先使用者的许可或授权。

　　拟测度的混淆内容决定了调查实验的具体模式设计。换言之，测度来
源混淆的问题设计与测度关联关系、认可关系的问题设计存在差异。在一
些情况下，消费者对商标在后使用者和商标在先使用者之间并不会产生来
源混淆，但却发生关联关系混淆或者认可关系混淆，因此，如果仅仅使用
测度来源混淆的调查实验模型就不能反映出后两种心理认知状态。测度来
源混淆、关联关系混淆和认可关系混淆的具体调查实验模型将在下文详细
论述。

　　3. 售前混淆、售中混淆与售后混淆

　　从混淆的时间节点看，混淆可以分为售前混淆（pre - sale confu-
sion）、售中混淆（point of sale confusion）和售后混淆（post - sale confu-
sion）三种类型。❶ 由于产生混淆可能性的时间点不同，这三类混淆行
为所涉及的相关公众群体也有所不同。售中混淆是最传统的也是最基
本的混淆形态，即消费者或其他相关公众在购买时对商标所指示的来
源发生混淆。在一般的正向混淆场合中，此时所涉及的相关公众主要
是商标在后使用者商品的潜在购买者或实际购买者。如果消费者存在
发生售中混淆的可能性，即可认为商标在后使用者侵犯了在先使用者
的商标权。

　　售前混淆又称初始兴趣混淆（initial interest confusion），它指的是商
标在后使用者使用商标的方式足以引发消费者的初始兴趣，使之愿意接

---

　　❶　MCCARTHY J T. McCarthy on Trademarks and Unfair Competition ［M］. 4th ed. Eagan：
Thomson Reuters，2012：§ 23：5.

触商标在后使用者的商品；不过，当消费者深入接触该商品或其广告后，他能清楚辨明该商品并非来自商标在后使用者，即并未发生售中混淆。❶ 虽然如此，诱发售前混淆的生产经营者还是侵害了商标权人的利益。一方面，诱发售前混淆的生产经营者不正当地攫取了本属于商标权人的商业机会。由于寻找商品总是需要付出搜寻成本的，消费者因混淆而对商标在后使用者的商品产生初始兴趣后，很可能放弃进一步搜索，而满足于购买商标在后使用者的商品。另一方面，如果市场上存在大量可能导致售前混淆的商标，信息成本过分高昂，消费者将放弃搜索正品的努力，由此损害了商标的商业价值。由于售前混淆不正当地攀附商标在先使用者的商誉，同时也损害其商标声誉，因此售前混淆也被认为是侵犯商标权的行为。随着互联网的发展，售前混淆类案件大量出现，尤其是在生产经营者将他人商标作为竞价排名关键词的时候。我国已出现大量此类案件，❷ 售前混淆或初始兴趣混淆理论已为我国司法所接受，作为认定侵犯商标权的标准之一。❸ 与售中混淆一致，发生售前混淆的主体主要是商标在后使用者商品的实际购买者或者潜在购买者——他们最初误以为商标在后使用者的商品来源于商标在先使用者，只不过这种误解在最终作出购买决策时已经消除。

售后混淆，是指由于商品价格、销售渠道等因素，购买者在购买某商品时非常清楚该商品并非来源于商标在先使用者。不过，由于该商品是对商标在先使用者商品的仿冒，一般大众在看到购买者使用该商品时会误以为该商品来自商标在先使用者。这种混淆行为不会导致购买者混

---

❶ MCCARTHY J T. McCarthy on Trademarks and Unfair Competition［M］. 4th ed. Eagan：Thomson Reuters，2012：§ 23：6.

❷ 例如，北京沃力森信息技术有限公司诉八百客（北京）软件技术有限公司案（北京市海淀区人民法院（2009）海民初字第 267988 号民事判决书、北京市第一中级人民法院（2010）京一中民终字第 2779 号民事判决书）、台山港益电器有限公司诉广州第三电器厂等案（广州市白云区人民法院（2008）云法民三初字第 3 号民事判决书、广州市中级人民法院（2008）穗中法民三终字第 119 号民事判决书）、大众交通（集团）股份有限公司诉上海大众搬场物流有限公司等案（上海市第二中级人民法院（2007）沪二中民五（知）初字第 147 号民事判决书、上海市高级人民法院（2008）沪高民三（知）终字第 116 号民事判决书。）

❸ 李雨峰，芮松艳. 初始混淆理论在商标权纠纷中的应用［J］. 人民司法，2011（14）：95－99.

淆，但会使一般观察者发生混淆。❶ 例如，在 Mastercrafters Clock & Radio Co. 诉 Vacheron & Constantin Le Coultre Watches Inc. 案中，被告的商品使用了与原告的 Atmos 时钟相似的外观。原告的 Atmos 时钟是昂贵的高档商品，而被告的时钟价格显著低于原告，因此购买者非常清楚被告的商品不可能是来自原告的正品。然而，购买者家中的访客却很有可能认为该钟表是来自原告的真正的名贵钟表。弗朗克法官认为这种混淆可能性足以使被告的行为具有可诉性。❷ 类似地，在 Rolex Watch U. S. A. Inc. 诉 Canner 案中，被告在跳蚤市场或街边小店售卖单价 25 美元的仿制手表，售卖者甚至明确告知购买者这些手表是仿制品，但这种行为仍然构成售后混淆，因此是可诉的。售后混淆带来的伤害包括四个方面：第一，商标在先使用者的潜在消费者将被这种低价的仿冒品分流，部分消费者可能愿意转而购买低价的仿冒品；第二，当市场上仿冒品过多时，公众担心他们买到的可能不是正品，作出购买决定时就更加保守，正品的销量将因此下降；第三，如果旁观者、二手商品购买者、礼品接收者将仿制品的劣等质量归咎于商标在先使用者，那么商标在先使用者的商誉将受到损害；第四，正品购买者也因仿品泛滥而受到损害：正品的高价值很大程度上来自其稀缺性，而数量众多的仿制品将使这种稀缺性荡然无存。在我国，售后混淆理论尚未得到司法的广泛承认，仅在个别案件中被提及，作为认定侵权的补强说理。❸

在传统的正向混淆中，售前混淆、售中混淆所涉及的相关公众都是商标在后使用者商品的所有潜在购买者。因此在混淆调查实验中，应当以该群体作为调查总体。售后混淆所涉及的相关公众的范围具有不确定性，理论上任何社会大众都有可能成为售后混淆的主体，这使得测度售后混淆的商标调查实验难以有效界定调查总体的范围。

---

❶ MCCARTHY J T. McCarthy on Trademarks and Unfair Competition [M]. 4th ed. Eagan: Thomson Reuters, 2012: § 23: 7.

❷ Mastercrafters Clock & Radio Co. v. Vacheron & Constantin Le Coultre Watches, Inc. , 221 F. 2d 464, 466 (2nd Cir. 1955)

❸ 例如，阿迪达斯有限公司诉晋江市帝盛鞋塑有限公司等（广东省广州市中级人民法院（2014）穗中法知民终字第 267 号民事判决书）。

（二）混淆可能性的证明方法

对混淆可能性的证明需要考虑多种因素。例如，美国 1938 年的《侵权法第一次重述》（Restatement of Torts 1938）列举了判断标识是否存在混淆可能性的 9 个基础性因素，包括：①行为人的商品、服务或营业被误认为属于对方的可能性；②对方扩张其营业而与行为人形成竞争的可能性；③行为人的商品或服务与对方的商品或服务存在共同购买者或使用者的程度；④行为人和对方的商品或服务通过相同渠道销售的程度；⑤行为人和对方的商品或服务在功能上的关系；⑥商标或商号的显著性程度；⑦在购买行为人和对方的商品或服务时通常给予商业标识的注意力程度；⑧行为人使用该标识的时间长度；⑨行为人采用该标识的主观意图。❶ 1995 年的《反不正当竞争法第三次重述》将这些基础性因素划分为三类，包括"市场因素""主观意图"和"实际混淆"。其中，"市场要素"包括六个方面：①相冲突的标识之间的相似性程度；②销售方法与分销渠道的相似性；③潜在购买者的特征与注意力程度；④在先使用者商标的显著性程度；⑤当商品或服务之间不具有竞争性时，潜在消费者预期在先使用者进军在后使用者行业领域的可能性；⑥当商品或服务在不同地域销售时，在后使用者的地域范围内消费者对在先使用者商标的知晓程度。❷

类似地，欧盟法院一直依据《欧共体商标指令》第 5（1）（a）条所列的三个相互依赖的因素评估混淆可能性，包括商标的知名度、商标或标识的相似性及商品或服务的相似性。《欧共体商标指令》在序言第十部分指出：混淆可能性的认定取决于多种因素，特别是商标的市场知名度、使用标识与注册商标之间的联系、商标之间的相似程度以及产品或服务之间的相似性构成对商标保护的特定条件。在 Lloyd Schuhfabric Myer & Co. GmbH 诉 Klijsen Handel BV 案中，欧盟法院明确了评估混淆可能性应当考虑的因素，包括消费公众在购买争议商品或服务时的注意

---

❶ Restatement of Torts § 731（1938）.

❷ The American Law Institute、Restatement of the Law Third, Unfair Competition [M]. Saint Paul：American Law Institute Publishers，1995：§§ 20–23.

力水平、商标显著性、商标使用的时间长短与流通范围及商标所占市场份额等因素。❶

我国法院认定商标侵权时同样考虑多种因素，包括商品间的关联程度、商标强度、商标间的相似性程度、相关标识使用的历史和现状、相关公众在选择商品或服务的注意力程度、被告在选用标识时的主观意图、实际混淆证据等。❷ 在山东泰和世纪投资有限公司等诉云南城投置业股份有限公司案中，最高人民法院指出："判断是否构成侵犯注册商标专用权意义上的商标近似，不仅要比较相关商标在字形、读音、含义等构成要素上的近似性，还要考虑其近似是否达到足以造成市场混淆的程度。为此，要根据案件具体情况，综合考虑相关商标的显著性、实际使用情况、是否有不正当意图等因素，进行近似性判断。"❸ 类似地，在拉科斯特公司诉鳄鱼国际机构私人有限公司等案中，最高人民法院主要从商标相似性、商标强度、商品类似性、涉案当事人双方标识共存的历史和现状、被告意图等因素认定被告的商标使用行为不构成侵权。❹

综上所述，判断标识之间是否存在混淆可能性，主要应当从商标、商品、消费者和经营者四个方面的要素进行考察和证明。

第一，商标要素。商标方面的要素主要考察：①原告商标的显著性程度。原告商标显著性越强，则越倾向于认定被告的使用具有混淆可能性。②原告商标的知名度。原告商标知名度越高，越容易认定被告使用的混淆可能性。③原告、被告商标之间在音、形、义上的近似性。两者近似性程度越高，越容易认定存在混淆可能性。

第二，商品因素。商品方面的要素主要考察：①原告、被告商品之间的类似性。两者类似性程度越高，越容易存在混淆可能性。②原告、被告商品功能上的关系。不论是互补关系还是替代关系，这种关系越密切，越存在混淆可能性。③原告、被告商品的销售渠道。销售渠道越接

---

❶ Lloyd Schuhfabric Myer & Co. GmbH v. Klijsen Handel BV，Case C–342/97（ECJ）.

❷ 李雨峰. 侵害商标权判定标准研究 [M]. 北京：知识产权出版社，2016：107.

❸ 山东泰和世纪投资有限公司、济南红河饮料制剂经营部诉云南城投置业股份有限公司案 [最高人民法院（2008）民提字第 52 号民事判决书].

❹ 拉科斯特公司诉鳄鱼国际机构私人有限公司等案 [最高人民法院（2009）民三终字第 3 号民事判决书].

近，越容易发生混淆。

第三，消费者因素。消费者方面的因素主要考察：①原告、被告商品潜在消费者群体的重叠程度。重叠程度越高，越容易存在混淆可能性。②消费者在购买该类商品时的注意力程度。注意力程度越高，越不容易发生混淆。③消费者发生实际混淆的情况。发生越多的实际混淆事例，就越能证明混淆可能性的存在。实际混淆是众多考察因素中最重要的一个，有法院甚至表示："在证明混淆可能性方面，没有什么比实际混淆更确凿的证据了。"❶

第四，经营者因素。经营者方面的因素主要考察：①原告进入被告的商业领域的可能性。这种扩张的可能性越大，则越存在混淆可能性。②被告采用与原告相同或近似的商标的意图。如果被告存在明显的搭便车意图，则越证明存在混淆可能性。

应当注意，所有这些考察因素实际上都是验证消费者是否可能对标识发生混淆的间接证据，通过对多种因素的多层面考察，推导出消费者在面对被告商标时是否发生混淆。与之相反，商标调查实验是测度相关公众对商业标识的心理认知的直接手段，能直接提供反映多数消费者心理认知的直观数据。因此，商标调查实验在混淆可能性的认定方面得到广泛应用。

三、测度混淆的调查实验模型

经过数十年的实践，在美国商标司法中已形成两个测度混淆可能性的标准模型，即 Eveready 模型和 Squirt 模型。任何测度混淆可能性的调查实验都涉及刺激物和实验场景的选择，只有选择恰当的刺激物和实验场景，才能得到客观反映消费者主观认知的数据。

（一）刺激物和实验场景的要求

在"第二含义"调查实验中，刺激物通常是经过人为处理的涉案商

---

❶ Standard Oil Company v. Standard Oil Company, 252 F. 2d. 65, 74 (10th Cir. 1958).

品，以有效地将拟测度的标识分离出来。❶ 与此相反，在混淆可能性调查实验中，基本的原则是"研究者必须以产品在市场上出现的方式展示产品——不得擅自改动"。❷ 有学者对美国联邦第二巡回上诉法院审理的商标案件进行全面的实证分析，发现在大多数采纳混淆调查实验的案件中，法院均要求刺激物要么是潜在侵权商品本身，要么是能呈现该侵权商品的任何代表物（representation），如静态或动态的图像。❸ 之所以如此，是因为商品上的任何附带信息都有可能影响消费者对商品来源的认知，如果刻意遮蔽一些说明信息而留下两个高度相似的标识，则很可能人为地提高混淆率。例如，在 General Footwear Co. 诉 American Footwear Corp. 案中，两家公司都在长筒靴上使用"Bionic"商标，原告的调查实验使用了 American Footwear 公司的海报，但该刺激物与 American Footwear 公司悬挂在各大卖场的海报存在显著差异，它将海报中"卖家 American Footwear"的字样删除了。法院认为，在原有的宣传海报中，因为有关于卖家身份的显著声明，消费者并不容易发生混淆；调查实验通过不当地改造刺激物，人为地提高了混淆率。❹ 在大量类似的案件中，法院均因调查实验人为地改变刺激物而拒绝采信混淆调查实验证据。❺

　　鉴于在调查实验中应当使用涉嫌侵权商品或其图像作为刺激物，一般情况下应当使用面对面的方式开展调查实验。不过，在早期的案件中也存在例外，原则上法院并不否定以电话调查实验方式开展的混淆调查。例如，在 McDonald's Corp. 诉 McBAGEL's 案中，原告主张被告在贝果面包烘焙餐厅使用"McBAGEL's"可能使消费者误以为该餐厅与麦当

---

❶　参见第四章的相关论述。

❷　汉斯·采泽尔，戴维·凯. 用数字证明：法律和诉讼中的实证方法［M］. 黄向阳，译. 北京：中国人民大学出版社，2008：210.

❸　MANTA I D. In Search of Validty：A New Model for the Content and Procedural Treatment of Trademark Infringement Surveys［J］. Cardozo Arts & Entertainment Law Journal，2007，24：1027，1041 – 1042.

❹　American Footwear Corp. v. General Footwear Co.，609 F. 2d 655（2nd Cir. 1979）.

❺　Jaret International，Inc. v. Promotion in Motion，Inc.，826 F. Supp. 69（E. D. N. Y. 1993）. Vista Food Exchange，Inc. v. Vistar Corp.，2005 WL 2371958（E. D. N. Y. 2005）. Revlon Consumer Products Corp. v. Jennifer Leather Broadway，Inc.，858 F. Supp. 1268（S. D. N. Y. 1994）.

劳之间存在某种关联关系或认可关系。为此，原告开展了一项电话调查。在电话调查中，调查员向受访者播放一则"McBAGEL"的广播广告，让受访者判断是哪一家企业推出该商品。法院认可了该调查实验。❶类似地，在 Quality Inns International Inc. 诉 McDonald's Corp. 案中，麦当劳为了证明 Quality Inns International Inc. 即将推出的"McSLEEP"旅店可能使消费者混淆而开展了一项电话调查。在该调查中调查员询问受访者："如果您在高速公路上驾车时看到一个叫作 McSLEEP 的旅馆（调查员要拼写出这个名称'M－C－S－L－E－E－P'），您觉得这个旅馆应该是什么样子的？"然后再接着问题："您认为哪些人或者公司拥有或者经营这个叫 McSLEEP 的旅馆？"在回答第一个问题时，19%的受访者自发地提到麦当劳；而在回答第二个问题时，有31%的受访者相信麦当劳拥有或者经营 McSLEEP 旅馆。法院采纳了该调查实验。❷

然而，电话调查实验有其固有的缺陷：调查员无法向受访者展示刺激物，使消费者像在日常购物环境中那样观察到被控侵权商品的全貌。法院之所以接受电话调查，原因有三。第一，在 20 世纪 80 年代，电台广播是普遍的、主流的广告手段，而电话调查实验正好是对电台广告的模拟。第二，以电话调查实验方式能够实现概率抽样，其结论的外部效度更佳。第三，电话调查实验也比面对面调查实验更节约成本、效率更高。不过，随着移动电话的兴起，电话调查实验的开展变得举步维艰，许多用户不再使用固定电话，调查实验专家获取潜在受访者的电话号码也不再那么便利。随着互联网的兴起，一方面，电台广告已不再是主流的广告类型；另一方面，电话调查实验的效率优势也被互联网调查实验所取代。互联网调查实验可以像电话调查实验那样高效地面向数量众多的受访者开展，更重要的是，互联网调查实验还可以方便地展示被控侵权商品的完整图形，不管是静态的还是动态的、平面的或是立体的、有伴音或者无伴音的。在新的技术条件下，由于无法从视觉上展示刺激物，电话调查实验的劣势似乎已经超过其优势，因此也就失去采信这类调查实验模式的充分理由。

---

❶ McDonald's Corp. v. McBagel's, Inc., 649 F. Supp. 1268 (S. D. N. Y. 1986).

❷ Quality Inns International, Inc. v. McDonald's Corp., 695 F. Supp. 198 (D. Md. 1988).

　　调查实验的场景原则上必须尽可能地模仿真实的购物环境，避免给受访者提供过多提示。如果在调查实验的现场环境存在不当提示，则可能起到诱导效应，扭曲调查实验结果的客观性。例如，在 Exxon Corp. 诉 XOIL Energy Res. Inc. 案中，法院批评原告的调查实验环境存在不当提示，在开展调查实验的地点周围设有原告的大型广告招牌，使受访者过多注意到原告的商标。❶ Hutchinson 诉 Essence Communications Inc. 案也非常典型。该案中，被告公司在其推出的杂志上使用 Essence 名称，并将之注册为商标。说唱歌手 Hutchinson 欲使用"Essence"为歌名，特向被告提起确认不侵权之诉。为了证明混淆可能性的存在，被告委托了一项调查实验。法院批评道，在调查实验进行的过程中，受访者都能看到一本被告提供的 Essence 杂志，这当然会不当地影响受访者给出的答案。❷

　　向受访者展示刺激物的方式也必须尽可能地模拟真实的市场环境。有些商标调查实验允许受访者在整个过程中仔细观察刺激物，这种调查实验设计被批评为将混淆调查实验转化为一种简单的"阅读能力测试"（reading test）。在正常的购物环境中，消费者通常是依凭脑海中的记忆搜寻商品信息的，很少会花费精力仔细阅读商品及包装上的每一个微小的说明文字。因此这种使受访者始终有机会反复观察刺激物的调查实验方式偏离了正常的市场环境。❸ 在另一些调查实验中，调查员向受访者展示刺激物若干秒（或几分钟）后，迅速将刺激物收回，并要求受访者作答。这种实验设计被斥为"记忆能力测试"（memory test），因为在正常的市场环境中，商品也不会在消费者将要作出购买决定的那一刻突然从其眼前消失得无影无踪。❹ 采泽尔教授中肯地指出："如果每位消费者都能极为仔细地观察每件疑似侵权产品，并读完印在容器上面的所有小

　　❶ Exxon Corp. v. XOIL Energy Res., Inc., 552 F. Supp. 1008（S. D. N. Y. 1981）.

　　❷ Hutchinson v. Essence Communications, Inc., 769 F. Supp. 541, 565（S. D. N. Y. 1991）.

　　❸ OSTBERG H D. Response to the Article Entitled, a Reading Test or a Memory Test: Which Survey Methodology Is Correct [J]. The Trademark Reporter, 2005, 95: 1446, 1449.

　　❹ SWANN J B. A "Reading" Test or a "Memory" Test: Which Survey Methodology Is Correct? [J]. The Trademark Reporter, 2005, 95: 876, 876.

字，就没有消费者会发生混淆。要求如此仔细观察的检验是没有价值的，不过，故意缩短'观察时间'的做法也是令人反感的。解决方案落在两者之间。混淆调查必须创造一个场景，就像真实的购物场景一样，涉及一些观察和阅读，但不会穷尽所有细节。调查设计者的任务就是再现这类场景。"❶ 斯旺认为，消费者的购物行为可以分为两种类型，一种是高度参与的（high involvement）、故意的（deliberate）、以思考为基础的（based on thinking），这种购物行为是"目标导向型的"（goal directed）；另一种则是低度参与的（low involvement）、随性的（spontaneous）、以感觉为基础的（based on feeling），这种购物行为则是"非目标导向型的"（non - goal directed）。对于目标导向型的购物行为，采用"阅读能力测试"更符合市场现实；而对于非目标导向型的购物行为，则应当采用"记忆能力测试"的调查实验方式。❷

（二）Eveready 模型

测度混淆可能性的第一个标准实验模型是 Eveready 模型。该模型在 1976 年的 Union Carbide Corp.（以下称为"Carbide 公司"）诉 Ever - Ready Inc. 案中首次被使用。该案中，原告 Carbide 公司自 1909 年开始就销售"EVEREADY"牌干电池、手电筒、小灯泡等产品。被告主要从事电器、文具、小礼品和首饰等商品的进口和分销，其主营产品包括台灯、灯泡、手电筒等。被告原本有自己的商标，但在 1971 年时却突然开始在台灯和灯泡产品上使用"EVER - READY"标识。为了证明被告的"EVER - READY"商标将导致消费者混淆，原告开展了一项调查实验：

问题 1：筛选问题，排除灯泡或台灯行业的人员

向受访者展示被告带有"EVER - READY"商标的台灯图片

问题 2：您认为是谁推出图中所示的台灯？

---

❶ 汉斯·采泽尔，戴维·凯. 用数字证明：法律和诉讼中的实证方法 [M]. 黄向阳，译. 北京：中国人民大学出版社，2008：204.

❷ SWANN J B. A "Reading" Test or a "Memory" Test：Which Survey Methodology Is Correct？[J]. The Trademark Reporter, 2005, 95：876, 880.

问题3：是什么让您这样认为？

问题4：请列举出推出图中所示的台灯的公司所推出的其他产品。

在该调查实验中，6名受访者在回答问题2时提到"Union Carbide"，仅占样本整体的0.6%。然而，在对问题4的回答中，有551名受访者提到"干电池"，占54.6%。在原告、被告之间，只有原告Carbide公司生产干电池。由此可见，过半数的受访者将被告的EVER－READY牌台灯与原告联系在一起了。发生混淆的总人数应该是557人，占总人数的55.2%。法院评价道："侵犯商标权的判断标准是消费者是否将商品与Carbide公司或者生产EVEREADY产品的唯一但匿名的来源联系在一起。那些认为Carbide公司的产品是由生产图示灯泡或台灯的同一家公司生产的受访者，应该被作为发生混淆的情形。"❶

一般认为，当在先商标的显著性和知名度较高时，Eveready模型特别适用。因为该模型未告知受访者在先商标是什么，而是假定受访者根据过往的购物经验已然对在先商标有所了解。❷ 对于问题2，如果受访者回答出商标在先使用者的企业名称，这就直接说明了在后使用者的商标已经使消费者发生混淆。对于问题4，如果受访者回答出仅由商标在先使用者生产的商品，这就意味着受访者将商标在后使用者的商品与商标在先使用者联系在一起，尽管受访者未必知道商标在先使用者的企业名称，但混淆已经发生。这也符合商标法上的"匿名来源规则"。斯旺评价道："在涉及强商标（strong mark）的案件中，Eveready模型应被看作是测度基本认知和营销理性的黄金标准（golden standard）"，"对于强商标而言，Eveready模型是测度混淆可能性的相关、可靠且客观的模型。"❸

（三）Squirt模型

测度混淆可能性的第二种标准模型是Squirt模型。该模型在1980年

---

❶ Union Carbide Corp. v. Ever－Ready, Inc., 531 F. 2d 366, 387 (7th Cir. 1976).

❷ MCCARTHY J T. McCarthy on Trademarks and Unfair Competition [M]. 4th ed. Eagan: Thomson Reuters, 2012: § 32: 173. 50.

❸ SWANN J B. Likelihood of Confusion Studies and the Straightened Scope of Squirt [J]. The Trademark Reporter, 2008, 98: 739, 746.

的 Squirt Co. 诉 Seven – Up Co. 案中首次使用。该案中，Squirt Co. 自 1937 年始一直在其碳酸葡萄汁上使用"SQUIRT"商标，而 Seven – Up Co. 在 1977 年推出了一款商标为"QUIRST"的柠檬非碳酸软饮料。原告认为被告的商标可能导致消费者混淆，于是提起诉讼。为此，原告在芝加哥开展了一个调查实验：

向受访者播放 SQUIRT 软饮料、QUIRST 软饮料、LYSOL 消毒剂和 KRAFT 芝士的 4 则电台广告。然后询问受访者：

问题 1：您认为 SQUIRT 和 QUIRST 是由同一家公司还是由不同公司推出的？

问题 2：是什么让您这么认为？

在 152 名受访者中，有 51 名认为 SQUIRT 软饮料和 QUIRST 软饮料是由同一家公司推出的，占 34%；而 84 人认为两者是由不同的公司推出的，占 55%。法院认为，34% 的混淆率已足以作为认定被告侵犯原告商标权的基础。❶

一般认为，当争议商标知名度和显著性不高的情况下，Squirt 模型是测度混淆可能性的最佳模型，因为 Squirt 模型向受访者同时展示了争议商标，并未预设受访者知晓和熟悉在先使用者的商标。斯旺评论道："当争议商标都比较弱〔作者注：指显著性和知名度均较低〕，但在市场上通常会同时出现或先后出现、可供消费者比较时，Squirt 模型是测度混淆可能性的替代模型。"❷

（四）不可用于测度混淆可能性的调查实验模型

在长期的司法实践中，也有一些调查实验模型已被法院明确否定，不能用于测度标识间的混淆可能性。

1. 直接询问模式

一种最为直白的调查实验方式是，首先向受访者展示原告、被告商

---

❶ Squirt Co. v. Seven – Up Co. , 628 F. 2d 1086, fn. 4 (8ᵗʰ Cir. 1980).

❷ SWANN J B. Likelihood of Confusion Studies and the Straightened Scope of Squirt〔J〕. The Trademark Reporter, 2008, 98：739, 755 – 756.

标，然后直接询问："您认为这两个商标会发生混淆吗？"这种调查实验方式是不能用于测度混淆可能性的，因为它具有明显的诱导性：一方面，受访者原本可能根本不觉得两个商标有混淆之处，但经调查员特意提醒后，将更多地关注两个标识之间可能导致混淆的那些因素，所以不适当地提高了混淆率；❶ 另一方面，"容易产生混淆"似乎体现了一个人辨识能力的低下，所以这样的提问又可能诱导一部分受访者作出否定的回答，人为地降低了混淆可能比率。❷ 因此，直接询问模式无法对相关消费者对争议商标的主观认知作出一个比较客观、真实的评估。

2. Exxon 模型

另一种不能用于测度混淆可能性的调查实验被称为"单词联想实验"（word association test）。该实验模型曾在 1980 年的 Exxon Corp.（以下称为"Exxon 公司"）诉 Texas Motor Exchange of Houston Inc.（以下称为"Texas Motor Exchange 公司"）案中受到美国联邦第五巡回上诉法院认可，因此又被称为"Exxon 模型"。该案中，原告 Exxon 公司自 1972年开始在多类汽车产品上注册使用 EXXON 商标。随后，被告 Texas Motor Exchange 公司将其商标更改为 TEXXON。原告认为被告的这一行为将使消费者对原告、被告商标发生混淆。为此，原告开展了一项混淆调查：

[调查员向受访者展示带有 TEXXON 商标的商品图片]
问题 1：当看到这个标识时，您首先想到的是什么？
问题 2：标识中的什么东西让您作出这个回答？
[如果在回答问题 1 时未提到公司名称，继续询问问题 3]
问题 3：当看到这个标识时，您首先想到哪个公司？
问题 4：标识中的什么东西让您提到这个公司？

该调查实验的逻辑在于，如果受访者在看到在后使用者的商标时能够想到在先使用者，这就意味着两者的商标是存在混淆的。在对问题 2

---

❶ BOAL R. B. Techniques for Ascertaining Likelihood of Confusion and the Meaning of Advertising Communications [J]. The Trademark Reporter, 1983, 73: 405, 405.

❷ SIMONSON I. The Effect of Survey Method on Likelihood of Confusion Estimates: Conceptual Analysis and Empirical Test [J]. The Trademark Reporter, 1993, 83: 364, 365.

和问题 4 的回答中，多数受访者表示他们产生联想的原因是原告、被告标识之间的相似性，而研究表明标识的相似性与混淆可能性之间存在正相关。❶ 既然标识的相似性既会导致联想（即"首先想到的是什么"），也会导致混淆，那么通过询问"首先想到什么"来作为测度混淆可能性的替代性指标，似乎是合理的。在该案中，美国联邦第五巡回上诉法院认可了 Exxon 模型，认为该模型设计"确保了有效的民意测验"❷。

不过，这与该院在其他案件中对此类调查实验模型的评价都不一致。在同类案件中，该院通常认为："仅仅向受访者展示商标并询问其'想到了什么'的调查实验，在本巡回区没有什么证明价值……这些调查实验不过是一个'单词联想测试'"。❸ 例如，在 Holiday Inns Inc. 诉 Holiday Out in America 案，原告委托的调查员首先向受访者展示带有 HOLIDAY OUT 标识的宣传海报，并询问其在看到该宣传海报时首先想到了什么。法院认为因为两个标识都含有"Holiday"这个单词，这种联想当然会发生；调查实验并不能证明两个标识之间的相似性确实导致了潜在消费者的混淆。产生联想并不意味着发生混淆。❹

应当说，美国联邦第五巡回上诉法院在 Exxon 模型之前的认识是更准确的。首先，"联想"和"混淆"是两种完全不同的心理状态。有时商标之间也许是相似的，但消费者却绝对不会认为两者来源于同一家公司。例如，当受访者看到 Wanasonic 这个虚构的标识时，很可能会联想到与之最接近的 Panasonic 商标。但 Wanasonic 与 Panasonic 无论在发音还是在书写上都存在明显的区别，消费者非常不可能将两者混淆在一

---

❶ LUCE R D. Detection and Recognition [M] //LUCE R D, BUSH R R, GALANTER E, et al. Handbook of Mathematical Psychology [M]. New York: John Wiley & Sons, Inc., 1963: 103 – 189.

❷ Exxon Corp. v. Texas Motor Exchange of Houston, Inc., 628 F. 2d 500, 507 (5ᵗʰ Cir. 1980).

❸ Exxon Corp. v. Texas Motor Exchange of Houston, Inc., 628 F. 2d 500, 507 (5ᵗʰ Cir. 1980).

❹ EVANS L E J, GUNN D M. Trademark Surveys [J]. The Trademark Reporter, 1989, 79: 1, 9 – 11.

起。由此，Exxon 模型就必然会人为地提高混淆率。❶ 另外，受访者在看到在后使用者的商标时，能够联想到在先使用者的商标，这恰恰表明，受访者能够有效地区分在先使用者的商标和在后使用者的商标。换言之，如果受访者真地发生混淆，那么在后使用者的商标是不可能使受访者准确地提到在先使用者的商标的。例如，当看到 Ever‑Ready 商标时，恰恰只有那些不发生混淆的受访者才能表明自己会联想到"Eveready"商标。西门森教授（Itamar Simonson）通过实证研究表明，Exxon 模型明显夸大了混淆率，非常不适合用于混淆可能性测度。❷

在 Exxon 案中，法院似乎认为，由于 Exxon 模型增加了问题 2 和问题 4，即进一步询问受访者标识中的哪些要素使其产生联想，如此就能保证该模型反映了消费者发生心理混淆的情况。但这一判断似乎无法成立，问题 2 和问题 4 仅仅让我们知道是什么因素导致消费者发生联想，而大部分受访者的回答是标识之间的相似性导致他们产生联想。如前所述，联想不等于混淆，两者仍然是两种完全不同的心理认知状态。❸

Exxon 模型唯一的价值在于，当调查实验结果显示消费者根本不会在两个标识间产生联想时，那么他们也就更不可能发生混淆，由此可以作为证明不存在混淆可能性的证据。但反过来从存在联想直接推出存在混淆，则不能成立。❹

3. 具有诱导性的认可关系、关联关系混淆测度模型

在测度被控侵权商标是否导致消费者发生认可关系混淆时，调查实验模型应当让受访者自己作出回答，即由受访者自己提出在先使用者的商标，方可作为存在认可关系混淆的证据，而不能在提问中为受访者提供不当暗示。例如，在 Universal City Studios Inc. 诉任天堂公司（Ninten-

---

❶ SIMONSON I. The Effect of Survey Method on Likelihood of Confusion Estimates：Conceptual Analysis and Empirical Test［J］. The Trademark Reporter, 1993, 83：364, 368.

❷ SIMONSON I. The Effect of Survey Method on Likelihood of Confusion Estimates：Conceptual Analysis and Empirical Test［J］. The Trademark Reporter, 1993, 83：364, 385.

❸ EVANS L E J, GUNN D M. Trademark Surveys［J］. The Trademark Reporter, 1989, 79：1, 9–11.

❹ BOAL R B. Techniques for Ascertaining Likelihood of Confusion and the Meaning of Advertising Communications［J］. The Trademark Reporter, 1983, 73：405, 416.

do Co.）案中，原告为了证明消费者误以为被告任天堂公司的 Donkey Kong 游戏已获得了其电影《金刚》（*King Kong*）的授权而进行了一项调查实验。该调查实验的核心问题是："据您所知，*Donkey Kong* 游戏是否获得了拍摄《金刚》的公司的授权或许可？"法院认为，该提问具有明显的诱导性，它使原本没有发生认可关系混淆的受访者在经过提示后也产生了这方面的混淆，从而不当地提高了混淆比率。❶ 又如，在 Beneficial Corp. 诉 Beneficial Capital Corp. 案中，原告主张被告使用 "Beneficial Capital" 这一名称将导致消费者误以为其服务与原告之间存在关联关系，因此委托了一项调查实验。该调查实验的核心问题是："您认为 *Beneficial Capital Corp.* 和 *Beneficial Finance System Companies* 之间可能或者不可能存在关联关系？"法院认为："首先，该问题的提问方式具有明显的'诱导性'，不宜用于发现被询问者不受影响的反应。该调查实验证明的无非是两个名称之间是相似的，这个因素其实并无争议。一般大众会假设，在缺乏其他信息的情况下，两家名称相近的公司很可能存在商业联系"。❷ 问题在于，名称上的相近可能会被其他信息上的不同所抵消，从而消除混淆。在真实市场上，消费者能知晓金融服务行业通常会使用 "Beneficial" 这一通用词汇，而同时使用该词汇的服务并不一定是同一公司或者有关联关系的公司所推出的。❸

四、混淆调查实验模型的改进

（一）标准调查实验模型的缺陷

与所有其他调查实验模型一样，测度混淆可能性的标准调查实验模型也不是完美的，其存在一些固有的缺陷和弱点。清楚了解这些缺陷和弱点，能够帮助我们理解在商标司法中应当在什么情况下以及在多大程

❶ Universal City Studios, Inc. v. Nintendo Co., 746 F. 2d 112 (2nd Cir. 1984)

❷ Beneficial Corp. v. Beneficial Capital Corp., 529 F. Supp. 445 (S. D. N. Y. 1982).

❸ MANTA I D. In Search of Validity: A New Model for the Content and Procedural Treatment of Trademark Infringement Surveys [J]. Cardozo Arts & Entertainment Law Journal, 2007, 24: 1027, 1057.

度上依赖这些调查实验模型所得到的数据来作为混淆可能性的证据。

1. Eveready 模型的缺陷

Eveready 模型的第一个核心问题询问受访者"您认为是谁推出该商品的",实际上要求受访者准确说出生产者的名称和身份。这一要求与商标法的"匿名来源规则"不符。商标法仅要求商标能够起到指示来源的作用,并不要求消费者不仅知道该商标指向某一特定的生产者,还要知晓该生产商是谁。这种提问方式是对消费者的一种高要求,可能人为地降低混淆率。

为了补救这一问题,Eveready 模型的第二个核心问题是"请列举出推出该商品的公司所推出的其他商品"。该问题弥补了第一个核心问题违反"匿名来源规则"的缺陷,通过邀请受访者回答出生产该商品的公司所生产、销售的其他商品,来表明受访者是否将被控侵权商品与原告产生联系,而不需受访者指明原告的名称和身份。在最初采用 Eveready 模型的 Union Carbide Corp. 诉 Ever‑Ready Inc. 案中,恰恰是该问题设计"挽救"了原告。调查实验中的受访者多数无法明确说出原告的名称,却能将被告的商品与只由原告特有的商品联系起来,表明消费者确实误以为被告的商品来自原告。

但是,这一设计首先要求原、被告之间的产品存在差异,原告必须生产某种被告不生产的商品,才有可能通过这种方式识别消费者混淆。如果原告、被告生产的产品完全相同,则该问题将失去效用。其次,原告还需要具备相当知名度,即受访者首先必须熟知原告的商标及商品,在看到被控侵权商品时,才有可能联想到原告及其特有的商品。最后,该调查实验对市场占有率大的企业特别有利,人们已经习惯了市场上同类商品由少数几家大公司提供,当被问及相关商品是"由谁推出的"时,自然就会联想到这几家市场占有率较高的公司。这时,他们的回答可能完全是基于猜测,而非基于真实的认知。

2. Squirt 模型的缺陷

Squirt 模型的核心问题询问"您认为 A 商标和 B 商标是由同一家公司还是由不同的公司推出的"。这种提问方式常常会被认为具有诱导性:通过刻意将系争商标放在同一个问题中,起到了强调作用;即便受访者在正常的市场环境中原本不会产生混淆的联想，此时经过特别提醒，反而会更加注意两个商标的相似之处，诱发混淆。当原告、被告商标在音、形、义上确有相似之处时，受访者当然倾向于选择两者是由同一公司推出的。由此，Squirt 模型将人为地提升混淆比率。

此外，混淆的应有之义是，消费者原本拟购买商标在先使用者的商品，却因在后使用者使用了与在先商标近似的商标，而误购在后使用者的商品。然而，在 Squirt 模型中，受访者很可能完全不知晓原告商标，却基于原告、被告商标在音、形、义上的相似性，认定二者是由同一公司推出的。换言之，Squirt 模型测度的不是"混淆"，而是"近似"，即在受访者看来，两个标识看起来是不是相近的。然而，"近似"不能等同于"混淆"，"近似"只是引发"混淆"的其中一个因素。

（二）混淆调查实验的改进

鉴于测度混淆可能性的标准模型仍然存在缺陷，许多调查实验专家数十年来一直努力尝试开发新的混淆调查实验模型，以提升混淆调查实验的准确性与客观性。采泽尔教授指出，测度通用名称的调查实验模型没有太多选择，因为判例法已经为其设定了一条很窄的道路；但测度混淆可能性的调查实验则更加复杂，且更少约束，因此可以用于测度混淆可能性的调查实验模型也更加"五花八门"。❶

1. 分阶段商标识别实验（two-phase test）

分阶段商标识别实验是对 Squirt 模型的改进。Squirt 模型最为人诟病之处在于它刻意将原、被告商标放在一起，不当地暗示着两个商标之间存在某种关系，人为地提高了混淆率。解决该问题最好的方法是加入对照组，将该调查实验模式可能存在暗示的"噪声"予以消除。Storck USA L. P. 诉 Farley Candy Co. 案中的调查实验即具有代表性。在该调查实验中，调查员首先在 A 实验室向受访者展示了原告的涉案商品。稍作休息后，受访者被带到 B 实验室，调查员再向受访者展示若干商品，其中包含了被告的糖果。调查员问："您认为 1 号（2 号、3 号……）糖果

---

❶ 汉斯·采泽尔，戴维·凯. 用数字证明：法律和诉讼中的实证方法［M］. 黄向阳，译. 北京：中国人民大学出版社，2008：202.

是由生产我刚才在 A 房间展示给您看的那种糖果的同一家公司生产的吗？还是由其他公司生产的？"如果受访者回答"是"，则进一步追问："是什么让您认为 1 号（2 号、3 号……）糖果是由生产我刚才在 A 房间展示给您看的那种糖果的同一家公司生产的？"在该案中，34% 的受访者将原、被告的商业外观联系在一起，法院认为这足以证明消费者已经发生混淆。❶

该调查实验模式有两个优点。第一，它模拟了真实的市场环境。通常，消费者会在过往的消费活动或广告宣传中接触到原告的商标，而随后在未来的某个时刻又在其他消费环境中遇到被告的商标。原、被告的商品和商标不一定会在同一时间出现在同一购物场景中。所以，分阶段、在不同实验室向受访者展示原、被告的商标和商品，更接近于真实市场的购物场景。第二，在展示被告商品和商标的同时展示多款与该案无关的同类商品，既符合真实市场的购物环境，又能够形成有效的对照组。如果受访者认为其他与该案无关且明显不相似的商标也是来源于原告，则该部分混淆比例应该被看作是"噪声"。只有将原、被告商标的混淆比例减去该部分"噪声"的混淆比例后得到的"净"混淆率，才能作为认定存在混淆可能性的依据。

2. 店内优惠券实验（In - store Coupon Test）

店内优惠券实验模型被称为是"第一次非常接近商场实际情况的混淆实验"❷。这种实验模型的具体操作是：在商场里并排放置两个陈列架，一个放正品，另一个放被控侵权商品。进店的顾客都会得到一张优惠券，可以按照折扣价购买正品。在兑现购物券的收银台旁边，由一名调查员判断消费者从货架上选择的是正品还是被控侵权商品。顾客错误选择被控侵权商品的频率可以作为计量混淆的指标。

这一实验模型在司法实践中取得非常好的效果。在 California Cooler Inc. 诉 Loretoo Winery Ltd 等案中，"CALIFORNIA COOLER"是原告最早推出的预先混合镇酒冰壶的品牌；而被告在不久之后也推出"CALI-

---

❶ Storck USA, L. P. v. Farley Candy, 797 F. Sup. 1399（N. D. Ill. 1992）.

❷ 汉斯·采泽尔，戴维·凯. 用数字证明：法律和诉讼中的实证方法［M］. 黄向阳，译. 北京：中国人民大学出版社，2008：203.

FORNIA Special COOLER"牌的镇酒冰壶。为了证明被告的商标造成消费者混淆,采泽尔教授设计了一个店内优惠券实验。该实验在伊利诺伊州的一家酒类商店开展,该商店在正常营业时原本就有销售"CALI-FORNIA COOLER""CALIFORNIA Special COOLER"和该案未涉及的其他品牌的镇酒冰壶。在一个周六的下午1点到6点,一位调查员给每位进店的顾客发放一张优惠券,允许顾客以1美元的价格购买四件装的"CALIFORNIA COOLER"镇酒冰壶(比原价节约了2美元)。优惠券上还声明"本日特惠",每位顾客仅限购两套四件装。顾客在门口收到优惠券之后开始正常购物,另一位调查员在收银台,在每位顾客兑现购物券的时候记录该顾客选择的具体商品。该实验仅包含发放优惠券和记录顾客选择结果两个环节,店铺布局和正常购物过程都没有发生变动。共有106名顾客在5小时的时间内兑现了优惠券。其中大约2/3(即68%)正确选择了"CALIFORNIA COOLER"牌镇酒冰壶,但试图兑现购物券购买"CALIFORNIA COOLER"牌镇酒冰壶的顾客中有29%选择了"CALIFORNIA Special COOLER"。法院据此认为,被告的商标已经足以构成与原告商标的混淆,因此侵犯了原告商标的专用权。❶

在前述 Squirt Co. 诉 Seven - Up Co. 案中,实际上原告公司也委托了一项店内优惠券调查实验。在选定的商店中,每位进场的消费者都会得到一张可用50美分购买六罐装(每罐12盎司)的 SQUIRT 和 QUIRST 软饮料的优惠券,用于鼓励消费者购买这两款软饮料。在顾客完成购物、通过结算台、包好购买的物品并准备离开时,他会被调查员拦住并询问一系列问题。

问题1:在您进入食品杂货店时是否得到了这样一张优惠券?[在问问题的同时调查员会展示上述50美分优惠券]

[对回答"是"的受访者继续询问问题2]

问题2:您使用了该优惠券吗?

[对回答"是"的受访者继续询问问题3]

问题3:除开可乐味外,您购买了什么牌子的6灌装12盎司非酒精

---

❶ California Cooler, Inc. v. Loretto Winery, Ltd. & APAM, Inc. , 774 F. 2d 1451 (1985).

饮料？

[对问题3的回答，调查员必须逐字逐句地（verbatim）记录在问卷上。然后接着问问题4]

问题4：我可以看看您所购买的六罐装×牌［×牌，按照受访者对问题3的回答］软饮料吗？我知道解开您购买的货物不是很方便，所以，如果您可以让我看看您购买的饮料我将给您一张价值3美元的礼券用于在7月30日之前您在此商店购买3美元及以上的商品。

[调查员须原原本本地记录他所看到的受访者所购买的12盎司非酒精饮料的牌子]

总共有1016人接受调查，其中884人对问题2回答"是"，也就是使用了50美分的优惠券。在使用了优惠券的884人中有839人回答了问题3，即确认了他们购买饮料的牌子，并且让调查员检查了他们购买的饮料。在839人中，有70人回答他们购买了SQUIRT，在这70人中，65人确实依照问题4展示了SQUIRT；3人说他们购买了SQUIRT，实际上却购买了QUIRST；另有2人说他们购买了SQUIRT，实际上却买了SPRITE。因此，在70人中有4.3%在实际购买了QUIRST的情况下说他们购买了SQUIRT。基于对店内优惠券调查模型的信任，法院认为："本庭不认为SQUIRT和QUIRST之间4.3%的出错水平是微不足道或者统计上无意义的……根据这些考虑，我们的结论是，被告对原告的SQUIRT商标构成了侵权，因为QUIRST很可能造成混淆、误认和欺骗。"❶

此外，博尔（Boal）也称店内优惠券调查实验是"证明混淆的最精确的技术"，并记录了成功运用该实验模式证明混淆可能性的真实判例。❷

3."秘密购物者"调查实验（Mystery Shopper）

在Lon Tai Shing Co. v. Koch + Lowy案中，原告为了证明被告的台灯仿冒其昂贵的高档卤素灯而开展了一项调查实验。在该调查实验中，

❶　约翰·莫纳什，劳伦斯·沃克．法律中的社会科学［M］．6版．何美欢，樊志斌，黄博，译．北京：法律出版社，2007：102－103．

❷　BOAL R B. Techniques for Ascertaining Likelihood of Confusion and the Meaning of Advertising Communications［J］. The Trademark Reporter, 1983, 73: 405, 407.

调查员伪装为普通购物者进入商场，然后向店员展示原告台灯的图片，告知店员其打算替朋友购买图片中的台灯，希望店员告诉他该款台灯的位置。店员错误地将调查员引导至被告台灯所在处，或错误地向调查员出示被告台灯，即可视为发生混淆。法院对该调查实验方法大加赞赏，认为这一方法"非常接近于真实的市场环境"，调查实验结果也支持了侵权成立的结论。❶

类似地，在 La Victoria Foods 诉 Curtice - Burns 案中，原告也委托了一项"秘密购物者"调查实验。该案中，原告自 1968 年以来一直在销售、广告和推销其 SALSA SUPREMA 牌墨西哥风味沙司。被告于 1984 年 7 月开始使用 LA SUPREMA 商标销售墨西哥风味的沙司和玉米粉圆饼片。原告在西雅图 - 塔科马地区的市场中随机接触了 10 名食品杂货店店员，并询问他们"LA SUPREMA 沙司"放在何处。10 位中的 7 位帮助她指向了墨西哥食物区，而 LA SUPREMA 沙司实际上是在商店的油炸薄片及休闲食品区。该调查实验表明，负有协助消费者职责的商店工作人员自己都把这些产品弄混了。❷ 一般认为，经销商、从业人员相比一般消费者更熟悉各种商标及其提供者。如果调查实验显示经销商和从业人员未发生混淆，并不能以此推出消费者也未发生混淆；相反，如果连经销商和从业人员都发生了混淆，那么一般消费者就更可能发生混淆了。

4. 测度认可关系的调查实验

对于认可关系的混淆，传统上用于测度来源混淆的模型无法适用。例如，假设麦当劳未经许可就在其带有著名金色 M 字商标的汉堡包外包装上使用迪士尼公司的米老鼠形象，如果用 Eveready 模型询问受访者："您认为哪家公司推出该商品"，受访者多半能不假思索地回答"麦当劳"；如果采用 Squirt 模型，询问受访者："您认为 M 标识汉堡包和带米老鼠图像的汉堡包是同一家公司推出，还是由不同公司推出的"，受访

❶ Lon Tai Shing Co. v. Koch + Lowy, 19 U. S. P. Q. 2d 1081, 1093 - 1097（S. D. N. Y. 1990）.

❷ 约翰·莫纳什，劳伦斯·沃克. 法律中的社会科学［M］. 6 版. 何美欢，樊志斌，黄博，译. 北京：法律出版社，2007：106.

者很大可能也会选择"由不同公司推出"。原告、被告行业领域的较大距离使消费者不易产生来源混淆。这一现象在体育产品上尤为显著。例如，许多运动队、俱乐部、体育明星将自己的标识授权给运动产品制造商，从商品来源的角度看，由于运动队、俱乐部、体育明星自己不从事运动产品的生产、批发、零售，消费者原本就不可能认为相关运动产品直接来源于运动队、俱乐部或球星。但是，当代流行的营销实践又使消费者非常熟悉品牌授权、特许、许可等商业模式，因此，消费者虽然不发生来源混淆，却有可能发生认可关系混淆。以前述麦当劳未经许可使用迪士尼米老鼠形象的虚拟假设为例，消费者虽然知道汉堡包是麦当劳的产品并非迪士尼的产品，却很可能误以为麦当劳与迪士尼之间存在某种授权、许可的合作关系。这种授权许可的合作关系在现代品牌运营实践中具有重要的经济价值。

　　如何测度这种可能存在的认可关系混淆？到目前为止，已出现两种存在细微差别的测度模型。第一种模型的提问模式如下：

　　[向受访者展示被控侵权商品或其广告]
　　问题1：您认为该商品是否已经获得其他公司的许可？
　　[对回答"是"的受访者进一步追问]
　　问题2：您认为该商品已经获得哪一家公司的许可？
　　问题3：为什么您会这样认为？

　　通过问题1、问题2，受访者有可能表达内心存在的认可关系混淆。而问题3进一步确认带来这种认可关系混淆的因素是什么：导致认可关系混淆的因素有很多，可能是商品的造型、销售渠道和商业标识的近似；只有当这种混淆是由商业标识带来的，才能证明商标侵权的成立。在美国司法实践中，有相当数量涉及认可关系混淆的案件采用该调查实验模型。❶

　　不过，有学者也指出这种商标调查实验模型的缺陷。该模型的问题在于其提问中使用了"已经获得"的表述。然而，除非受访者亲身参与

――――――――――

❶　例如，Novo – Nordisk of N. Am. v. Eli Lilly & Co. , 1996 WL 497018 (S. D. N. Y. 1996)；NFL Properties Inc. v. ProStyle Inc. , NO. 96 – C –1404 (E. D. Wis. 1997).

到授权许可的谈判与签约过程，或者该品牌授权许可在媒体上得到广泛报道，否则受访者无从知晓一家公司是否"已经获得"另一家公司的许可。所以，如果受访者实事求是地回答，他们只能回答"我不知道"。而不论回答"是"或者"否"，受访者更可能是基于猜测来回答这一问题的。受访者以猜测代替实事求是的回答，这是问卷调查的大忌。❶

第二种调查实验模型在措辞上与第一种调查实验模型有细微差异：

[向受访者展示被控侵权商品或其广告]

问题1：您认为该商品是否需要获得其他公司的许可？

[对回答"是"的受访者进一步追问]

问题2：您认为该商品需要获得哪一家公司的许可？

问题3：为什么您会这样认为？

通过对具体措辞的修改，受访者不再需要知晓涉案公司是否已经获得另一家公司授权许可的客观事实。他们所应回答的，只是他们关于这种授权许可关系的意见。如果受访者认为被控侵权者需要获得原告的授权许可，就意味着认可关系混淆的存在。这种商标调查实验模式获得商标法权威麦卡锡教授的认可，❷ 也是商标调查实验的著名专家雅各比教授所力推的调查实验模型。❸ 相当数量涉及认可关系混淆的商标案件采用这一调查实验模型。❹

5. 模拟选择模型（Simulated Choice Format）

测度消费者混淆的标准模型均将受访者的注意力引导到涉案的商标上，例如，在展示涉案商标后询问受访者"是谁推出该商品"

---

❶ JACOBY J. Sense and Nonsense in Measuring Sponsorship Confusion [J]. Cardozo Arts & Entertainment Law Journal, 2006, 24: 63, 69.

❷ MCCARTHY J T. McCarthy on Trademarks and Unfair Competition [M]. 4th ed. Eagan: Thomson Reuters, 2012: § 32: 175.

❸ JACOBY J. Sense and Nonsense in Measuring Sponsorship Confusion [J]. Cardozo Arts & Entertainment Law Journal, 2006, 24: 63, 68 – 70.

❹ 例如，NFL Properties, Inc. v. Wichita Falls Sportswear, Inc. , 532 F. Supp. 651 (W. D. Wash. 1982)；HBO, Inc. v. Showtime/ The Movie Channel, Inc. , 832 F. 2d 1311 (2nd Cir. 1987)；Indianapolis Colts, Inc. v. Metropolitan Baltimore Football Club Ltd. , 34 F. 3d 410 (7th Cir. 1994)；Schieffelin & Co. v. Jack Co. Of Boca, Inc. , 850 F. Supp. 232 (S. D. N. Y. 1994).

（Eveready 模型），或者"您认为它们是由同一个企业推出，还是由不同企业推出的？"（Squirt 模型）这两种调查实验模型都存在一个突出的问题，即使受访者产生一些他们在正常的购物过程中并不会产生的联想。换言之，标准实验模型并不能尽可能地模拟真实的市场环境。

为了使调查实验更接近真实的购物过程，西门森教授首先构想了模拟选择模型。[1] 该模型的操作方式是：首先向受访者展示被控侵权商标和若干个同类商品的商标，但其中不包括原告的商标；然后询问受访者，如果他们需要购买相关的商品，他们会选择哪一个品牌，并阐明选择的理由；随后向受访者进一步追问关于这些品牌的问题，包括：①各个品牌的优缺点；②推出每个品牌的公司还推出其他什么商品及商品的特征；③他们在过去是否使用过这些品牌的商品；④他们对这些品牌的广告的看法等。

该模型的合理性在于，第一，对不同品牌的特征进行评估和选择，这是消费者在正常购物过程中都会进行的心理活动，因此模拟选择模型再现了消费者的正常购物过程。第二，让受访者对所展示的每个商标作出评价，并询问这些商标的相关特征；如果受访者在评价被控侵权商标时，所描述的特征却全部属于原告商标，这就意味着受访者在被控侵权商标与原告商标之间发生了混淆。该调查实验根本没有提及原告商标，因此没有人为地诱导受访者对原、被告商标产生联系。相反，实验过程只是观察受访者对被控侵权商标的商品、生产者、广告等特征的评价，使受访者在未受干扰和提示的情况下阐明自己的心理状态；至于其是否发生混淆，则由实验人员从旁观察、客观记录，而不需由受访者自己表达出来。

不过，这一调查实验模型也有其缺点。首先，这一实验得以成功的前提是原、被告的商品、生产者、广告等方面存在显著的区分性特征。如果原、被告在各方面都比较接近，调查员就无法区分受访者对原、被告的商品是否发生混淆。其次，对于受访者是否发生混淆，是由调查员从旁观察并客观记录的，但这里所谓的"客观记录"，实际上又依赖于

❶　SIMONSON I. The Effect of Survey Method on Likelihood of Confusion Estimates：Conceptual Analysis and Empirical Test ［J］. The Trademark Reporter, 1993, 83：364, 371 – 372.

调查员的主观判断。受访者对被控侵权商标的商品、生产者、广告等特征的描述，仅是间接地反映了他们是否发生混淆的心理状态，不同调查员对这种心理状态的判断可能有所不同。因此这一调查模式可能存在一定的不确定性。目前为止，几乎没有已公布的判例使用模拟选择调查实验模式，换言之，该模型只是一种理论上的设想。

五、小结

"混淆可能性"是认定侵犯商标权行为成立的核心要件。根据不同的标准，混淆的类型可以分为：①正向混淆与反向混淆，②来源混淆、关联关系混淆与认可关系混淆，③售前混淆、售中混淆与售后混淆。混淆类型的不同影响了调查总体和调查实验模式的选择。传统上，混淆可能性应当从商标、商品、消费者和经营者四方面的相关要素加以综合考量，但这些因素仅仅是证明混淆可能性存在的间接证据。相反，商标调查实验是直接测度相关公众混淆可能性的科学方法。在长期的司法实践中，已经形成 Eveready 模型和 Squirt 模型两个测度混淆可能性的标准调查实验模型。与测度其他问题的调查实验模型一样，这两个模型也有其缺陷和弱点。为此，在司法实践和学术研究中，调查实验专家和学者们提出了分阶段商标识别实验、店内优惠券实验、"秘密购物者"实验、测度认可关系的调查实验以及模拟选择模型等调查实验模型。其中，一些模型已经获得法院的认可，有些则仍只是理论上的设想。

根据商标法的规定，只要有实质数量（substantial number）的相关消费者发生混淆，即可认定存在混淆可能性，进而认定商标侵权成立。而"实质数量"通常并不要求达到"大多数"（majority）。在美国的司法中，法院将该法律规则转化为量化标准：一般认为，当调查实验的结果显示存在 15% 的混淆率，即可认定侵权成立。❶

不过，也有学者对司法中普遍采用的"15% 规则"提出质疑。热尔韦教授（Daniel Gervais）和拉茨科（Julie M. Latsko）认为，如果调查

---

❶ JACOBY J. Trademark Surveys：Designing, Implementing, and Evaluating Surveys［M］. Chicago：ABA Book Publishing，2013：390.

实验显示只有15%的相关消费者发生混淆，那就意味着其实还有85%的相关消费者不发生混淆。如果因15%的混淆率而禁止被控侵权商标的使用，可能带来三方面的不利后果：一是限制言论自由，使经营者可以使用的词汇受到极大限缩；二是压制市场竞争，使商标权人获得过强的市场垄断；三是阻碍技术进步，尤其是一些新的互联网品牌推广技术（如竞价排名）的应用和发展。为此，两位学者主张在评估混淆可能性时，不能仅关注那部分发生混淆的相关消费者，而应关注全体相关消费者的利益。他们提出对 C × SC 与 NC × LL 进行衡量的评估法则。其中，C（percentage of confused consumer）指"发生混淆的相关消费者百分比"，SC（strength of the Plaintiff's confusion case）表示"在这些发生混淆的相关消费者中感到混淆的程度"，NC（percentage of nonconfused consumers）表示"未发生混淆的相关消费者百分比"，LL（level of the loss）表示"未发生混淆的相关消费者可能因禁止被控侵权商标的使用而可能遭受的损失"。

在具体的操作中，两位学者建议在现有的调查实验中加入测度 SC 和 LL 的问题。其中测度 SC 的问题可以是："被控侵权的标识在哪些方面（视觉、听觉或交互界面）导致消费者混淆？"通过该开放式的问题，由两名统计员对混淆程度进行 0 ~ 10 分的打分。测度 LL 的问题可以是："被控侵权标识是否阻碍通过互联网寻找您想要找的产品？如果是，阻碍的程度和时间如何？被控侵权标识是否改善了您在互联网中想要找到所要产品的体验？"同样地，由两名统计员对该开放式问题的答案进行 0 ~ 10 分的打分。

如果调查实验的结果显示混淆率极高，即 C 已经在 40% ~ 50% 以上，那么就不需要考虑其他因素，直接可以判定侵权成立。但如果混淆低于40%，则必须考察 C × SC 与 NC × LL 的相对分量。当（C × SC）＞（NC × LL）时，可以判定侵权成立；但当（C × SC）＜（NC × LL）时，则不宜认定存在混淆可能性，应兼顾绝大多数消费者使用被控侵权商标的便利和自由，允许被控侵权商标继续存在。❶ 不可

❶ GERVAIS D，LATSKO J M. Who Cares about the 85 Percent：Reconsidering Survey Evidence of Online Confusion in Trademark Cases［J］. Journal of the Patent and Trademark Office Society，2014，96：265，293 – 297.

否认，这一模型在实际操作上会带来许多问题，其中，SC 和 LL 的评估本身就具有很大的主观性和随意性。

正如西门森教授所指出的："测度混淆是一项非常困难的任务，任何一种特定的估算方法都可能存在瑕疵，且最多只是提供了一个近似值（approximation），记住这一点尤为重要。然而，存在局限的技术手段，在个案中也许仍是人们可以获得的最好的工具。"❶ 完美的混淆可能性调查实验模型是不存在的，我们所能做到的是综合考虑时间、成本、个案事实和各大模型的优缺点，选择个案中最切合实际的调查实验模型。而如果当事人双方都实施了看起来似乎满足所有要求的调查实验，但是两项实验的结果却截然不同，这种情况下，法官是时候选择忽略这些调查实验证据，并把注意力转向证明混淆可能性的其他证据了。❷

❶ SIMONSON I. The Effect of Survey Method on Likelihood of Confusion Estimates：Conceptual Analysis and Empirical Test ［J］. The Trademark Reporter，1993，83：364，366.

❷ 汉斯·采泽尔，戴维·凯. 用数字证明：法律和诉讼中的实证方法 ［M］. 黄向阳，译. 北京：中国人民大学出版社，2008：218.

第六章　驰名商标淡化的科学测度[*]

一、"淡化"的法律意义

传统上，商标的基本功能是指示商品的来源。保护商标来源指向的唯一性、防止消费者混淆是商标法的核心任务。随着商业形态的演进，混淆的内容已不再局限于来源混淆，而扩展到附属关系、关联关系与认可关系等的混淆。但是，"混淆可能性"始终是判定侵犯商标权行为成立的基石。[❶] 以反混淆为中心的商标法一方面保障消费者不被仿冒商品所欺骗，另一方面保障商标权人的潜在顾客和商业机会不被同业竞争者所分流和攫取，实现公共利益与私人利益统一。当商标被用于非竞争性商品，因而不存在混淆可能性时，商标权人无权阻止这样的使用。[❷]

20世纪初，随着工业革命的深入发展与新型交通工具的大规模应用，商品的生产和销售方式发生根本性变革。谢克特教授（Frank. I. Schechter）在其著名的《商标保护的理性基础》一文中指出，现代市场

　＊　本章部分研究成果曾以《驰名商标淡化的科学测度——调查实验在司法中的运用》为题，发表在《知识产权》2018年第2期本书在此基础上进行补充和改写。

　❶　MCCARTHY J T. McCarthy on Trademarks and Unfair Competition [M]. 4th ed. Eagan：Thomson Reuters，2012：§ 23：1，§ 23：5. 欧共体商标协调指令2008/95/EC前言第11条也清楚申明："混淆可能性构成商标保护的基础。"

　❷　在1927年美国联邦最高法院审理的Beech‐Nut Packing Co. v. P. Lorillard Co. 案中，上诉人翻遍英美两国的判例，最终只能找到8个判决在不同商品上使用同一商标构成侵权的判例。被上诉人在答辩状中分析了每个判例的特殊情形，并强调："商标的保护范围仅及于使用原告商标的那类商品，否则注册者仅凭选取一个单词便获得了对它的财产权。"（HANDLER M W. Are the State Antidilution Laws Compatible with the National Protection of Trademarks [J]. The Trademark Reparter，1985，75：269，269－270.）

经济与消费社会的兴起使人们认识到商标的价值不仅在于指示来源，更在于其本身所具有的"商业磁力"（commercial magnetism）或"销售力"（selling power）。销售力的强弱取决于商标对公众的心理影响（psychological hold），这种心理影响不仅依赖于使用商标的商品质量，更仰仗于标识本身的"独特性或单一性"（uniqueness or singularity）。当他人以足以损害这种"独特性或单一性"的方式使用商标时，即便不存在混淆可能性，也已对商标造成损害。谢克特教授将这种损害描述为"因他人在非竞争性商品上使用商标或名称，而使其在公众心中的身份和影响逐渐削弱或消散。"❶ 在 1924 年的 Odol 案中，德国埃尔伯费尔德法院将这种损害称之为"淡化"（德文 verwassert）。❷ 一般认为，Odol 案是世界上最早运用反淡化理论的司法案例，而谢克特教授的论文则被视为美国商标淡化理论与实践的肇始。❸

经过数十年的发展，美国各州与联邦相继建立了驰名商标的反淡化保护制度。在谢克特教授的文章发表后数十年，美国近一半的州立法规定反淡化条款。1996 年，国会通过了《联邦商标淡化法》（*Federal Trademark Dilution Act*，FTDA），反淡化正式成为全国性制度。2006 年国会通过了《商标淡化修订法》（*Trademark Dilution Revision Act*，TDRA）。驰名商标淡化制度已成为美国商标法中不可分割的一部分。20 世纪 80 年代末，淡化制度也得到欧洲法的承认。1989 年，欧共体《第一号商标协调指令》第 4 条第 3 款、第 4 款（a）项、第 5 条第 2 款规定了对驰名商标的反淡化保护：不类似商品上与享有盛誉的欧共体商标或国内商

---

❶ SCHECHTER F I. Rational Basis of Trademark Protection ［J］. Harvard Law Review, 1927 (40): 813, 825.

❷ ELBERFELD L. Juristische Wochenschrift, 1924, 25: 502.

❸ SANDERS A K. Odol: The Introduction of a Watery Concept with Steeled Resilience ［M］// HEATH C, SANDERS A K. Landmark Intellectual Property Cases and Their Legacy Alphen aan den Rijn: Kluwer Law International, 2011: 51. 另一说认为，最早运用反淡化理论的权威判例是英国 1898 年的"柯达自行车"案: Eastman Photographic Materials Co. v. Kodak Cycle Co. , 15 R. P. C. 105 (1898). (MERGER R P, MENELL P S, LEMLEY M A. Intellectual Property in the New Technological Age ［M］. 6th ed. Alphen aan den Rijn: Wolters Kluwer, 2012: 889 – 890.) 然而，尽管"柯达自行车"案在无来源混淆的情况下认定侵权成立，但法院在论述时实际上适用的仍是混淆理论。(MARTINO T. Trademark Dilution ［M］. Gloucestershire. Clarendon Press, 1996: 4.)

标相同或近似的商标，如无正当理由而截取不正当优势，或者对驰名商标的显著特征造成损害，或者对其声誉造成损害，将不得注册；如已注册，则将被宣告无效；其使用行为将构成侵权。❶ 2009 年修订的《欧盟商标条例》第 8 条第 1、第 2、第 5 款以及第 9 条第 1 款也作了对应规定。❷ 在国际层面上，尽管对 TRIPS 是否承认淡化理论存在不同理解，但工业产权巴黎联盟大会和世界知识产权组织大会通过的《关于驰名商标保护规定的联合建议》则明白无误地承认商标淡化的存在及其侵权性质。❸ 虽然淡化制度并未成为各国的立法义务，但它已逐渐为各国法律所承认和接受，却是一个不争的事实。根据韦尔科维茨（Welkowitz）2006 年的统计，至少在欧共体、加拿大、日本、南非、新加坡、新西兰、巴基斯坦以及我国香港和台湾地区等国家和地区有明确的淡化立法，其他一些国家也通过判例承认了商标淡化。❹

时至今日，我国商标法仍未正式采用"淡化"术语，从法条的字面意思上看，驰名商标的保护依然以混淆可能性为要件。❺ 在《最高人民法院关于审理涉及驰名商标保护的民事纠纷案件应用法律若干问题的解释》颁布之前，对于我国是否已经接受淡化理论，学者有不同意见。肯定说认为 1996 年原国家工商行政管理总局发布的《驰名商标认定和管理暂行规定》及《商标法》（2001）为驰名商标提供的跨类保护就已经是对淡化的规定。❻ 更多学者则持否定意见，认为前述规定仍以混淆可

---

❶ First Council Directive to Approximate the Laws of the Member States Relating to Trade Marks（Directive 89/104/EEC），2008 年修正为 Direcitve 2008/95/EC，淡化条款没有改变。

❷ Council Regulation on the Community Trade Mark（Council Regulation No. 207/2009）对欧洲法中商标淡化规定的详尽讨论，参见 GIELEN C. Trademark Dilution under European Law [J]. The Trademark Reporter, 2014, 104：693.

❸ WIPO：Joint Recommendation Concerning Provisions on the Protection of Well - Known Marks, Article 4（1）（b）（ii），Article 5（1）（b）. 关于国际条约中对淡化的态度，参见李小武. 商标反淡化研究 [M]. 杭州：浙江大学出版社，2011：106 – 112.

❹ WELKOWITZ D S. Trademark Dilution：Federal, State and International Law, The Bureau of National Affairs, Inc., 2006.

❺ 《商标法》（2019）第 13 条第 2 款、第 3 款。

❻ 杨柳，郑友德. 从美国 Moseley 案看商标淡化的界定 [J]. 知识产权，2005，15（1）：58 – 62.

能性为要件。❶ 然而，早在《商标法》（2001）正式在法律层面上规定驰名商标保护制度之前，司法实践就已经开始为之提供反淡化保护。例如在 2000 年的宝洁公司诉北京市天地电子集团案中，法院指出："尽管进入被告天地集团的网页后，访问者不会对天地集团与宝洁公司产生联系，但天地集团将 tide 作为域名使用的行为使'TIDE'的显著性降低，必然导致该商标的淡化。"❷ 法院指出，淡化对驰名商标的损害"不同于通常的混淆所造成的损害，即使不存在任何形式的混淆，该商标的潜能也会因为被告的商业性使用而被削弱、淡化。混淆造成的是眼前的损害，而淡化却是一种感染，如果任其扩散，将最终摧毁该商标的广告价值。"❸ 研究表明，在 2009 年前，法院运用淡化理论保护驰名商标的案件比例高达 31%，这还仅仅是明确使用"淡化"一词的判决；许多法院虽然没有使用该术语，但法官所作的论证实质上就是淡化理论的内容。❹ 2003 年，最高人民法院在给上海市高级人民法院的回函中表达了对淡化理论的支持。❺ 在 2009 年发布的《最高人民法院关于审理涉及驰名商标保护的民事纠纷案件应用法律若干问题的解释》中，最高人民法院将《商标法》第 13 条第 2 款解释为"足以使相关公众认为被诉商标与驰名商标具有相当程度的联系，而减弱驰名商标的显著性、贬损驰名商标的

---

❶ 杜颖. 商标淡化理论及其应用 [J]. 法学研究，2007（6）：44-54；邓宏光. 我国商标反淡化的现实与理想 [J]. 电子知识产权，2007（5）：36-38，44；李友根. "淡化理论"在商标案件裁判中的影响分析：对 100 份驰名商标案件判决书的整理和研究 [J]. 法商研究，2008（3）：134-145.

❷ 宝洁公司诉北京市天地电子集团案（北京市第一中级人民法院（2000）一中民初字第 49 号民事判决书）。

❸ 弘奇食品公司诉张某案（河南省洛阳市中级人民法院（2005）洛经一初字第 34 号民事判决书）。类似的案例有博泵公司诉池上煜龙食品加工厂案（山东省淄博市中级人民法院（2005）淄民三初字第 1 号民事判决书）；雅洁公司诉雅仕达公司案（广东省佛山市中级人民法院（2006）佛中法民三终字第 5 号民事判决书）；武汉烟草公司诉邓九林案（湖北省武汉市中级人民法院（2006）武知初字第 118 号民事判决书）。

❹ 李友根. "淡化理论"在商标案件裁判中的影响分析：对 100 份驰名商标案件判决书的整理与研究 [J]. 法商研究，2008（3）：134-135.

❺ 《最高人民法院关于对杭州张小泉剪刀厂与上海张小泉刀剪总店、上海张小泉刀剪制造有限公司商标侵权及不正当竞争纠纷一案有关适用法律问题的函》（〔2003〕民三他字第 1 号）。

市场声誉，或者不正当利用驰名商标的市场声誉的"行为。❶ 这一措辞与欧洲法上淡化规定的表述几乎一致，也基本对应于美国法中的两种淡化类型。当学术界仍有声音质疑新《商标法》第 13 条第 3 款是否规定了淡化制度时，这一理论在我国司法中早已得到广泛适用。❷

商标是一种"流动资产"，其价值并非在注册的那一刻就固化不变，定格于核定使用的商品和核准使用的商标上。随着权利人对商标长期而良好的经营使用，商标的知名度将持续上升，商标蕴含的价值将"溢出"其原有范围，成为更具价值的品牌，他人也相应地负有更多的避让义务，不得随意减弱、贬损、攀附驰名商标的市场声誉。为此，淡化制度为已经成长为驰名商标的标识提供范围更广的保护。对于驰名商标，其不仅可以制止在相同或类似的商品上所使用的相同或近似的标识，而且可以制止在不相同、不相类似的商品上所使用的相同或近似的标识，只要这种使用足以减弱驰名商标的显著性、贬损驰名商标的市场声誉，或者不正当地利用驰名商标的市场声誉。淡化制度对于驰名商标保护及品牌运营具有非常重要的法律意义。

二、"淡化"的证明方法

淡化是一个复杂而难于证明的概念。麦卡锡教授称："商标法中从没有一个概念像'淡化'一样，制造了如此多的理论困惑和司法误解。"❸ 法院也曾抱怨，淡化是一个"惊人的难以捉摸的"（dauntingly e-lusive）概念。❹ 美国 1996 年施行的《联邦商标淡化法》将"淡化"定义为："驰名商标指示和区分商品或服务的能力的减弱"❺；《商标淡化

---

❶　《最高人民法院关于审理涉及驰名商标保护的民事纠纷案件应用法律若干问题的解释》（法释〔2009〕3 号）第 9 条。

❷　刘维. 我国注册驰名商标反淡化制度的理论反思：以 2009 年以来的 35 份裁判文书为样本 [J]. 知识产权，2015（9）：19 – 25，78.

❸　MCCARTHY J T. Dilution of A Trademark：European and United States Law Compared [J]. The Trademark Reporter，2004，94：1163，1163.

❹　Ringling Bros. – Barnum & Bailey Combined Shows，Inc. v. Utah Division of Travel Development，170 F. 3d 449，451（4th Cir. 1999）.

❺　15 U. S. C. § 1127.

修订法》则将淡化具体化为"冲淡导致的淡化"和"污损导致的弱化"两种类型，前者指的是"因商标或商号与驰名商标相似所导致的削弱驰名商标显著性的联想"，后者指"因商标或商号与驰名商标相似所导致的损害驰名商标声誉的联想"。❶ 我国立法和司法解释虽然未对"淡化"作出定义，但在司法实践中，法院提出，当被诉商标的相关公众具有三个层次的认知时，可以认定发生淡化：第一，对于"驰名商标"与其"所有人"在"特定商品或服务"上的"唯一对应关系"有所认知；第二，在看到被诉商标时能够联想到原告驰名商标；第三，能够认识到被诉商标与原告驰名商标并无关系。❷ 从这些界定中不难看出，淡化是相关公众对驰名商标的一种非常微妙的认知状态。

理论上，证明淡化可能性可以有三种方式：①对系争商标及其市场环境进行比较；②提供实际淡化的证据；③提供调查实验证据。商标调查实验在淡化诉讼中的地位及其广泛运用，与前面两种手段的局限性有关。

第一种方式是传统的判断方法。与混淆可能性的判断类似，法官借助"多因素测试法"分析在先商标的显著性程度、涉案商标间的近似性、商品间的类似性、共同消费者群体和地理范围、消费者的专业程度、侵害他人商标的意图、在先商标的声誉、在后商标的声誉等因素，综合推测在消费者心中驰名商标是否已经被淡化。❸ 这种方法的缺陷是明显的：如果将淡化比作疾病，那么这些因素仅仅是足以引起医生怀疑的"症状"，却不是可以作出诊断性检验的病灶本身。❹ 而且，这种方法无疑是以法官的个人感受替代消费者的认知，对消费者心理作主观臆测。一些法院曾中肯地指出，在关涉消费者认知的问题上，"法官的反

---

❶ 15 U.S.C. § 1125（c）（2）（B）（C）.

❷ 可口可乐公司诉国家工商行政管理总局商标评审委员会［北京市第一中级人民法院（2011）一中知行初字第 541 号行政判决书］.

❸ Mead Data Central, Inc. v. Toyota Motor Sales, U.S.A., Inc., 875 F. 2d 1026（2nd Cir. 1989）；Nabisco, Inc. v. PF Brands, Inc., 191 F. 3d 208（2nd Cir. 1999）.

❹ STECKEL J H, KLEIN R, SCHUSSHEIM S. Dilution through the Looking Glass：A Marketing Look at the Trademark Dilution Revision Act of 2005［J］. The Trademark Reporter, 2006, 96：616, 618.

应，往好处说，是非决定性的；往坏处说，则是毫不相干的。"❶ 因此，这种方式能否真正反映消费者的心理认知状态，长期以来备受质疑。❷而在对商标是否已经成为"驰名商标"进行评估时，法院主要也是通过分析商标所处的市场环境作出判断。例如，我国《商标法》（2019）规定，认定驰名商标时应当考虑下列因素：①相关公众对该商标的知晓程度；②该商标使用的持续时间；③该商标的任何宣传工作的持续时间、程度和地理范围；④该商标作为驰名商标受保护的记录；⑤该商标驰名的其他因素。❸ 严格地说，这些材料也仅仅是证明商标知名度的间接的证据组合。

表面上，第二种方式是最直接的，也具有最强的证明力，但在淡化诉讼中，这类证据却很不现实。巴伯（William Barber）指出，在证明混淆问题时，消费者对商品来源的实际混淆通常是可以证明的，它以误发的邮件、误拨的电话或错误的投诉为典型形式。而消费者不大可能致电或来函投诉："贵公司的驰名商标指示和区分商品的能力正被某公司的使用行为所减弱。"这种情形在真实世界里几乎不可能发生。❹ 正因实际淡化极难证明，国会才认为 Moseley 诉 V Secret Catalogue Inc. 案（以下简称"Moseley 案"）所确立的实际淡化标准是不合理的，所以在最新的立法中将认定侵权的标准降低为"存在淡化可能性"。

第三种方式在商标诉讼中扮演着重要角色。与商标法中的其他关键概念一样，人们从一开始就将淡化视为一种心理现象，一种在消费者心

---

❶ American Brands, Inc. v. R. J. Reynolds Tobacco Co., 413 F. Supp. 1352, 1357 (S. D. N. Y. 1976).

❷ 在一个关于少女产品的商标侵权案件中，美国联邦第二巡回上诉法院弗朗克（Frank）法官在异议意见中批评道："初审法官和本院的法官都不是（或者不像）十几岁的少女，也不是她们的母亲或姐妹，除非我们能够得到从这些'青春期少女'和习惯了为她们买东西的女性亲戚那儿直接获得的信息的补充，我们无法很好地履行'司法认知'的职责。"（约翰·莫纳什. 法律中的社会科学 [M]. 6 版. 何美欢，樊志斌，黄博，译. 北京：法律出版社，2007：95 - 96.）

❸ 《商标法》（2019）第 14 条。

❹ BARBER W G. How to Do A Trademark Dilution Survey（Or Perhaps How Not to Do One）[J]. The Trademark Reporter, 1999, 89：616 - 617.

中发生的"反应"。❶ 淡化难以证明，却不代表证明是不可能的。美国《反不正当竞争法第三次重述》认为，在缺乏直接证据的情况下，民意调查是一种可欲的替代。❷ 美国国会认为，法院可以期待由民意调查等证据来证明导致淡化的联想正在发生。❸ 法院表示赞同："证明将是困难的，因为已发生的淡化损害及其成因是较难理解的概念。但这个概念在实质上是有效的，证明这一概念的证据也是可获得的。……最具有明显相关性，也最容易获得的证据，就是精心设计的消费者调查。"❹ 学者也评论道：通过商标调查实验展示实际淡化情况，对这种损害具有极高的证明价值，因此消费者调查实验在联邦淡化诉讼中扮演着根本性角色。能够清楚证明实际淡化的调查实验是原告最强而有力的证据。❺ 调查实验证据将成为证明显著性受损可能性的必备（*de rigueur*）证据。❻

三、测度淡化的调查实验模型

在淡化诉讼中，调查实验常被用于测度驰名商标的知名度、显著性、系争商标间的近似性、冲淡及污损五个基本问题。❼ 证明淡化的商标调查实验没有标准的模式。❽ 理论上，调查实验的设计可以有无数可能，最终的选择取决于具体的场景、可操作性及成本。美国商标司法实

---

❶ JACOBY J J. Considering the Who, What, When, Where and How of Measuring Dilution [J]. Santa Clara Computer & High Techcology Law Journal, 2007, 24: 601, 603.

❷ The American Law Institute. Restatement of the Law Third, Unfair Competition [M]. Saint Paul: American Law Institute Publishers, 1995: § 25 cmt. f.

❸ Trademark Dilution Revision Act of 2005: Hearing on H. R. 683 Before the Subcomm. on Courts, the Internet, and Intellectual Property of the H. Comm. On the Judiciary, 109th Cong. 28, p. 35 (2005).

❹ Ringling Bros. - Barnum & Bailey Combined Shows, Inc. v. Utah Division of Travel Development, 170 F. 3d 449, 464 – 465 (4th Cir. 1999).

❺ BIBLE P M. Defining and Quantifying Dilution under the Federal Trademark Dilution Act of 1995 [J]. University of Colorado Law Review, 1999, 70: 295 – 296, 314.

❻ DIAMOND S S, SWANN J B. Trademark and Deceptive Advertising Surveys: Law, Science, and Design [M]. Chicago: ABA Book Publishing, 2012: 154.

❼ JACOBY J J. Considering the Who, What, When, Where and How of Measuring Dilution [J]. Santa Clara Computer & High Technology Law Journal, 2007, 24: 601, 606.

❽ Hershey Foods Corp. v. Mars, Inc. 998 F. Supp. 500, 518 (M. D. Pa. 1998).

践中常用的淡化调查实验，包括联想实验、品牌典型性实验、品牌特征实验及品牌价值实验等。

（一）测度知名度的调查实验

商标的"驰名"并非在抽象意义上的，而必定与具体的商品联系在一起。因此测度商标知名度的调查实验的核心问题，主要由测度商标与商品之间关系的一系列问题构成。常用的测度商标知名度调查实验方法有三种。

第一种方法是向受访者提及涉案商品，然后询问受访者在提及涉案商品时想到哪些品牌（商标）。如果受访者看到涉案商品时首先想到的是涉案商标，则证明涉案商标具有较高的知名度。例如，当调查实验选定一个具有代表性的饮酒者样本，然后询问他们："请列举您所想到的进口啤酒。"假设85%的受访者回答"百威"而只有1%回答"多瑟瑰"（Dos Equis）❶，则证明百威在国内具有较大的知名度，已经达到"驰名"的程度。雅各比教授曾经在 Pebble Beach Co. 等诉 Tour 18 Ltd 案中开展过一个测度"Pebble Beach"商标知名度的调查实验。该案的原、被告都是高尔夫球场的经营者，为了证明原告的商标已经达到驰名的程度，雅各比教授的调查实验询问受访者："在您看来，美国最知名的高尔夫球场有哪些？"结果，87%的受访者提到"Pebble Beach"，其是被提及最多的商标；25%提到"Pinehurst#2"，即该案第二原告的商标，在被经常提及的商标中排名第四。由此有力地证明了两原告的商标在全美国具有极高的知名度，达到驰名的水平。❷

第二种方法与第一种方法正相反：向受访者展示涉案商标，然后问受访者看到该商标时想到的是哪些产品类型。例如，调查员询问受访者："您是否听说过名为'百威'的商品、公司或服务？"对于回答"是"的受访者，进一步追问："是哪种商品或服务（或哪家公司）？"假设85%的受访者回答："百威是（进口）啤酒的品牌"，则意味着

---

❶　一种墨西哥进口的啤酒。

❷　Pebble Beach Co. v. Tour 18 I, Ltd., 942 F. Supp. 1513, 1547–50, 1561（S. D. Tex. 1996）.

"百威"具有极高的知名度。

第一种方法和第二种方法的共同点是，两者都未直接对受访者的回答作出任何提示，换言之，受访者都是在没有任何帮助的情况下作出回答的。这种情况下，受访者还能主动提及原告商标，这有力地证明了商标本身的驰名程度。与之相反，第三种方法则是向受访者同时展示了涉案商标和相关商品，仅仅要求受访者反馈他们是否能认知商标与商品之间的联系。例如，向受访者询问："您是否听说过名为'百威'的进口啤酒？"如果有较大比例的受访者回答"是"，则可以认定"百威"具有较大的知名度。不过，这种调查实验方法同时向受访者提示了涉案商标和涉案商品，因此具有提示和诱导效应。所以第三种方法是三种调查实验方法中证明力最弱的。为了提高其证明力，必须在调查实验中设置虚构的商标作为对照组，以测度这种提问方式本身可能带来的诱导效应"噪声"。实验组所得的数据减去对照组的数据所得的"净"知晓率才是商标真正的知名度比率。[1] 在我国，大量知名度调查采用的都是第三种方法，例如，询问受访者是否听说过或者使用过"X 牌 Y 商品"。但是，基本不存在设置对照组的实践。由此所得出的知名度比例很可能高于商标的实际知名度水平。

（二）测度"冲淡"的调查实验

1. 联想实验（Association Test）

"冲淡"是"削弱驰名商标显著性的联想"，消费者心中建立了被诉商标与驰名商标之间的"心理联想"（mental association）是认定发生淡化的必要条件。[2] 因此，联想实验是淡化诉讼中最常见的调查实验模式。[3] 这类调查实验的一般做法是，向被告商品的潜在购买者展示被诉

---

[1] JACOBY J J. Considering the Who, What, When, Where and How of Measuring Dilution [J]. Santa Clara Computer & High Technology Law Journal, 2007 (24): 601, 616 – 620.

[2] Trademark Dilution Revision Act of 2005: Hearing on H. R. 683 Before the Subcomm. on Courts, the Internet, and Intellectual Property of the H. Comm. On the Judiciary, 109th Cong. 28, p. 30 (2005).

[3] William G. Barber, Surveys under the Trademark Dilution Revision Act of 2006, presented before the AIPLA Spring Meeting 2007.

商标，❶ 然后问他们想起什么，或者将该商标与什么相联系。如果他们提到原告或其商标或商品，则理论上认为，这就是发生淡化的证据。当然，在此类调查实验中，通常应设置对照组，将非因商标引起的联想作为"噪声"排除。例如，当向相关公众展示可口可乐时，他们很可能想起百事可乐，但这应归因于两家公司都是生产软饮料的著名企业，因此这种联想不应作为淡化的证据。❷

Nike Inc. 诉 Nikepal International Inc. 案（以下简称"Nikepal"）是采纳联想实验的典型判例。Nike 是知名的体育用品商标，而 Nikepal 是一家为科学实验室提供商品和服务的公司，其主要产品是注射器及相关配件。Nikepal 中的"Nike"与 Nike 商标读音一致，而"pal"则是"朋友"或"赞助人"之意。因此，Nike 主张被告使用"nikepal. com"等多种行为将导致 Nike 商标的淡化。为证明淡化存在，Nike 做了一项调查实验。调查专家以 Nikepal 现有和潜在客户的采购人员为总体抽取样本，进行电话访问，询问被调查者：

当我第一次说"Nikepal"这个单词时，您想到什么？

实验证明，87% 的被调查者将"Nikepal"和"Nike"联系在一起，尽管他们清楚地知道 nikepal. com 并非原告的网站。法院认为这是证明两者在相关公众心目中发生实际联想（actual association）的充分证据。❸

---

❶ 联想实验的调查总体应当是哪一个消费者群体？理论上存在争议。有学者认为，淡化是驰名商标的唯一指向性被冲淡，因此关键是考察驰名商标商品消费者的心理状态。（JACOBY J J. Considering the Who, What, When, Where and How of Measuring Dilution［J］. Santa Clara Computer & High Technology Law Journal, 2008, 24（3）：601, 606.）有学者认为应当是同时接触过原、被告商品的消费者。（BIBLE P M. Defining and Quantifying Dilution under the Federal Trademark Dilution Act of 1995［J］. University Colorado Law Review, 1999, 70：295, 319 – 323.）有学者则认为是被告商品的消费者。（DIAMOND S S, SWANN J B. Trademark and Deceptive Advertising Surveys：Law, Science, and Design［M］. Chicago：ABA Book Publishing, 2012：33.）采纳联想实验的司法判例多采用最后一种理论。

❷ BARBER W G. How to Do A Trademark Dilution Survey（Or Perhaps How Not to Do One）［J］. The Trademark Reporter, 1999, 89：616, 617, 620.

❸ Nike, Inc. v. Nikepal International, Inc. 84 U. S. P. Q. 2d 1820（E. D. Ca 2007）.

斯旺详细论述了用联想实验证明冲淡的合理性。❶ 他指出，首先，商标法规定的侵权认定标准是"淡化可能性"，而"实际联想"是认定淡化可能性的六个法定判断因素之一。❷ 其次，许多法院已将联想实验作为驰名商标显著性被削弱的有效证据。❸ 最后，实证研究表明，被诉商标与驰名商标之间的心理联想将：①损害驰名商标被忆起的速度和准确性；②损害驰名商标的强度；③导致对驰名商标的品质及其他特征的搭便车行为。

2. 品牌典型性实验（Brand Typicality Test）

与联想实验不同，品牌典型性实验的目标不仅是证明存在实际联想，而是直接验证在后使用行为是否导致驰名商标被冲淡。从逻辑上讲，只要证明驰名商标不再指向其典型的商品类别，就说明淡化已经发生。根据这一思路，白博尔（Patrick Bible）提出一种调查实验模式。❹ 首先，将受访者分为两组，一组是接触过被告使用行为的实验组，另一组是未接触该行为的对照组。通常，选取这两种人群并非难事，因为被告使用驰名商标的行为往往是区域性的，所以可以将该区域中的相关公众作为实验组的候选人，而将该区域以外的相关公众作为对照组的候选人。❺ 其次，向受访者展示原告的驰名商标，并询问受访者看到该商标时，他们想到了什么商品。最后，统计两组受访者中提及原告商品的人数占比。如果对照组中提及原告商品的人数比例远高于实验组，则证明驰名商标的显著性被冲淡。

在 Moseley 案中，美国副总检察长代表联邦政府写给美国联邦最高

❶ SWANN J B. Dilution Surveys under the Trademark Dilution Revision Act ［M］. DIAMOND S S, SWANN J B. Trademark and Deceptive Advertising Surveys: Law, Science, and Design. Chicago: ABA Book Publishing, 2012.

❷ 15 U. S. C. § 1125 (c) (B) (i) (ii) (iii) (iv) (v) (vi).

❸ Wawa, Inc. v. Haaf, 40 U. S. P. Q. 2d 1629 (E. D. Pa. 1996); Starbucks Corp. v. Wolfe's Burough Coffee, Inc., 588 F. 3d 97 (2d Cir. 2009); PerfumeBay. com Inc. v. Ebay Inc., 506 F. 3d 1165 (9th Cir. 2007); National Pork Board v. Supreme Lobster and Seafood Co. 2010 T. T. A. B. LEXIS 225 (T. T. A. B. 2010).

❹ BIBLE P M. Defining and Quantifying Dilution under the Federal Trademark Dilution Act of 1995 ［J］. University of Colorado Law Review, 1999, 70: 295, 329 - 330.

❺ BARBER W G. How to Do a Trademark Dilution Survey (Or Perhaps How Not to Do One) ［J］. The Trademark Reporter, 1999, 89: 616, 630 - 631.

法院的法庭之友意见采纳了这一调查实验。该案中，原告的"Victoria's Secret"是知名的女性内衣品牌。被告在肯塔基州伊丽莎白镇经营一家名为 Victor's Secret 的零售店（后因原告抗议而更名为 Victor's Little Secret），除销售女性内衣外，该店主要销售成人视频和成人用品。副总检察长认为，可以选择住在伊丽莎白镇附近的消费者作为实验组，而在其他州的消费者中抽取对照组，然后向被调查者展示"Victor's Secret"及"Victor's Little Secret"，并询问：

当您看到这个牌子时，您想到什么商品？

假设对照组中 92% 的被调查者提及女性内衣和服装，而实验组中只有 82% 的被调查者提及，那么，这 10% 的差距就是驰名商标被冲淡的证据。❶

另一种调查实验思路是验证驰名商标的来源指向是否仍然唯一。根据这一思路，巴伯提出了上述调查实验的一种变体，其分组及操作与上述调查实验一致，唯一不同的是对答案的统计方式。巴伯认为应当统计的是同时提及原、告和被告商品的受访者人数占比，如果实验组中同时提及原、被告商品的人数比例远高于对照组，这意味着驰名商标的指向不再唯一，淡化发生了。❷ 这一实验同样为 Moseley 案的法庭之友意见所采纳。副总检察长认为，如果实验组中同时提及女性内衣和成人用品两种商品的人数比例远高于对照组，就应当认为 Victoria's Secret 商标已被冲淡。❸

（三）测度"污损"的调查实验

冲淡类案件是淡化诉讼的主要形式，相较而言，污损类案件较少发

---

❶　Brief for the United States as Amicus Curiae Supporting Petitioners in Part, pp. 22 – 24, 2002 WL 1378840（June 24, 2002）.

❷　BARBER W G. How to Do a Trademark Dilution Survey（Or Perhaps How Not to Do One）[J]. The Trademark Reporter, 1999, 89：616, 630 – 631.

❸　Brief for the United States as Amicus Curiae supporting Petitioners in part, pp. 22 – 24, 2002 WL 1378840（June 24, 2002）.

生，且对驰名商标进行蓄意污损的行为也相对容易证明。❶ 冲淡与污损的区别在于联想的性质差异：冲淡是对驰名商标的来源产生多个联想，但联想的内容是什么并不重要；而污损则是对商标的联想由积极转为消极，是使商标声誉受损的联想。❷ 欲证明污损发生，必须证明消费者在接触在后使用行为之后，对驰名商标商品特征的评价显著降低。

普拉格（Eric Prager）提出一个调查实验思路：将受访者分为未接触过在后使用行为的对照组和接触过该行为的实验组，然后向受访者展示原告的驰名商标，并请受访者说出使用该驰名商标的商品特征。如果实验组中提及消极特征的频率高于对照组，则证明发生污损。❸ 这一实验模式可以概括为"品牌特征实验"（Brand Attributes Test）。在 Moseley案中，美国副总检察长认为，如果实验组的受访者在看到原告的Victoria's Secret 商标时，提到"下流""没品位"，而对照组中的受访者更多提到"经典"和"有品位"时，则证明发生了污损导致的淡化。❹

白博尔提出品牌特征实验的一个更可量化的变体，他将之称为"品牌价值实验"（Brand Equity Test）。❺ 该调查实验的分组设计与前述一致，区别在于提问的方式。白博尔列举了三种提问方式，第一：

从 1～9 分，您认为 X 牌电动工具的耐用性可以打几分？（1 表示极不耐用，9 表示非常耐用）

第二，调查员也可以测度受访者对商品的社会认知：

从 1～9 分，您认为 X 牌小轿车属于什么级别的汽车？（1 表示最低档，9 表示最高档）

---

❶ 詹姆斯·T. 伯杰，R. 马克·哈里根. 商标侵权判断问卷调查指引［M］. 黄武双，万宏瑜，尚广振，译. 北京：法律出版社，2015：200.

❷ JACOBY J J. Considering the Who, What, When, Where and How of Measuring Dilution［J］. Santa Clara Computer & High Technology Law Journal, 2007, 24：601, 609.

❸ PRAGER E A. The Federal Trademark Dilution Act of 1995：Substantial Likelihood of Confusion［J］. Fordham Intellectual Property Media & Entertainment Law Journal, 1996, 7：121, 132.

❹ Brief for the United States as Amicus Curiae supporting Petitioners in part, pp. 22 – 24, 2002 WL 1378840（June 24, 2002）.

❺ BIBLE P M. Defining and Quantifying Dilution under the Federal Trademark Dilution Act of 1995［J］. University of Colorado Law Review, 1999, 70：295, 328 – 329.

第三，调查员还可以询问受访者对某一陈述的认同程度：

从 1~9 分，您在多大程度上同意如下描述：我将 X 牌与家和家人相联系。(1 表示极不同意；9 表示非常赞同)

在 Moseley 案中，副总检察长认为这一调查实验是可行的。他让实验组与对照组中的被调查者对使用 Victoria's Secret 商标的商品打分，1 表示"非常没品位"，而 9 表示"非常有品位"。如果实验组给出的打分是 7.8 分，而对照组的分数为 8.8 分，那就证明在后使用行为确实导致驰名商标声誉下降。[1]

四、淡化调查实验模型的改进

(一) 标准调查实验模型的缺陷

学者们承认，消费者调查实验不是一项完美的科学。[2] 这其中，淡化调查实验又被公认为"难度最大的"调查实验，[3] 因此，淡化调查实验不可避免地存在各种各样的问题。

1. 联想实验的缺陷

联想实验的有效性受到较多质疑。尽管该调查实验模式一般可被法院采纳，但它存在一个固有而明显的缺陷：它仅仅证明了"心理联想"的发生，却没有直接证明这种联想削弱了驰名商标的显著性，或者污损其声誉。[4] 戴尔蒙德教授指出："因商标近似而引发联想，这是冲淡导致淡化的必要条件，但却不是充分条件。……一项调查实验提供了可靠证据，证明商标诱发了对驰名商标的即时联想；该调查实验为认定淡化可

❶　Brief for the United States as Amicus Curiae supporting Petitioners in part，pp. 22 - 24，2002 WL 1378840（June 24，2002）.

❷　BIBLE P M. Defining and Quantifying Dilution under the Federal Trademark Dilution Act of 1995 [J]. University of Colorado Law Review, 1999, 70: 295, 316.

❸　THORNBURG R H. Trademark Surveys: Development of Computer - Based Survey Methods [J]. John Marshall Review of Intelletual Property Law, 2004 (4): 91, 112.

❹　THORNBURG R H. Trademark Surveys: Development of Computer - Based Survey Methods [J]. John Marshall Review Intellectual Property Law, 2004 (4): 91, 113.

能性提供了相关的证据，但却远远不是决定性的。"❶ 正因如此，也有不少法院对联想实验持否定态度。❷

2. 品牌典型性实验的缺陷

从科学的实验方法角度看，品牌典型性实验的效度是有问题的。该类调查实验需要将接触过商标在后使用行为的受访者与未接触该行为的受访者划分到实验组和对照组中。目前的一般做法是让受访者根据先前的接触情况，将自己划归实验组或对照组。例如，在实验开始之前，实验者先询问受访者是否接触过被告商标，再根据其回答进行分组。这实际上违反了测度因果关系的实验设计的基本要求，即对实验条件与对照条件的分配必须完全置于实验者的直接控制之下。当这一规则未被严格遵守时，实验者是无法准确评估具有确定性的因果关系的。❸

3. 品牌特征实验和品牌价值实验的缺陷

品牌特征实验也存在问题。当受访者被要求描述驰名商标商品的特征时，他所给出的描述并不一定具有明确的积极或消极含义。例如，当受访者回答该商品的特征是"到处都可以买到"，这到底意味着该品牌商品特别受欢迎，还是它已成为"烂大街"的"大路货"？受访者的回答还可能更不具有倾向性，例如，他可能回答该商品的特征是"蓝色的"（正如百事可乐给消费者的印象）。因此，品牌特征实验要求实验者将受访者的描述主观地划归"积极的"或"消极的"类别中。❹ 品牌价值实验虽然避免了留给受访者作开放性回答的机会，但至少有一家法院认为，这种实验测度的是品牌商品的可欲性（desirability），而非驰名商标的声誉，两者之间并没有直接联系，所以相关的调查证据也被认为是

---

❶ DIAMOND S S, SWANN J B. Trademark and Deceptive Advertising Surveys: Law, Science, and Design [M]. Chicago: ABA Book Publishing, 2012: 157.

❷ Exxon Corp. v. Exxene Corp. , 696 F. 2d 544（7th Cir. 1982）; Schieffelin & Co. v. Jack Co. of Boca, Inc. , 850 F. Supp 232（S. D. N. Y. 1994）; Ringling Bros. – Barnum & Bailey Combined Shows, Inc. v. Utah Division of Travel Development, 955 F. Supp 605（E. D. Va. 1994）.

❸ JACOBY J. Experimental Design and the Selection of Controls in Trademark and Deceptive Advertising Surveys [J]. The Trademark Reporter, 2002, 92: 890, 902.

❹ JACOBY J J. Considering the Who, What, When, Where and How of Measuring Dilution [J]. Santa Clara Computer & High Technology Law Journal, 2007, 24: 601, 624.

不重要的。❶

4. 调查实验结论的解读问题

最后但同样重要的问题是实验结果的解读问题。多大比例的相关公众发生"心理联想"、多大比例的相关公众将驰名商标与被告的商品类别相联系，才足以认定驰名商标的显著性被冲淡？多大比例的相关公众描述了商品的消极特征，或者评分低到什么程度，才足以认定驰名商标的声誉受到污损？对淡化案件的实证研究表明，不同法院对该问题可能给出截然相反的答案。根据福特（Ford）的统计，在1996~2006年，法院判决29%~70%的心理联想足以证明存在淡化可能性，与此同时，一些法院却判决51%、20%和14%的心理联想不足以证明存在淡化可能性。在2006~2010年，曾有法院以7%和28%的联想比率作为认定淡化可能性的事实基础，但有法院却拒绝接受证明62%的消费者存在心理联想的调查实验证据。❷调查实验数据的司法解读呈现一定程度的主观随意性。

（二）淡化调查实验的改进

与其他类型的商标调查一样，淡化调查实验可能存在种种问题。相应地，保障其他商标调查科学性的质量控制手段同样适用于淡化调查实验。这些手段包括：①调查实验必须遵守联邦司法中心为调查证据所提供的《科学证据参考指南》；②对抗制的庭审程序；③调查专业市场的声誉机制与学术伦理的约束等。❸更重要的是，专家们不断对淡化调查的司法认定规则及实验设计提出改进建议，以保证和提升淡化诉讼中调查证据的质量。

1. 联想实验的改进

针对联想实验只能证明存在心理联想这一问题，斯旺指出，可以将

---

❶ Louis Vuitton Malletier v. Dooney & Bourke, Inc., 340 F. Supp. 2d 415（S. D. N. Y. 2004）.

❷ FORD G L. Survey Percentage in Lanham Act Matters［M］//DIAMOND S S, SWANN J B. Trademark and Deceptive Advertising Surveys：Law, Science, and Design. Chicago：ABA Book Publishing, 2012：324 - 325.

❸ 陈贤凯. 商标通用性的数字证成［J］. 知识产权, 2013（7）：29 - 36.

驰名商标分为三种类型。第一类是受到广泛认可、固有显著性极高的商标，例如 Intel。对该类商标，只要通过联想实验证明存在心理联想，就足以证明发生淡化。第二类商标虽然驰名，但其固有显著性和独占使用的情况相对较弱，比如含有 American 的驰名商标。对于此类商标，即便通过联想实验证明存在心理联想，也不能就此认为发生淡化。第三类商标处于二者之间，其虽然具有一定的固有显著性，但又不是驰名商标权人绝对排他地使用，第三方合法使用该商标的情形是存在的，如 Hyatt。对于此类商标，联想实验的结果是一个重要的参考，其必须与淡化可能性的另外五个法定考察要素一并考虑，综合判断，才能得出是否淡化的结论。❶

2. 品牌典型性实验的改进

针对品牌典型性实验的效度问题，雅各比教授提出了新的调查实验设计。他将调查实验分成两个阶段，第一阶段将所有受访者随机分成两组，随后向两组受访者分别提供两份广告材料。其中一组受访者看到的材料中含有被诉侵权商标，该组为实验组。另一组受访者看到的材料与实验组几乎相同，唯一的区别是将被诉侵权商标替换成一个不相似的商标，该组为对照组。一周以后，实验者对两组受访者进行回访，向所有受访者展示原告的驰名商标，并询问："据您所知，是一家公司还是多于一家公司使用该商标？"如果受访者回答一家，则继续问："您所说的这家公司以何种商品或服务而知名？"如果受访者回答多于一家，则问："您所想到的第一家公司名称是什么？该公司以何种商品或服务而知名？"然后追问："您刚才说，该商标让您想起多于一家公司，请问您想到的第二家公司名称是什么？该公司以何种商品或服务而知名？"在第二阶段的调查中，对照组的受访者在看到原告商标后，无人想起另一家公司；而实验组中12%的受访者想到两家公司，并准确地描述了原告和被告公司的名称及典型商品。❷ 通过这一改进，实验组与对照组的分配

❶ SWANN J B. Dilution Surveys under the Trademark Dilution Revision Act［M］//DIAMOND S S, SWANN J B. Trademark and Deceptive Advertising Surveys：Law, Science, and Design. Chicago：ABA Book Publishing, 2012.

❷ JACOBY J J. Considering the Who, What, When, Where and How of Measuring Dilution ［J］. Santa Clara Computer & High Technology Law Journal, 2007, 24（3）：601, 629 – 634.

完全置于实验者的控制之下，符合因果实验的基本要求。

3. 污损调查实验的改进

对于测度污损的实验，Anheuser - Busch Inc. 诉 Balducci Publications 案的商标调查实验提供了另一种思路。原告销售一款名为"Michelob Dry"的啤酒，其广告语为"One taste and you'll drink it dry"（"尝一口，您就会干杯"）。被告推出一段环保广告，该广告是对原告广告的滑稽模仿，广告中主角手持一个标有"Michelob Oily"的瓶子，瓶中原来的啤酒被黑乎乎的石油所替代，这段广告的台词是："One taste and you'll drink it oily"（"尝一口，你就只能喝到油腻的水"）。广告底部写道："如果以这样的速度朝我们的海洋、湖泊、河流倾倒污染物，您迟早会喝到油腻的水。"调查实验专家认识到，实验的重点不应局限于相关公众对该滑稽模仿商标和广告的感受，而在于相关公众受此影响后是否会减少购买欲望，毕竟，反淡化制度的最终目的是防止商标"销售力"的削减。于是，调查实验专家让对照组仅接触原告的广告，让实验组仅接触被告的广告，然后询问他们在看过广告后，是否会更少购买 Michelob Dry 牌啤酒。对照组中 7% 的受访者表示将更少购买，而实验组中 22% 的受访者选择该选项。这 15% 的差距就是驰名商标销售力受损的有力证据。❶ 这一调查实验设计直接测度淡化行为对消费者购物倾向的影响，由此避开了品牌特征实验和品牌价值实验中存在的问题。

4. 调查实验数据的解读

至于实验数据的解读，人们越来越认为不需要过高的淡化率就足以证明淡化发生。与混淆不同，淡化被认为是对驰名商标"千刀万剐"式（death by a thousand cuts）的伤害❷——每一刀的伤害也许非常微小，但累积的效果终将致命。"淡化某种程度上类似于湖泊的污染。如果每个污染密歇根湖的人都可以说他的排放对湖水而言微不足道，没有人真正因此受伤害，那么，将没有污染者会受到限制。只有认为每一次排放都

---

❶　Anheuser - Busch, Inc. v. Balducci Publ'ns, 814 F. Supp. 791 (E. D. Mo. 1993), rev'd, 28 F. 3d 769 (8ᵗʰ Cir. 1994).

❷　Coca - Cola Co. v. Stewart, 621 F. 2d 287, 292 (8ᵗʰ Cir. 1980).

是应被限制的行为，通过禁令来保护环境的整个理论才是有意义的。"❶
当然，淡化是一个关于商标近似性、显著性、独占性使用程度、侵害意
图及实际淡化的函数，多高的淡化率足以认定发生淡化，还需要结合其
他变量综合考量。

五、小结

在混淆理论下，只要不造成混淆，同一商标可以并行不悖地使用于
非竞争性商品。淡化保护则更接近于创造了对标识本身的绝对财产权，❷
这是商标权的显著扩张，它在一定程度上威胁着作为稀缺资源的商业符
号的自由使用；此外，驰名商标因其知名度，往往已成为公共话语的一
部分，具有社会价值，反淡化保护还可能威胁表达自由，带来荒谬的结
果，有必要加以制约。❸ 因此，在 Moseley 案中，美国联邦最高法院判
决，只有证明存在实际淡化时，法院才能给予反淡化救济。❹ 尽管 2006
年的《商标淡化修订法》将认定侵权的标准降低为"淡化可能性"，但
麦卡锡教授仍然指出："只有以建立在坚实证据基础上的确定无疑的情
况，才能证明存在对'反淡化法'的违犯。"❺

与此相反，我国法院在论证驰名商标淡化时，往往缺乏详细论证。
在适用《最高人民法院关于审理涉及驰名商标保护的民事纠纷案件应用
法律若干问题的解释》第 9 条第 2 款并认定商标驰名的 86 个案件中，
有 65 个案件由驰名的事实推出淡化的结论，其论述的基本程式是：被
诉商标足以引起对驰名商标的联想，使人们误以为两者之间存在特定关
联，破坏了驰名商标与权利人之间的唯一联系，减弱其显著性，不正当

---

❶ McDonald's Corp. v. Gunville, 1979 U. S. Dist. LEXIS 11106 ＊ 8 – 9 （N. D. Ill. 1979）.

❷ PRAGER E A. The Federal Trademark Dilution Act of 1995： Substantial Likelihood of Confusion ［J］. Fordham Intellectual Property Media & Entertainment Law Journal, 1996 （7）：121.

❸ LEMLEY M A. The Modern Lanham Act and the Death of Common Sense ［J］. Yale Law Journal, 1999 （108）：1687, 1696, 1712.

❹ Moseley v. V Secret Catalogue, Inc. , 537 U. S. 418, 428 – 434 （2003）.

❺ MCCARTHY J T. McCarthy on Trademarks and Unfair Competition ［M］. 4th ed. S. L. ：Westlaw Database, 2012：§ 24：67.

地利用其市场声誉。这就是淡化论证的全部内容。❶ 即便在极少数对淡化的心理要素进行详细解构的案件中，其推理过程也是法官以"推己及人"的方式进行的"心证"，缺乏外在证据的支撑。❷ 以至于学者批评道："许多判决书将被告在非类似商品上使用他人驰名商标的行为，简单地归纳为'淡化驰名商标的显著性'，而无论该驰名商标的驰名度、独创性、被告经营商品的种类，其结果是必然导致所有驰名商标的全类别保护。"❸

　　商标法的传统功能是反混淆，所以消费者的心理状态是权利界定的决定性因素。❹ 反淡化更接近于对商标的绝对财产权保护，有人因此认为，淡化不强调对消费者利益的保护。❺ 这种认识恐怕是不准确的。商标通过为消费者提供一个简单的、便于记忆的、清晰的商品识别符号，节约了信息成本。如果商标与其他对象发生联系，则节约效果大打折扣，因为人们在看到商标时，必须思虑再三，才能确定它确是指示某商品的标识。❻ 消费者能够获得并加工的信息取决于他们意识中商标和商品之间的联系程度，混乱会增加消费者的成本。❼ 消费者的认知状态同样是界定淡化的关键因素。因此，测度消费者心理的调查实验在淡化诉讼中同样有着用武之地。

---

❶　2017 年 11 月 28 日，笔者在北大法宝上检索适用法释〔2009〕3 号第 9 条第 2 款的案例，共得到 108 个结果。排除案例分析论文及重复的结果，共得 104 个判决书。其中认定不构成驰名商标的 18 个。

❷　埃克森美孚公司诉北京北农国信科技发展有限公司等案［北京知识产权法院（2014）京知民初字 143 号民事判决书］；柳州两面针股份有限公司诉国家工商行政管理总局商标评审委员会案［北京市第一中级人民法院（2011）一中知行初字第 1858 号行政判决书］；德士活公司诉国家工商行政管理总局商标评审委员会案［北京市第一中级人民法院（2010）一中知行初字第 2291 号行政判决书］；百度公司诉国家工商行政管理总局商标评审委员会案［北京市第一中级人民法院（2012）一中知行初字第 776 号行政判决书］。

❸　李友根."淡化理论"在商标案件裁判中的影响分析：100 份驰名商标案件［J］. 法商研究，2008（3）：134 – 145.

❹　谢晓尧，陈贤凯. 商标混淆的科学测度：调查实验方法在司法中的运用［J］. 中山大学学报（社会科学版），2013（5）：159 – 171.

❺　杜颖. 商标淡化理论及其应用［J］. 法学研究，2007（6）：44 – 54.

❻　POSNER R A. When Is Parody Fair Use? Journal of Legal Studies，1992，21：67，75.

❼　LEMLEY M A. The Modern Lanham Act and the Death of Common Sense［J］. Yale Law Journal，1999，108：1687，1704.

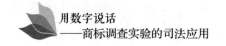

　　淡化调查实验是由针对三个不同问题的调查实验所组成的：一是测度知名度的调查实验，二是测度冲淡的调查实验，三是测度污损的调查实验，每类调查实验都已有得到相对较多应用的标准实验模型。与其他类型的调查实验一样，淡化调查实验的标准模型也存在诸多缺陷。对这些缺陷，学者们和调查实验专家们在理论上和实践中分别提出了改进的方法，力求更有效、更科学地测度驰名商标的淡化问题。

第七章　互联网商标调查实验

一、互联网商标调查实验的兴起

（一）面对面调查实验及其缺陷

商标调查实验可以通过不同模式开展，其中最传统的数据收集模式是面对面调查实验和电话调查实验。

在面对面调查实验中，调查员被指派到具有代表性的消费者较为集中的地点，然后选择一定数量的消费者作为受访者展开面对面访问。面对面调查实验可以在不同地点开展，最经常使用的地点是购物商场等公共场所。在购物商场中，调查员通常根据事先拟定的筛选标准（如"25～54 岁的女性"）随机拦截受访者，然后将受访者引导到设置在购物商场内或者购物商场附近的调查实验室中开展访问。这种类型的面对面调查实验称为"购物商场拦访调查实验"。有时，由于调查实验的目标人群较为特殊，拟寻找的受访者很难在公共场所随机拦截到，因此可以通过预约的方式预先召集一批适格受访者，然后要求受访者到指定的调查实验地点开展访问。此类面对面调查实验称为"中心场所调查实验"（central location survey）。❶

面对面调查实验的优点在于，它允许调查员向受访者展示实体刺激物，当涉案问题涉及商品的味觉、嗅觉或触觉时，面对面调查实验几乎是唯一可行的方式。调查员还可以在面对面调查实验中为受访者提供小

---

❶ THORNBURG R H. Trademark Surveys：Developments of Computer – Based Survey Methods [J]. John Marshall Review of Intellectual Property Law，2004，4：91，114.

礼物，作为鼓励其参加调查实验的有效激励。

不过，面对面调查实验需要动用大量受过一定专业训练、具备实操经验的调查员，且为了保证样本的代表性，需要在全国范围内（视具体情况而定）选择不同地域的实体公共场所开展调查。人力成本和差旅成本使面对面调查实验成为最昂贵的、耗时最长的数据收集方式。此外，不同的公共场所通常吸引不同的人群，因此在特定公共场所采集的样本通常具有局限性。例如，在购物商场拦访的受访者通常是年轻人或者较活跃的老年人，那些深居简出或者收入水平较低的人群很可能不会出现在购物商场，所以调查实验的样本可能出现系统性偏差。

（二）电话调查实验及其缺陷

在电话调查实验中，调查实验专家首先确定作为总体的电话号码清单。这个清单可能是从某地的电话运营商处购买的，也可能是由特定企业提供的客户名单。随后，调查员随机拨打清单中的电话号码，或者根据专家拟定的标准拨打拟访问的电话号码，在电话中开展调查。

相对于面对面调查实验，电话调查实验的速率更快、成本更低。通过电话调查实验可以在短时间内开展地域范围较广的调查实验。而且，由于电话调查实验以已知的电话号码清单作为总体，专家还可以据此进行概率抽样确定概率样本，从而使调查实验的结果可以更有效地推广到总体，并计算出误差和置信区间。

不过，电话调查实验也有其固有缺点。最明显的缺点是，当涉案问题要求受访者品尝、触摸涉案商品，或者观看涉案商品及其广告时，电话调查实验便无能为力。此外，随着社会氛围的变化，人们对未经邀请的商业来电感到反感，电话调查和电话广告均被视为骚扰电话而为社会公众所厌恶。来电显示、语音留言、屏蔽骚扰电话等功能的开发和应用，都便利了人们避开不愿意接受的电话调查。据统计，电话调查实验的回应率从 2000 年的 31% 下降到 2006 年的 20%，❶ 在 18～34 岁的成年人中，电话调查的参与率也下降了 50%。因此，通过电话调查实验能否

---

❶ ISSACSON B, HIBBARD J D, SWAIN S D. Why Online Consumer Surveys Can Be a Smart Choice in Intellectual Property Cases [J]. IPL Newsletter, 2008, 26（3）：11, 12.

找寻到具有代表性的样本，已成为一个令人担忧的问题。斯坦福大学一名政治学教授称，由于电话调查实验样本质量的下降，研究人员应当注意到："样本选择已主要取决于谁选择接受调查，而非随机选择机制所决定。"❶ 调查实验专家所设计的精巧的抽样方法，在低回应率的情况下完全失去效用。而且，调查实验组织者也很难通过电话方式直接向受访者提供奖品，以激励其参与调查实验。不过，目前为止，电话调查实验依然是广泛使用和广为接受的调查实验方式。

（三）　互联网调查实验

在美国，互联网调查实验兴起于 1997 年。在互联网调查实验中，调查实验专家一般通过电子邮件向特定受访者发送参与互联网调查实验的邀请。如果受访者愿意参与，则点击电子邮件中附带的链接，进入相应的调查实验页面。这些受访者及其电子邮件清单，通常是从专门的互联网调查公司处购买的。这些公司日常维护着一个相当规模的互联网调查实验小组（panel，以下简称"在线小组"），招募愿意参加在线调查的网络用户加入；网络用户只要参与一定数量的在线调查实验，就可以获得奖励或者积分等。另外，调查实验专家也可以在某些门户网站上设置链接，以弹出链接等方式邀请网络用户参与调查实验。调查实验的具体流程都以计算机编程的方式事先设定好。当受访者开始作答时，根据程序设定，调查问卷会根据受访者对先前提问的回答而弹出新的问题。同时，通过编程设定，新提问也可以包含受访者先前作答时提到的答案。通过这种方式，每位受访者所接受的调查实验都略有不同，其个性化程度不亚于电话调查实验和面对面调查实验那种由自然人调查员执行的调查实验。

随着互联网的兴起和普及，互联网调查实验逐渐为商业世界所接受和欢迎。2006 年 3 月，一项针对美国和欧洲 247 家调查公司的互联网调查显示："互联网调查继续朝着世界范围内最占统治地位的数据收集方法（之一）的方向前进……在互联网中开展的调查在非常短的时间内占

---

❶　GELB G M，GELB B D. Internet Surveys for Trademark Litigation：Ready or Not，Here They Come ［J］. The Trademark Reporter，2007，97：1073，1076.

据了调查研究市场的1/3。"类似地，2006年美国调查研究机构理事会（Council of American Survey Research Organization，CASRO）的财务调查显示，利用互联网开展的调查所得的收入超过了利用电话开展的调查所得的收入1亿美元。《广告时代》（*Advertising Age*）的一篇报道称，互联网调查实验在2000年占据调查研究产业的10%，到2006年，这一数据上升到35%。该报道引述知名调查公司Synovate的执行副总裁的评论："主流数据抓取平台从邮寄调查和面对面调查变为电话调查用了十几年的时间，而从电话调查变为互联网调查则仅仅用了一半的时间。"2001年，宝洁公司在世界范围内开展了6000多项问卷调查，其中，在美国开展的问卷调查有一半是通过互联网调查的方式实现的。2006年，《研究产业趋势》（*Research Industry Trends*）的一份报告显示："在2006年的研究中，互联网调查已经超过计算机辅助电话调查（computer – aided telephone interviewing，CATI），成为供应商和客户最主要的数据收集方法。超过一半的学术界和客户方依靠互联网作为其主要的数据收集方法。"在公共政策领域，2006年，合作国会选举研究（Cooperative Congressional Election Study）在互联网上对24000名美国投票人开展调查。该机构注意到："来自30多所大学的研究者所汇编的互联网调查得到了一个几乎完美地与全国国会选举结果相一致的样本。"2002年，AC尼尔森公司考虑从以电话调查为主转向采用以互联网调查为主的数据收集方式，因此，该公司通过为一家苹果汁制造商的调查做一项测验。"结果，该生产商决定改用互联网来进行'用途与态度'（U&A）调查，从而节省了25%的成本，还能更快地获得调查结果。"不仅调查公司、公共政策研究及产业界更欢迎互联网调查，连调查实验的参与者也更愿意参与在互联网中开展的调查实验。在一项关于参与调查实验意愿的调查中，调查员致电选定的所有网络用户并询问他们："如果接受调查实验，您更愿意接受电话调查还是互联网调查？"结果，88%的受访者选择了"互联网调查"。❶而到2008年，互联网调查实验的数量已占到所有商业

---

❶ GELB G M，GELB B D. Internet Surveys for Trademark Litigation：Ready or Not，Here They Come［J］. The Trademark Reporter，2007，97：1073，1077－1079，1084.

调查实验的 38%。❶

　　理论上，商业和学术领域对互联网调查实验的接纳，也就为互联网调查实验进入法庭铺平了道路。美国《联邦证据规则》第 703 条规定，如果相关数据是行业内专家所合理依赖的那一类数据，则专家证言可以以此类数据为基础。然而，实际上，法院对互联网调查实验的接纳也经历了一段波折。在 1997 年时，已有 6 个公布判例讨论了互联网商标调查实验的可采性问题。最初，法院对互联网调查实验的主要担心是，当时仅有较少数的消费者在使用互联网，因此与其他传统的数据收集方式相比，互联网调查实验无法提供足够数量的样本。最早讨论互联网商标调查实验的案件是 1997 年的 Trustees of Columbia University（以下简称"哥伦比亚大学"）诉 Columbia/HCA 案。该案中，原告哥伦比亚大学为了证明被告在医疗器械上使用 COLUMBIA 商标将导致消费者的混淆而开展了一项互联网商标调查实验。法院认为，该调查实验的样本量不足，且互联网商标调查实验是一种新的调查实验模式，其可信性依然存疑，因此拒绝采信互联网调查实验的结论。❷ 在 1997 ~ 2001 年，大多数法院对互联网商标调查实验均持怀疑态度。由于这种不确定性，许多新兴互联网企业在商标案件中也选择了提交传统形式的商标调查实验，尽管它们的用户基本上都是互联网用户，且相关的商品和服务都是在互联网上提供的。例如，在 America Online Inc.（以下简称"美国在线公司"）诉 AT&T 案中，原告美国在线公司委托的就是一项电话调查实验；❸ 而在 Simon Properties Group L. P. 诉 mySimon Inc. 案中，被告虽然是一家互联网公司，但它开展的也是一项购物商场截访调查实验。❹ 尽管所涉问题都是网络用户将如何在互联网环境下作出购物决策，但为了保险起见，当事人均选择了传统的数据收集模式。一直到 2003 年，法院才终于开

❶ ISSACSON B, HIBBARD J D, SWAIN S D. Why Online Consumer Surveys Can Be a Smart Choice in Intellectual Property Cases [J]. IPL Newsletter, 2008, 26：11, 12.
❷ Trustees of Columbia University v. Columbia/HCA Healthcare Corp. , 964 F. Supp. 733, 736（S. D. N. Y. 1997）.
❸ America Online, Inc. v. AT&T Corp. , 243 F. 3d 812, 822（4th Cir. 2001）
❹ Simon Properties Group. L. P. v. mySimon, Inc. , 282 F. 3d 986, 989（7th Cir. 2002）.

始承认和接受互联网商标调查实验证据。❶ 而到 2007 年时，学者已经可以自信地宣称，互联网商标调查实验已经成为知识产权案件中被认可和接受的模式，在 10 件最新的联邦法院案件中，没有一家法院批评互联网调查实验这种数据收集方法。面对互联网调查实验证据时，"没有人会皱一下眉头"。❷

二、互联网商标调查实验的优点

互联网商标调查实验能够在短时间内获得商业界和学术界的青睐，原因在于，相对于传统的面对面调查实验和电话调查实验，它具有一些独特的优势。

（一）互联网调查实验的效率高、成本低

面对面调查实验要求选派调查员到指定地区的购物商场开展调查，如果涉案商品覆盖全国市场，调查员必须亲赴全国各大主要城市开展调查。调查员的人力成本和差旅成本使面对面调查实验非常昂贵，且耗时较久。电话调查实验虽然成本较低，但和面对面调查一样，需要较长的时间对调查实验所获的数据进行录入和处理。

互联网调查实验可以同时面向全国甚至全世界开展，不涉及调查员的人力成本和差旅成本。更重要的是，互联网调查实验从一开始就以电子化的方式收集数据，在恰当的编程技术支持下，几乎可以得到实时的调查实验结果。电子化数据也方便调查实验专家及时对相关数据进行各种类型的统计分析，节省了从手工记录到录入计算机再进行数据处理的冗长流程。通常情况下，互联网商标调查实验最迟可以在 2~3 天的时间内就得出调查实验结果。

---

❶ 1 - 800 Contacts, Inc. v. WhenU. com, 69 U. S. P. Q. 2d （BNA） 1337 （S. D. N. Y. 2003）. MasterCard International, Inc. v. First National Bank of Omaha, 2004 U. S. Dist. LEXIS 2485, 28 （S. D. N. Y. 2004）. Empresa Cubana Del Tabaco v. Culbro Corp. , 2004 U. S. Dist. LEXIS 4935 （S. D. N. Y. 2004）.

❷ GELB G M, GELB B D. Internet Surveys for Trademark Litigation: Ready or Not, Here They Come ［J］. The Trademark Reporter, 2007, 97: 1073, 1085.

在某些特殊情况下，互联网商标调查实验甚至可能是唯一可取的方式。例如，在 2005 年的一个案件中，一家计算机生产商收到了法院的传票：原告在周四提起了诉讼，并向法院申请临时禁令，而法院将临时禁令听证会的时间定在下一周的周二。在这中间的 3 个工作日里，这家计算机生产商委托开展了一项互联网调查实验，顺利地证明了原告的商品名称在计算机用户之间并不具备"第二含义"。由此法院拒绝为原告颁发临时禁令。在这种异常紧急的情况下，互联网商标调查实验便成了呈现相关公众认知的唯一机会。❶

（二）互联网调查实验更方便定位调查实验对象

第一，互联网调查实验能够以低成本的方式实现真正意义上的全国性调查，并以快速筛选的方式确定适格受访者，这是面对面调查实验和电话调查实验所难以模拟的优势。在 Empresa Cubana Del Tabaco 诉 Culbro Corp. 案中，法院指出互联网调查实验帮助当事人快速定位了 962 名受访者，他们均符合商标调查实验专家对总体所做的要求。❷ 在 Volkswagen Aktiengesellschaft 诉 Uptown Motors 案中，法官指出，由于互联网调查实验可以通过筛选问题确定潜在的调查实验参与者是否落在正确的总体范围内、是否落入预定的配额，互联网调查实验的电子化性质可以较容易地满足专家所要求的具有代表性的人口学特征。❸ 这种通过快速筛选获得可欲样本的能力，使法院愿意赋予互联网调查实验更高的证明力，而传统的调查实验方式却很难做到这一点，例如，在购物商场拦访调查实验中，调查员就很难对大量受访者进行快速筛选。❹

第二，通过互联网调查实验可以有效定位到小众消费群体。在互联

---

❶　GELB G M，GELB B D. Internet Surveys for Trademark Litigation：Ready or Not，Here They Come ［J］. The Trademark Reporter，2007，97：1073，1087.

❷　Empresa Cubana Del Tabaco v. Culbro Corp.，2004 U. S. Dist. LEXIS4935，74 - 75 （S. D. N. Y. 2004）.

❸　Volkswagen Aktiengesellschaft v. Uptown Motors，1995 U. S. Dist. LEXIS13869，20 （S. D. N. Y. 1995）.

❹　Harolds Stores，Inc. v. Dillard Department Stores，Inc.，82 F. 3d 1533，1544 （10th Cir. 1996）.

网调查实验中，可以在行业协会或者以某一主题为专门兴趣的网站开展调查实验，从而更容易定位一些具有特殊消费喜好的亚文化群体。正如 RAND 调查公司在写给政府部门的一份报告中所提到的："仅占大众人口中很小一部分的亚人群通常无法通过传统的调查实验模式获得。但是，具有某种兴趣的亚人群却可以很容易地在由商业网络调查公司预先招募的小组中获取。"❶

（三） 互联网调查实验更符合消费者真实的购物环境

调查实验模式设计的一般原则是尽可能地模拟真实的市场购物环境，重建消费者作出购物决策的场景。随着互联网的普及和电子商务的发展，网络购物已经成为人们普遍接受的购物模式，大量的日常消费行为都发生在互联网上，因此互联网调查实验的场景最贴合这种真实的购物环境。即使是线下购物，当代消费者也习惯先在互联网上搜索拟购商品的相关信息，然后再到实体商店中购买中意的商品。所以，互联网调查实验复制了消费者日常搜寻信息、作出购物决策的真实环境，因此是可取的数据收集模式。

（四） 互联网调查实验不需要自然人调查员的介入

除了成本高昂外，自然人调查员还可能带来多方面的问题。首先，调查员可能不可避免地在执行调查实验过程中融入其个人的理解因素。不同调查员在朗读问题时，语气、口音、声调、重音的不同，会给受访者带来不同的提示，使受访者误以为存在所谓的"正确"答案。因此调查员对问题的理解将直接影响受访者作答的情况。其次，在极端的情况下，如果调查实验组织者以低价方式招募未受专业训练的调查员，还可能出现调查员伪造调查实验过程和结果的情况。再次，对于一些设计比较复杂的调查实验，自然人调查员可能无法正确执行调查实验的要求。波利特（Hal Poret）的实证研究表明，不论对调查员做怎样的培训及告知特定购物商场拦访调查实验和电话调查实验的要求，在执行复杂的调

---

❶ GELB G M, GELB B D. Internet Surveys for Trademark Litigation: Ready or Not, Here They Come [J]. The Trademark Reporter, 2007, 97: 1073, 1082.

查实验时，调查员总是免不了犯错。在波利特的实证研究中，200 个购物商场调查实验有 3 个完全用错了问卷和刺激物：调查员理应使用实验组的第 2 套题或第 3 套题，但他却使用了第 1 套题；更有甚者，在针对对照组的调查实验中却出示了实验组的刺激物。最后，还有其他一些调查员可能会犯的错误，主要体现在无法根据调查实验的要求进行问题的跳转——例如，当在第 1 道问题中回答"否"时，应当跳转到问题 3，而不是继续询问问题 2；但许多调查员未能根据这一指令执行。❶

互联网调查实验可以完全避免上述问题。通过合理的编程，可以设定符合条件的受访者接受特定的调查实验，调查实验中的问题跳转也内置于问卷程序中，避免了人为操作过程中可能存在的失误。另外，互联网调查实验有利于降低核查成本。根据社会调查实验的规程，对于已执行的调查实验，通常需要针对其中 15% 的受访者进行回访，以复核调查员在执行过程中是否符合操作规范，以及是否存在调查员造假的情况。回访复核本身需要花费较高的成本。互联网调查实验由受访者直接完成，省去调查员的中间环节，因此也就没有复核的必要了。另外，电子化的调查实验过程本身是留痕的，通过观察受访者答题的时长、勾选的答案等，均可分析受访者是在认真参与调查实验，还是仅仅敷衍了事。在互联网调查实验中，核查调查实验的有效性变得更加容易。

（五）互联网调查实验给受访者提供便利

互联网调查实验给受访者参与调查实验提供了便利，这种便利性能够提升调查实验的参与率和回应率。在购物商场拦访调查实验和电话调查实验中，受访者可能因忙于其他事务而拒绝接受访问，或者在接受访问过程中敷衍了事、粗心大意。互联网调查实验允许受访者在其个人选定的时间和地点参与调查实验，因此给受访者提供了更多便利，从而有利于提高调查实验的参与率和回应率，同时受访者也能够更专注、更细心地参与调查实验，不至于随意应付。另外，大部分人通过视觉处理信息的能力强于通过听觉处理信息的能力，因此通过主要依赖阅读和观看

---

❶ PORET H. A Comparative Empirical Analysis of Online versus Mall and Phone Methodologies for Trademark Surveys [J]. The Trademark Reporter, 2010, 100: 756, 786 – 787.

的互联网信息传递通常比通过主要依赖聆听的电话调查实验效果更好。❶
这也是互联网调查实验相对于电话调查实验的一大优点：在互联网中，可
以向受访者提供涉案商品的图像、声音，播放广告短片等，这是电话调查
实验所无法实现的。

三、互联网调查实验的问题

当然，所有的数据收集模式都有其固有的缺点，互联网调查实验也
不例外。互联网调查实验的缺陷主要表现在两个方面：一是受访者样本
的不可控性，二是受访者参与调查实验过程的不可控性。

（一）受访者样本的不可控性

首先，受访者身份的真实性问题。互联网调查实验参与者的真实身
份较难确认，因为参与者在最初登记到在线小组时就可能伪造自己的人
口学特征，包括性别、年龄、地址等信息。一般而言，维护在线小组的
调查公司负有核实互联网调查实验参与者真实身份的义务和责任，但并
非所有调查公司都会勤勉尽责地履行这一职责。例如，在加拿大的 Ben-
net Dunlop Ford Sales Ltd. 诉 Kia Canada Inc. 案中，原告的调查实验专家
在庭审中作证称，其开展互联网调查实验的在线小组在质量控制上有较
好的保障，维护在线小组的调查公司在网络用户登记参与时已经核实参
与者的姓名、地址、电话等详细信息，随后，该公司还采取进一步的措
施验证在线小组成员信息的真实性，以保证其姓名、地址、邮编均是真
实的。被告所聘请的调查实验专家为了论证原告所采用的在线小组不符
合质量要求，特意聘请了若干位网络用户用明显虚假的信息登记加入该
在线小组，以验证该公司是否能有效验证在线小组成员身份的真实性。
其中一名网络用户将自己的名字登记为"拿破仑·波拿巴"，另一位用
了该市根本不存在的街道名作地址，最后一位使用了一个虚构的、与所
在地址不一致的邮编。然而调查公司均允许他们登记为在线小组的成

---

❶ GELB G M, GELB B D. Internet Surveys for Trademark Litigation: Ready or Not, Here They
Come [J]. The Trademark Reporter, 2007, 97: 1073, 1082.

员，并向他们发来参与调查实验的邀请邮件。于是，这个案件很快以和解告终。[1]

其次，受访者样本的代表性问题。第一，互联网调查实验的样本存在严重的"自我选择"（self - selection）问题。按照社会调查实验的一般规程，具有代表性的样本应当由调查实验设计者按照一定的抽样方法进行选择。而互联网调查实验则基本上依赖于网络用户自愿参与，因此谁能成为样本中的一员并非由调查实验设计者决定，而是由受访者"自我决定"的。[2] 第二，在线调查实验小组很难覆盖某些群体，特别是老年人、农村地区人群、低收入人群、低受教育水平人群，以及缺乏必要阅读能力的人群。第三，如果互联网调查实验样本是具有代表性的，那么从逻辑上讲，使用甲公司提供的在线小组进行抽样和使用乙公司提供的在线小组进行抽样，所得到的调查实验结论应当是一致或者接近的。但是，实证研究表明，即使调查实验的流程、具体问题都一模一样，当使用不同的在线小组进行抽样并参与调查实验时，所得到的调查实验结果大相径庭。因此，互联网调查实验所提供的样本的代表性是一个令人忧虑的问题。[3]

最后，受访者的动机问题。互联网调查实验的参与者大多数是自愿参加调查的网络用户，其参加调查实验的目的是获取积分、奖品或者其他物质奖励，因此他们是功利性非常强的受访者。无论是购物商场拦访调查实验、电话调查实验还是互联网调查实验，功利性过强的受访者都会带来严重问题，他们关心的并非答案的真实性，而是尽快完成调查实验并换取应得的奖品。例如，在加拿大的 Eli Lilly and Company 诉 Novopharm Ltd 案中，原告提交了一份购物商场拦访调查实验证据。法院指出，该调查实验未能排除那些终日在购物商场周围游荡，准备参加调查实验以换取奖金的受访者。这些受访者会相互交流，以搞清楚参加到当次调

---

❶　Bennett Dunlop Ford Sales Ltd. v. Kia Canada Inc. , Federal Court of Canada File No. T - 1993 - 10，2004 年，该案在交换证据之后即庭外和解。

❷　GELB G M, BELB B D. Internet Surveys for Trademark Litigation：Ready or Not, Here They Come ［J］. The Trademark Reporter, 2007, 97：1073, 1076.

❸　MISHRA H, CORBIN R M. Internet Surveys in Intellectual Property Litigation：Doveryai, No Proveryai ［J］. The Trademark Reporter, 2017, 107：1097, 1108.

查实验的适格条件，保证获得参与调查实验的机会。里德大法官（Justice Reed）将这类人戏称为"调查实验专业户"（Mallies）。❶ 在该案以后，是否有效排除"调查实验专业户"就成为评估调查实验有效性的一个重要指标。但是，互联网调查实验的参加者恰恰就是这类"调查实验专业户"，甚至于招募在线小组的标准本身就强化了受访者的这一属性。为了保护互联网调查实验参与者的隐私和个人信息安全，国际标准化组织（ISO）出台了关于招募在线小组的标准，要求调查公司在招募程序中采用"两次同意"程序，即调查公司须在不同的时间段征求网络用户的同意后才能将其纳入在线小组。这就意味着，最后加入在线小组的都是具有极高"热情"的、非常积极的"调查实验专业户"。

（二）受访者参与调查实验过程的不可控性

第一，受访者重复参与问题。所有商标调查实验的基本假设是每位受访者都仅参与一次调查实验。然而，互联网调查实验却无法保证调查实验的参与者仅参加一次。以美国为例，数据显示有45%的在线小组成员同时是5个在线小组的成员。❷ 有时，为了扩大覆盖面，调查实验专家可能决定采用多个在线小组，如此，同一个受访者可能受到重复的参与调查实验的邀请链接，可以重复参与调查实验。此外，由于部分在线小组成员是"调查实验专业户"，为了换取更多的奖励，他们可能用不同的身份重复参与到调查实验中。重复参与对调查实验的信度和效度都将产生较大的负面影响。例如，在混淆可能性调查实验中，通说认为15%的混淆率就足以认定侵权成立，因此，只要一名发生混淆的消费者多次参与调查实验，就会使调查实验结果对被控侵权人特别不利。另外，虚构的人口学特征也使调查实验专家无法得到统计上可靠的样本，甚至使调查实验实际上与所要测度的问题毫不相关——例如，参与者实际上根本就不是涉案商品的相关公众，但他却重复多次地参与到调查实

---

❶ Eli Lily and Company v. Novopharm Ltd. , 1997 CanLII 5008（FC）, aff'd［2001］2 FC 502.

❷ MISHRA H, CORBIN R M. Internet Surveys in Intellectual Property Litigation：Doveryai, No Proveryai［J］. The Trademark Reporter, 2017, 107：1097, 1113.

验中，并表达了自己对涉案商标的主观感知。

第二，受访者的注意力程度问题。调查实验能否取得有效的答案，取决于受访者能否认真地阅读和遵循调查实验的指示说明，是否认真地审题并认真地作答。然而，实证研究表明，在互联网调查实验中，46%的受访者根本不会认真阅读调查实验的指示说明，11%的受访者甚至不阅读题干本身。❶ 尤其是那些同时参与多个在线小组的受访者，他们更倾向于略过指示说明、草草浏览问题，因为他们参加了数量众多的调查实验，认为凭自己的经验便可以顺利完成调查实验，没必要一字一句、认认真真地阅读指示。另外，参与多个在线小组、反复参加各类调查实验的受访者通常是"调查实验专业户"，他们希望尽快完成一份调查实验，以最低的时间成本换取奖励。受访者缺乏应有的认真程度会给调查实验结果带来很大的不利影响。以测度通用名称的 Teflon 模型调查实验为例，该调查实验模型与一般的市场调查存在较大差异，受访者在不认真阅读指示说明的情况下，很难作出符合调查实验目的的回答。Teflon模型调查实验以一个短小的课程开始，教导受访者关于"品牌名称"和"通用名称"之间的区别，然后让受访者对一系列标识（包括涉案商标）的属性作出判断。如果受访者未通过阅读指示说明了解"品牌名称"与"通用名称"的区别，那么其后的所有选择必然无法反映该调查实验所要测度的问题。同样地，测度混淆可能性的 Squirt 模型调查实验也要求受访者的注意力高度集中。该调查实验首先要求受访者识别展示给他的两个产品是由"同一个公司"还是由"不同公司"生产的。如果受访者选择由"同一个公司"生产，那么他必须回答一个开放性追问："您为什么这样说？"这个问题非常关键，它是调查实验专家判断商标是否为导致混淆的原因的重要信息来源。然而，如果受访者为节约时间而草草作答，未提供任何深入有效的信息，那么，Squirt 模型就沦为一个简单的单词（图形、产品）比对游戏，沦为被大多数法院所批评的"单词联想测试"，而没有真正测度涉案商标是否具有诱发混淆的可能性。相反，

---

❶ OPPENHEIMER D M, MEYVIS T, DAVIDENKO N. Instructional Manipulation Checks: Detecting Satisficing to Increase Statistical Power [J]. Journal of Experimental Social Psychology, 2009, 45: 867 – 872.

如果受访者对调查实验中提出的问题做过分深入的研究，同样也不符合调查实验测度一般相关消费者在正常购物环境下的感知这一要求。例如，在测度混淆可能性的 Eveready 模型中，受访者将被问及"您认为是由谁推出该产品的"，随后再问"该公司还提供什么其他商品"。此时，调查实验旨在测试一般消费者在看到涉案商品及商标后的第一反应，以测度消费者是否发生混淆。但如果受访者过分热心，因希望作出"正确回答"而通过互联网查阅涉案商品和商标的相关来源信息，并查阅该公司生产的所有其他商品类型，这就完全背离了该调查实验的真正目的——在正常的市场交易环境下，消费者通常不会在题目的提示下去做深入的研究。可见，与面对面调查实验和电话调查实验相比，由于没有调查员在场进行指导，受访者对调查实验的指示说明和问题都可能无法施予正确的注意力程度，从而导致调查实验结果的信度和效度存疑。

四、互联网商标调查实验的质量控制

互联网商标调查实验存在的缺点和问题可以通过技术上和调查实验程序上的方法加以解决，从而保证互联网商标调查实验的质量。

（一）受访者样本的质量控制

首先，保证受访者样本质量的第一个方法是选择恰当的互联网商标调查实验类型。根据受访者来源的不同，互联网调查实验可以分为三种类型：①娱乐型调查实验（Entertainment survey）；②一般在线小组调查实验（General panel survey）；③封闭人群调查实验（Closed – population panel）。娱乐型调查实验主要是由媒体或商业网站实施的，其目的在于提升其目标观众对特定活动的参与度。这些调查实验通常挂在门户网站上，邀请所有访问该网站的网络用户参与。一般在线小组调查实验，指的是运用由调查公司所招募和维护的在线小组开展的调查实验。这些调查公司定期招募网络用户注册为在线小组成员，并许诺参与调查实验可以获得积分，在获得一定数量的积分后可以兑换礼品，或者以更直接的奖励方式激励网络用户参与调查实验。这是互联网调查实验最常见的方式。封闭人群调查实验通常是以行业协会或专业协会的成员，或者具有共同兴趣或特征的某个网站的会员作为样本的互联网调查实验。

一般而言，娱乐型调查实验不能作为法庭证据，不具有证明力，因为根本无法确认参与这类调查实验的人群的人口学特征，而且该类调查实验通常也允许受访者多次填表或投票，因此调查实验的结果并不可信。例如，在 Merisant Co. 诉 McNeil Nutritionals LLC 案中，原告在"美国在线"网站上开展一项在线调查。法官便以无法确认参与调查者是否为相关公众为由拒绝采信此项调查实验。❶ 一般在线小组调查实验是最常用的方式，其质量控制方法将在下文进一步介绍。而在很多情况下，封闭人群小组提供了最佳的目标人群，因为他们都是已经确认符合特定资格的相关人群。

其次，保证受访者样本质量的第二个重要方法是选择恰当的维护在线小组的调查公司。一般认为，一个能够维护良好的在线小组的调查公司应当披露下述信息：①招募在线小组成员、核实受访者身份和人口学信息的程序；②积极招募、鼓励那些并不积极参与调查实验的网络用户加入在线小组的招募程序；③用词中立的招募邀请书，避免使参与者产生有偏见的期待，或者为了鼓励参与而故意将调查实验描述得容易完成，从而使受访者注意力程度不足。调查实验专家在决定使用哪一家调查公司的在线小组时，有必要对上述信息加以仔细审查。欧洲民意和市场研究协会（European Society for Opinion and Market Research，ESO-MAR）建议，调查实验专家在开展互联网调查实验之前，应当先审核调查公司所提供的在线小组，询问一系列关键问题，并将这些问题的审核情况纳入互联网商标调查实验报告中呈交法庭，以证明受访者样本的有效性，增强该报告的证明力。这些问题如下。①在线小组的来源是什么？②是否验证了受访者的真实身份？（这是一个非常关键的问题。在3M 诉 Mohan 案中当事人提交了一项面对医生和护士的互联网调查实验。提供在线小组的公司在招募这些成员时已经认真审核过加入在线小组的医护人员信息。此外，在在线小组成员完成调查实验后，该调查公司将

---

❶ Merisant Co. v. McNeil Nutritionals LLC，2007 U. S. Dist. LEXIS 27681（E. D. Pa. 2004）.

为受访者提供适当奖励；为了实现这一点，调查公司从一开始就收集了在线小组成员的地址信息，而这进一步核实了调查小组成员的真实身份。法院认为使用这样的在线小组开展的调查实验是可靠的。**❶**）③从该在线小组获得的调查实验结果，与从该小组成员来源的那个人群获得的调查实验结果之间是否具有可比性？④该调查公司是否获得国际标准化组织的认证？⑤采取了何种措施防止小组成员重复参与调查实验？⑥在线小组成员是否能包括一些小众群体，这些小众群体是否能占据一个比较合理的比例？⑦该调查公司提供的奖励计划的具体情况：奖励是否鼓励受访者以快速、不负责任、不诚实、不认真的态度参与调查实验等。对这些问题的考察并不能绝对保证调查公司提供的在线小组的质量，但通过对这些问题的审查，起码尽到了对受访者样本进行质量控制的合理勤勉义务。**❷**

最后，防止受访者伪造身份的最有效的方式是设置科学合理的筛选问题。筛选问题的功能包括两个方面，一是排除那些伪造人口学特征的受访者，二是使伪造者猜测不到该调查实验适格受访者的条件。为了排除伪造人口学特征的受访者，在调查实验中可以设置一些相对不合理的筛选问题，例如①您在过去3个月是否购买过水肺装备？②您在过去3个月是否曾经去滑雪？③您在过去3个月是否到过假蝇钓鱼装备商店？由于三种活动差异巨大，并主要发生在不同的地域范围，同时回答"是"的可能性非常小。而如果受访者同时对这三个问题作出肯定的回答，那么该受访者多半是为了达到参与调查实验的目的而不惜对所有的筛选问题都作出肯定性回应。而为了使伪造者无法猜测调查实验适格受访者的条件，在筛选问题中可以加入许多无关的问题。例如，当调查实验的目标总体是牛奶的潜在购买者时，筛选问题可以是："①您是否在过去1年内或者将在未来1年内购买洗衣机？②您是否在过去1年内或者将在未来1年内购买汽车？③您是否在过去1年内或者将在未来1年内购买牛奶？"最后，只有对第3个问题作

❶ 3M Co. v. Mohan, 2010 U. S. Dist. LEXIS 124672 (D. Minn. 2010).

❷ MISHRA H, CORBIN R M. Internet Surveys in Intellectual Property Litigation: Doveryai, No Proveryai [J]. The Trademark Reporter, 2017, 107: 1097, 1111–1112.

肯定性回答的受访者所参加的调查实验才被作为有效的数据进行处理。通过这样的设置，在回答筛选问题的过程中，受访者无从知晓哪个问题所阐述的才是真正的适格受访者所应当具备的条件。

（二）受访者参与调查实验过程的质量控制

现有技术手段基本可以解决受访者重复参与调查实验的问题。当某个调查实验使用单一在线小组时，这一问题易于解决。在给每位在线小组成员发送邀请链接时，只需要附上唯一的用户名和密码，且限制该用户名和密码仅可参与一次调查实验，即可避免重复参与。如果使用多个在线小组，则可以通过 IP 地址识别、设备的"数字指纹"，即特定设备的身份识别，来避免重复参与调查实验的问题。

对于受访者注意力不足的问题，可以通过问题的精巧设计来排除不认真的受访者，或者对受访者加以规训，使之认真对待调查实验。第一，对于受访者不认真阅读调查实验的指示说明这一问题，可以采用"指示说明操控检验法"（Instructional Manipulation Check，IMC）来训练不认真的受访者。IMC 的操作模式如下：在初始页面上弹出一个指示说明，该指示说明页面由标题、文段、一道多选题、右下方一个巨大的"继续"键构成。在文段中，除了对该调查实验的指示说明外，加上一句话明确要求受访者不要点击多选题答案的任何按钮，也不要点击"继续"按钮，而是点击"标题"进入正式的调查实验。如果受访者没有认真阅读指示说明而点击"继续"或者勾选了多选题的答案，那么系统将会拒绝受访者进入正式的调查实验，而弹出"请认真阅读指示说明"的提示。实证研究表明，通过这种方式对受访者加以训练，可以显著提高受访者阅读调查实验指示说明的认真程度，也使其完成的调查实验具有更高的质量。[1] 在测度通用名称的 Teflon 模型调查实验中就可以加入这样的 IMC 机制来提升受访者的注意力程度。在关于"品牌名称"和"通用名称"的简短教程后，可以先要求受访者接受一个测试，以观察受访者能否正确区分明显的品牌名称和通用名称。如果受访者不具

---

[1]　MISHRA H, CORBIN R M. Internet Surveys in Intellectual Property Litigation：Doveryai, No Proveryai［J］. The Trademark Reporter, 2017, 107：1097, 1118.

备这一能力，则需要重新跳转回"课程"页面，阅读关于"品牌名称"和"通用名称"区别的指示说明。如果受访者在多次测试后仍无法正确理解两者的区别，则该受访者应当被排除出受访者样本。

第二，对于受访者不认真审题的问题，可以通过改换表达方式重复询问同一问题的方式来检验受访者是否认真阅读题目。例如，如果受访者在问卷的开始选择了"我是一个积极的人"，而在问卷末尾的问题中却选择了"我的生活方式比较消极"，这种前后矛盾的选择表示受访者可能未认真审题。如果这种不一致经常出现，则可以作为排除该特定受访者的依据。另外，在某些问题中也可以设置 IMC 机制。例如，在一道选择题中提供 A、B、C、D 四个选项，但在题干中明确告知受访者该题只是一个形式测试，要求受访者对该题选择"B"而忽略其他选项。如果受访者选择了其他选项，则足以证明该受访者并未认真审题，而是对题目进行胡乱勾选。

第三，对于受访者投入过多注意力的问题，同样也可以通过技术手段加以解决。首先，如果担心受访者为了保证回答的前后一致性而多次回看自己前面的答题情况，那么可以将问卷设置为仅能继续往前，而不能回看和修改的模式。其次，如果担心受访者在参与调查实验过程中查阅各种资料，而非以第一反应作答，那么可以为每个题目设置合理的答题时间，使受访者无法查阅资料和询问他人。

借助于合理的质量控制手段，互联网商标调查实验可以得到与传统数据收集方法一样可靠的结论。在美国公众意见研究协会（American Association for Public Opinion Research）2002 年年会上，两位俄亥俄州立大学的教授和 Harris Interactive 调查公司的合作报告称，他们在两项调查中追踪了 3238 名受访者，结果发现："较高的信度和效度使我们有了更大的信心，从互联网收集而来的数据至少与通过其他调查手段获得的数据一样好——如果不是更好的话。"❶ 为了验证互联网商标调查实验与传统的面对面商标调查实验、电话调查实验之间可能存在的差异，波利特利用这三种数据收集模式对相同的商标问题展开测度。结果发现，在受

---

❶ GELB G M, BELB B D. Internet Surveys for Trademark Litigation: Ready or Not, Here They Come [J]. The Trademark Reporter, 2007, 97: 1073, 1084.

访者回应率、样本代表性、完成调查实验的平均时长、调查实验的回访核查、调查实验的结果方面，互联网商标调查实验与传统的数据收集模式都没有显著区别。互联网商标调查实验唯一存在的问题是，对于开放性问题，受访者通常只会给予简短的回答，在没有调查员在场的压力下，互联网调查实验中开放性问题答案的长度远小于其他数据收集模式所获得的答案。但是，互联网调查实验又具有一个明显的优势：由于不需要调查员的参与，互联网调查实验不会出现其他数据收集方式中难以避免的调查员错误问题。❶ 波利特的研究有利于调查实验专家根据实际需要选择适合的调查实验模式，把握互联网商标调查实验的优点和缺点，实现扬长避短。

五、小结

随着互联网的兴起，互联网调查实验已成为商业界和学术界共同青睐的一种数据收集模式。经过一段时间的尝试后，这一模式也已经为美国法院所普遍接受。互联网调查实验模式具有效率高、成本低的优势，它能帮助调查实验专家更方便地定位调查实验对象，在电商高度发达的今天也更符合消费者真实的购物环境。此外，互联网调查实验不需要调查员的介入，减少了调查员可能带来的错误。而互联网调查实验为受访者所提供的便利，也有效地提高了互联网商标调查实验的回复率和参与率。不过，互联网调查实验也存在其固有缺点，包括受访者样本的不可控性和调查实验过程的不可控性。这两个问题可以通过一系列的技术手段和调查实验程序手段加以缓解，甚至彻底解决。

应当承认，不同的数据收集模式都有其优缺点，互联网调查实验并不适用于所有的情形。面对面调查实验、电话调查实验、互联网调查实验，取决于案件的特定情形，都各有其优势和缺陷。获取有效数据和信息的关键并不仅仅取决于选择哪一种数据收集模式，还在于保证调查实验能够被正确地执行。而选择数据收集模式时，主要要考虑的维度包括

---

❶　PORET H. A Comparative Empirical Analysis of Online versus Mall and Phone Methodologies for Trademark Surveys［J］. The Trademark Reporter, 2010, 100: 756, 806 - 807.

三个方面：一是调查实验的信度和效度，二是调查实验的执行效率，三是调查实验是否能有效模拟真实的市场环境。[1] 在具体案件中考虑调查实验模式的选择问题时，主要应当思考两个问题：①该调查实验模式能否顺利找到足够数量的相关公众；②该调查实验模式能否获取无偏的、有意义的回答。很显然，如果所要调查的问题涉及计算机、软件和其他配套商品的购买者，那么互联网调查实验应当是首选的数据收集模式；但如果调查的对象是 70 岁以上的农村居民，互联网商标调查实验恐怕就不是一个很好的选择。不同数据收集模式的优缺点对比详见表 7 -1。

表 7 -1 不同数据收集模式的优缺点[2]

数据收集模式	特征	优点	缺点
面对面调查实验	1. 通常在购物商场开展 2. 受访者是购物者，通常在购物商场附近或购物商场内的调查实验室中接受访问 3. 受访者可以看到、接触到商品，可以触摸、闻、品尝到商品 4. 通常根据地域或人口学特征选择执行的购物商场 5. 要求良好的执行及复核	1. 允许调查员在消费者聚集地接触到受访者 2. 由专业调查员执行 3. 在正确选定的购物商场较容易接触到指定人群 4. 已成为可靠的、广为接受的方法 5. 对于涉及味觉、触觉的调查实验，面对面调查实验是唯一可行的方式	1. 一般较昂贵 2. 受访者是随机选择的，因此很难知晓受访者的真实身份 3. 可能无法采集到正确的人群样本，或者收集正确样本的时间漫长 4. 调查员通常是兼职的或临时工，因此可能犯错误 5. 无法访问不常去购物商场的人群

---

[1] ISSACSON B, HIBBARD J D, SWAIN S D. Why Online Consumer Surveys Can Be a Smart Choice in Intellectual Property Cases [J]. IPL Newsletter, 2008, 26: 11, 15.

[2] 本表由 Bruce Isaacson 等人整理，参见 ISSACSON B, HIBBARD J D, SWAIN S D. Why Online Consumer Surveys Can Be a Smart Choice in Intellectual Property Cases [J]. IPL Newsletter, 2008, 26: 11, 14.

续表

数据收集模式	特征	优点	缺点
电话调查实验	1. 致电特定地域范围内的消费者 2. 通常由专业调查员使用计算机辅助技术进行拨号访问 3. 可以通过随机拨号或者从电话号码清单中拨号来定位受访者	1. 广为接受、经常使用的调查实验方法 2. 比面对面调查实验更廉价、更快速、更易于执行 3. 更容易访问老年人和不识字的人 4. 可以有效定位电话号码，如寻找特定零售商附近的受访者	1. 无法展示视觉图像，如商标的图形设计 2. 由于屏蔽骚扰电话技术、移动电话的使用，现在较难接触到受访者。也难以在特殊的工作时间或就餐时间访问受访者 3. 消费者越来越少使用固定电话 4. 无法访问不接电话的人
互联网调查实验	1. 通过自我管理的问卷（self - administered questionaires）调查消费者 2. 通常通过电子邮件邀请消费者参加调查实验，并提供给受访者登录密码 3. 完成调查实验后，获得折扣券或其他奖励 4. 通常需要借助于在线调查实验小组 5. 通常样本可以与年龄、职业、收入、地域和其他人口特征相吻合。最快速、最便宜 6. 已为研究共同体所广泛接受	1. 能最好地反映真实购物环境 2. 可以展示视觉图像 3. 匿名性鼓励了直接的反馈 4. 在线调查实验小组可以预先核查受访者 5. 能够在全国范围内采样，也可以获取特殊群体样本 6. 不存在调查员错误和偏见。调查实验的问题可以进行自动跳转 7. 受访者更欢迎这种便利的模式	1. 部分人群无法得到有效采样：老年人、收入水平较低或受教育水平较低的人群 2. 相对而言，较新的数据收集方式，较难解释清楚 3. 编程本身耗时较长 4. 质量较高的在线调查实验小组是关键 5. 调查实验执行的质量也是关键——邀请的时机、样本的平衡等 6. 在线调查实验小组的管理标准仍在改进中

第八章　商标调查实验的中国实践[*]

　　在我国，商标调查实验很早就引起学界关注，许多学者主张运用调查实验方法对商标法和反不正当竞争法中的关键问题进行测度。刘孔中先生指出："先进国家的商标实务即经常透过市场调查认定混淆之虞。……市场调查已是相关诉讼上最重要的工具之一。"❶ 孔祥俊先生也指出："在某些国家，最典型的是德国，对消费者反映的民意测验或者市场调查，常常为法院提供决定第二含义的程度的经验数据。"❷ 熊文聪先生也极力主张应当运用相关公众调查实验方法取代传统方法来证明商标的"第二含义"，并详细论证了运用相关公众调查实验认定"第二含义"的益处。❸ 类似的论述还有许多。这些并非以商标调查实验为直接研究对象的论著均认识到调查实验方法在商标司法中的重要作用。

　　我国最早对商标调查实验展开专门研究的论著发表于 2006 年，学者们在这一年前后开始介绍英美国家商标调查实验的历史发展和运用方法，并预测其在我国的应用前景。❹ 随后，一系列研究论证了商标调查

---

　　* 本章部分内容曾以《商标问卷调查的司法应用——现状、问题及其完善路径》为题，发表于《知识产权》2020 年第 9 期，作者在此基础上进行补充和改写。

　　❶ 刘孔中．商标法上混淆之虞研究［M］．台北：五南图书出版公司，1997：105.
　　❷ 孔祥俊．反不正当竞争法原理［M］．北京：知识产权出版社，2005：149.
　　❸ 熊文聪．论商标法中的"第二含义"［J］．知识产权，2019（4）：19－30.
　　❹ 周家贵．商标问卷调查在英美法院商标侵权案件中的运用［J］．知识产权，2006（6）：82－85；杜颖．商标纠纷中的消费者问卷调查证据［J］．环球法律评论，2008（1）：71－80.

实验的正当性，❶ 并就测度通用名称❷、混淆可能性❸、淡化❹等问题的商标调查实验及其司法审查与认定标准进行了专门探讨。❺ 还有学者对2001～2016 年我国运用调查实验证据的侵害商标权纠纷案件进行实证研究，评估了提供调查实验证据与案件判决结果之间的统计学关系，旨在帮助诉讼参加人决定是否、何时以及如何提供该类证据，成为当事人制定诉讼策略的信息基础。❻

当调查实验已成为国外商标司法的常规证据，国内学者也认为其"发展空间很大"❼ "在商标诉讼中得到广泛应用是今后的大势所趋"❽ 的背景下，我国商标调查实验的实际应用情况究竟如何？其在司法应用中主要存在哪些问题？应当如何解决？本章将对这些问题展开论述。

一、我国商标调查实验司法应用的现状

（一）商标调查实验司法应用的研究样本

为全面了解我国商标调查实验的司法应用情况，作者借助"北大法

---

❶ 张爱国. 商标消费者调查的正当性研究：从 49 份商标侵权纠纷民事判决书谈起 [J]. 知识产权，2011（2）：63 – 69；谢晓尧. 用数字说话：商标主观认知的科学度量 [J]. 暨南学报（哲学社会科学版），2013（10）：35 – 43.

❷ 金海军. 商标与通用名称问题的消费者调查方法：实证与比较 [J]. 暨南学报（哲学社会科学版），2013（10）：24 – 34；陈贤凯. 商标通用性的数字证成 [J]. 知识产权，2013（7）：29 – 36.

❸ 金海军. 调查统计方法在商标诉讼案件中的应用：以商标混淆可能性的认定为视角 [J]. 知识产权，2011（6）：26 – 32，85；谢晓尧、陈贤凯. 商标混淆的科学测度：调查实验方法在司法中的运用 [J]. 中山大学学报（社会科学版），2013（5）：159 – 171；陈贤凯. 商标混淆调查中的关键向度 [J]. 暨南学报（哲学社会科学版），2013（10）：44 – 52；姚鹤徽. 论商标侵权判定中的消费者调查 [J]. 电子知识产权，2015（7）：76 – 82.

❹ 陈贤凯. 驰名商标淡化的科学测度：调查实验方法在司法中的运用 [J]. 知识产权，2018（2）：31 – 41.

❺ 曹世海. 对商标侵权诉讼中市场调查报告的审查与认定 [J]. 人民司法，2015（9）：76 – 81.

❻ ZHAN Q. Survey Evidence in China's Trademark Lawsuits：An Empirical Study [J]. Queen Mary Journal of Intellectual Property，2017，7：306.

❼ 杜颖. 商标纠纷中的消费者问卷调查证据 [J]. 环球法律评论，2008（1）：80.

❽ 张爱国. 商标消费者调查的正当性：从 49 份商标侵权纠纷民事判决书谈起 [J]. 知识产权，2011（2）：69.

宝"司法案例数据库开展实证研究。❶ 首先，作者在"高级检索"功能中将"案由"选定为"侵害商标权纠纷"。由于我国司法裁判中通常将商标调查实验称为"问卷调查""调查问卷""民意调查""民意测验"或"调查报告"，作者在不限定案件审结时间的条件下对上述 5 个关键词进行检索，发现数据库中最早使用商标调查实验证据的案件是 2000年审结的普罗克特和甘布尔公司诉上海晨铉智能科技发展有限公司案。❷作者遂以 2000 年为时间起点，检索审结时间为 2000 年 1 月 1 日至 2019年 12 月 31 日的全部"侵害商标权纠纷"案件，共得 164256 条记录。在此范围内进一步检索上述 5 个关键词，并对检索结果逐一筛选，删除重复和无关案例后❸，共获得 147 份运用了商标调查实验证据的司法裁判文书，其中共涉及调查实验证据 157 份。

随后，作者再将案由改为"行政案件"项下的"商标"，在此范围内检索上述 5 个关键词，发现在该数据库的商标授权确权行政案件中最早使用调查实验证据的是 2005 年审结的河南省柘城县豫丰种业有限责任公司诉国家工商行政管理总局商标评审委员会案。❹ 作者仍以 2000 年为起点，检索审结时间为 2000 年 1 月 1 日至 2019 年 12 月 31 日的全部商标行政案件，共得 27966 条记录。在此范围内进一步检索上述 5 个关键词，并对检索结果逐一筛选，删除重复和无关案例后，共获得 167 份运用了商标调查实验证据的司法裁判文书，其中共涉及调查实验证据182 份。研究样本详情请参见本书附录 2 "我国应用商标调查实验的司法案例"。

---

❶ 北大法宝 https：//pkulaw.cn/case/.

❷ 普罗克特和甘布尔公司诉上海晨铉智能科技发展有限公司案［上海市第二中级人民法院（2000）沪二中知初字第 23 号民事判决书］。

❸ 例如，有些案件虽然使用了市场调查报告，但其主要是对品牌市场占有率的统计，有些则是过往由政府部门、行业协会、媒体等举办的品牌或产品满意度评选活动中的民意调查。这些都不是本书所关心的为解决商标争议而测度相关公众心理认知的商标调查实验，因此予以排除。

❹ 河南省柘城县豫丰种业有限责任公司诉国家工商行政管理总局商标评审委员会案［北京市第一中级人民法院（2005）一中行初字第 675 号行政判决书］。

（二）商标调查实验司法应用现状分析

本章以上述裁判文书为研究样本展开分析，发现我国商标调查实验的司法应用具有以下特点。

第一，商标调查实验的应用率极低。在检索所得的 192222 份裁判文书中，[1] 只有 314 个案件使用了调查实验证据，占 0.16%。商标调查实验的应用并没有如学者所预测的成为"大势所趋"，其应用数量未随时间推移而显著增长。如图 8-1 所示，在统计数据中，有的年份统计量较多，只是因为当事人在系列案中使用了调查实验证据。例如，如果将 2015 年的迈克尔·杰弗里·乔丹诉国家工商行政管理总局商标评审委员会系列案计为 1 件，则该年度使用商标调查实验的案件数量仅为 8 件；将 2017 年的钱柜企业股份有限公司诉沙县金钻钱柜餐饮文化娱乐有限公司不同分公司的案件计作 1 件，则该年度使用商标调查实验的案件数量仅为 24 件。这说明我国当事人使用商标调查实验的积极性不高。但是，有趣的是，在个别案件中，有当事人指责对方未提供测度消费者认知的调查实验，因此不足以证明其主张。例如，在株式会社爱世克私诉李某、莆田市阿斯克斯体育用品有限公司等案中，被告阿斯克斯体育用品有限公司认为："在原告没有进一步提供由中立第三方对涉案商标市场知名度的独立评估或者调查报告的基础上，涉案商标在中国市场是否存在知名度存在疑问。"[2] 在东莞市茶山瀚亿帽袋制品厂诉国家工商行政管理总局商标评审委员会案中，原告主张"被告未在相关公众中进行民意测试，其所作的比对仅是基于管理机关而非基于相关公众的比对"[3]。这表明商标调查实验已引起小部分当事人或律师的重视。

---

[1]　其中部分记录存在重复，但并不影响商标调查实验使用率极低的判断。
[2]　浙江省杭州市余杭区人民法院（2017）浙 0110 民初第 1801 号民事判决书。
[3]　北京市第一中级人民法院（2011）一中行初字第 1542 号行政判决书。

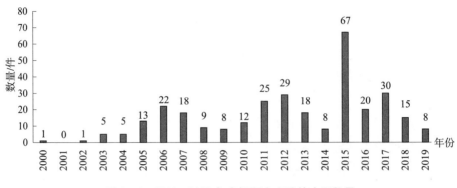

图 8 - 1　2000～2019 年商标调查实验的应用数量

　　第二，商标调查实验证据主要由当事人在较难证明的案件中提出，用于测度商标法中的多种问题。首先，绝大多数商标调查实验都是由当事人自行提交的，但也有少数案件是由当事人向法院提出申请，再由法院委托专业机构开展调查实验（5 件）。❶ 更有少数法院在审理案件过程中认为确有了解相关公众主观认知情况的必要，主动启动了调查实验（2件）。❷ 其次，在侵害商标权纠纷案件所提交的调查实验报告中，用于测度混淆可能性的有 56 份，用于测度知名度的有 54 份，测度显著性的有 11份，用于同时测度知名度和混淆可能性的有 10 份，用于同时测度知名度、显著性和混淆可能性的有 7 份，用于测度品牌满意度的有 3 份，还有 1 份用于辅助损害赔偿计算。❸ 在商标授权确权行政案件所提交的调查实验报

　　❶　颐中烟草（集团）有限公司诉青岛联智广告有限公司案［山东省青岛市中级人民法院（2004）青民三初字第 304 号民事判决书］、德州亚太集团有限公司诉德州市中石电子有限公司案［山东省德州市中级人民法院（2005）德中民四初字第 59 号民事判决书］、山东凤凰制药股份有限公司诉东营豪威化工科技开发有限公司案［山东省东营市中级人民法院（2006）东民三初字第 22 号民事判决书］、东营市华泰橡胶有限公司等诉东营三恩轮胎维修设备厂案［山东省东营市中级人民法院（2006）东民三初字第 15 号民事判决书］、青岛灯塔酿造有限公司诉莱芜智圣工贸有限公司案［山东省莱芜市中级人民法院（2006）莱中知初字第 18 号民事判决书］。
　　❷　永鼎集团有限公司诉吴江万事通开关电器设备有限公司案［江苏省苏州市中级人民法院（2003）苏中民三初字第 067 号民事判决书］、福建省厨师食品集团有限公司诉徐某案［江西省上饶市中级人民法院（2006）饶中民三初字第 22 号民事判决书］。
　　❸　在周乐伦诉新百伦贸易（中国）有限公司等案中，被告提交商标调查实验证明绝大多数消费者选择 New Balance 品牌鞋子是因为其出色的产品设计，从而说明新百伦公司的净利润并非主要依靠商标或"新百伦"的贡献，一审法院认定的损害赔偿计算比例有误［广东省高级人民法院（2015）粤高法民三终字第 444 号民事判决书］。

告中，用于测度混淆可能性的有104份，用于测度知名度的有40份，用于测度显著性的有14份，用于同时测度知名度和混淆可能性的2份。再次，在侵害商标权纠纷案件中，测度混淆可能性的商标调查实验有40份是由被告提出的，用于证明不存在混淆可能性的，占此类调查实验的71.4%。一般而言，证明某事物不存在的难度往往大于证明某事物存在的难度，因此，对于被告而言，证明"不混淆"的难度是较大的。最后，在侵害商标权纠纷案件中，有相当多的商标调查实验报告是当事人一审败诉后在上诉期间新提交的证据（29份）；在商标授权确权纠纷案件中，有103份调查实验证据是当事人在行政程序中失利后才在诉讼阶段提出的。这些现象与学者所预测的商标调查实验将在利益重大的案件和"边际案件"中得到较多应用基本相符。❶

第三，在侵害商标权纠纷案件中商标调查实验的采信率较高，相反，在商标授权确权行政案件中商标调查实验的采信率较低。在侵害商标权纠纷案件中，法院明确拒绝采信44份商标调查实验报告，占总数的28%，换言之，商标调查实验的采信率达到72%。法院通常在综合考虑多种因素后才决定不采信调查实验证据，而非基于单一理由武断拒绝。法院优先提及的拒绝理由是调查实验对象选择不当（19件）。其次是对调查实验方法的质疑（15件），例如相关调查实验方法并不适于测度待测问题、刺激物（stimulus）选择不当、比对方式不当、问题具有诱导性、题目设置不科学等。再次是质疑调查实验是由当事人或其代理人自行设计、执行的（9件）；对调查机构资质的质疑（6件）；指责调查实验是由当事人单方委托的，其客观性存疑（5件）以及当事人只提供报告或复印件，未提交原始调查实验材料（5件）。部分调查实验是在上诉期间新提出的，法院认为其不属于《最高人民法院关于民事诉讼证据的若干规定》中规定的新证据（4件）。批评调查实验专家、执行人员和受访者未出庭作证（3件）及调查实验执行过程存在明显瑕疵（3件）。另有3个案件法院仅指出调查实验与该案不具关联性，而未详述理由。

---

❶　谢晓尧. 用数字说话：商标主观认知的科学度量［J］. 暨南学报（哲学社会科学版），2013（10）：39.

而在商标授权确权行政纠纷案件中，法院明确拒绝了 98 份由当事人提交的商标调查实验报告，占总数的 54.8%。法院最常提及的理由是调查实验方法上存在缺陷（76 件）。其次是许多案件中调查实验证据是在诉讼阶段才提出的，法院认为其不是作出商标复审裁定的依据，因此不予采信（68 件）。认为调查实验选择的对象不当（11 件），包括样本量太少、地域范围存在局限性等。批评商标调查实验是由当事人单方委托的，客观性存疑（6 件）。批评上诉程序中提交的调查实验证据并非法定的新证据（4 件），当事人仅提交复印件而未提交原始调查实验材料（4 件）以及提交的调查实验报告存在明显瑕疵（4 件）。在 2 个案件中，法院指责调查实验是由当事人自行制作的。另有 1 个案件法院质疑调查实验机构的资质，1 个案件未说明不予采信的原因。

应当指出，商标调查实验由当事人单方委托本不应成为拒绝采信的理由。理论上，只要调查实验是由具备资质的调查实验专家根据公认的社会调查实验方法开展的，即使它是由一方当事人委托的，也不影响调查实验结论的科学性和公正性。另外，在商标授权确权行政案件中，法院因调查实验并非商标复审行政程序中提交的证据而拒绝采信的案件特别多；在二审案件中，法院因调查实验并非法定新证据而拒绝采信的案件也不在少数。这均反映了在司法中引入商标调查实验存在法律上的障碍。除上述三种情况外，法院拒绝采信涉案商标调查实验的理由基本上是充分合理的，并不存在学者所说的"对消费者调查有偏执的抵触"❶。而且，在一些案件中，原、被告均提交了调查实验证据，法院采信了一方的证据而基于合理的理由拒绝采信另一方的调查实验，表明法院对商标调查实验并非一味排斥。❷ 部分法院甚至表现出对商标调查实验高度欢迎的态度。例如，有法院指出："商标是否被相关公众广为知晓属于一种客观存在，仅依赖个别部门的主观评价难以达到客观公正的效果，

---

❶ 张爱国. 商标消费者调查的正当性研究：从 49 份商标侵权纠纷民事判决书谈起［J］. 知识产权，2011（2）：64.

❷ 例如，汕头市澄海区建发手袋工艺厂诉迈克尔高司商贸（上海）有限公司等案［浙江省杭州市中级人民法院（2017）浙 01 民初 27 号民事判决书］，迈克尔·杰弗里·乔丹诉国家工商行政管理总局商标评审委员会案［最高人民法院（2016）最高法行再 15 号、27 号行政判决书］。

人民法院应采取相对客观的方法对相关公众心理认知程度进行判断。本院认为，目前委托社会调查机构、进行随机抽样调查的方法能够比较客观地反映商标在相关公众的知晓程度。"❶ 有法院指出："民意测验的结果虽然不能将现实生活中的情况全部再现，但在不可能做到完全重现时，民意测验至少能尽可能地接近事实的真相。民意测验在决定相关公众是否熟知某一注册商标时，事关重要。"❷ 还有法院指出："相关公众调查是对商标近似性和商品混淆的可能性进行判断的辅助方法之一，在没有相反证据予以推翻的情况下，有效的公证证据可以作为法院判定商标近似性的参考因素。"❸

二、我国商标调查实验司法应用存在的问题

通过对研究样本中所载商标调查实验进行微观分析，可以发现我国商标调查实验在司法应用中存在五个方面的共性问题，表明我国当事人、律师和法院对商标调查实验的正确应用仍然缺乏正确认知。

（一）调查实验专家的资质

如本书第二章所述，并非任何人都有资格开展商标调查实验的设计、执行和分析工作，商标调查实验应当由具备心理学、社会学等学科研究生以上学位的专家设计执行。然而，在我国，由不具备资质的组织或个人向法庭提供调查实验证据的情况屡见不鲜。在当事人提交的调查实验中，有 24 个是由当事人自行开展的，15 个是由知识产权代理服务机构开展的，12 个是委托公证处开展的，10 个是由代理律师

---

❶　青岛昌隆文具有限公司诉青岛亘豪商贸有限公司等案［山东省青岛市中级人民法院（2003）青民三初字第 1095 号民事判决书］、颐中烟草（集团）有限公司诉青岛联智广告有限公司案［山东省青岛市中级人民法院（2004）青民三初字第 304 号民事判决书］、广州石头记饰品有限公司诉陈某案［西藏自治区林芝地区中级人民法院（2007）林中民二初字第 02 号民事判决书］。

❷　安徽天方茶业（集团）有限公司诉周某案［安徽省合肥市中级人民法院（2005）合民三初字第 103 号民事判决书］。

❸　广州市花都区三星指甲钳厂诉佛山市南海海金五金制品有限公司案［广东省高级人民法院（2006）粤高法民三终字第 454 号民事判决书］。

组织开展的，还有 4 个是由营销协会❶、商标协会❷等其他不具备调查实验资质的组织所开展的。❸ 更有大量案件当事人未就开展调查实验的主体资质作出说明。另外，有些法院为了解消费者对商标的认知情况而自行开展了调查实验。❹ 应当说，法官认识到了通过调查实验获取相关公众心理认知的重要性，这是非常值得欣喜的；但法官缺乏商标调查实验的专业训练，由法官自行开展调查实验，实是朝正确的方向迈出了错误的一步。在著名的 Triangle Publications 诉 Rohrlich 案中，弗朗克法官在异议意见中提出通过调查实验测度相关公众认知的重要性，并自行面向该案的部分相关公众开展调查。弗朗克法官戏称自己的调查实验"不令人满意"。❺ 而采泽尔教授则不留情面地批评道：尽管弗朗克法官的论点是成立的，他所做的却很可能是迄今为止最糟糕的调查实验。❻

（二）调查实验对象的选择

调查实验对象的选择包括两个紧密相关的步骤。第一个关键步骤是总体（universe）的界定。经过多年经验积累，美国法院和学者就不同类型商标调查实验的恰当总体达成了基本共识。对于测度显著性的调查实验，总体应当是涉案商品的全部潜在购买者。此时法律关心是，对于该类别的商品，涉案标识是否已获得"第二含义"，抑或已沦为

---

❶ 南南铝业有限公司诉江某案［广西壮族自治区来宾市中级人民法院（2006）来民三初字第 1 号民事判决书］。

❷ 鸡泽县湘君府味业有限责任公司诉李某案［河北省高级人民法院（2014）冀民三终字第 84 号民事判决书］。

❸ 在河南省柘城县豫丰种业有限责任公司诉国家工商行政管理总局商标评审委员会案中，原告所提交的调查实验是由柘城县人大农村经济工作委员会、政协民主法制委员会所开展的。参见北京市第一中级人民法院（2005）一中行初字第 675 号行政判决书、北京市高级人民法院（2006）高行终字第 188 号行政判决书。

❹ 永鼎集团有限公司诉吴江万通通开关电器有限公司案［江苏省苏州市中级人民法院（2003）苏中民三初字第 067 号民事判决书］、福建省厨师食品集团有限公司诉徐某案［江西省上饶市中级人民法院（2006）饶中民三初字第 22 号民事判决书］。

❺ Triangle Publications v. Rohrlich, 167 F. 2d 969, 976 (2nd Cir. 1948)

❻ ZEISEL H. The Uniqueness of Survey Evidence [J]. Cornell Law Quarterly, 1959, 45: 322.

通用名称。❶ 对于测度正向混淆的调查实验，总体应当是商标在后使用者（即被告）的商品的潜在购买者，因为，此时需要证明的是这些购买者误以为被告的标识是在先使用者（即原告）的商标，因此才购买了被告的商品。反之，对于测度反向混淆的调查实验，总体则应当是商标在先使用者（即原告）商品的潜在购买者。❷ 驰名商标淡化的测度涉及三个问题，一是商标的知名度，二是驰名商标是否被冲淡，三是驰名商标是否被污损。根据美国《兰哈姆法》，驰名商标必须在全国一般大众中具备知名度，因此总体不应局限于某类产品的购买者，而是全体公众。对于冲淡和污损，由于法律关心的是驰名商标是否因被告的使用行为而发生淡化，因此，关键是测度驰名商标权利人商品潜在购买者的心理变化，总体应当是原告商品的所有潜在购买者。❸ 上述总体范围只是理论上的界定，在实际操作中须通过限定受访者的性别、年龄、收入水平、地理位置、购买意愿、购物时间和地点等因素的方式，将理论上的总体转变成可操作的总体。

在我国，一些法院已注意对调查实验总体的界定进行把关，❹ 但大多数法院似乎未意识到该问题的重要性，在裁判文书中鲜有专门讨论。从对较详细记载调查实验的裁判文书的考察可以发现，不少商标调查实验的总体界定存在较明显的问题。例如，在（法国）米其林集团公司诉喻某等案中，被告欲证明其商标未导致消费者混淆而开展问卷调查，并

---

❶ FOLSOM R H, TEPLY L L. Surveying "Genericness" in Trademark Litigation [J]. The Trademark Reporter, 1988, 78: 1, 11 – 12.

❷ MCCARTHY J T. McCarthy on Trademarks and Unfair Competition [M]. 4th ed. Eagan: Thomson Reuters, 2012: § 32: 159.

❸ JBCOBY J. Trademark Surveys: Designing, Implementing, and Evaluating Surveys [M]. Chicago: ABA Book Publishing, 2013: 294 – 297.

❹ 例如，中粮置业投资有限公司等诉北京元邑房地产开发有限责任公司案［北京市朝阳区人民法院（2013）朝民初字第08370号民事判决书］、刘征诉上海汉涛信息咨询有限公司案［上海市第一中级人民法院（2013）沪一中民五（知）终字第247号民事判决书］、古乔古希股份公司诉机时商贸（上海）有限公司等案［江苏省高级人民法院（2014）苏知民终字第0080号民事判决书］、佛山市海天调味食品股份有限公司诉江苏伊例家食品有限公司等案［广东省佛山市中级人民法院（2016）粤06民终8698号民事判决书］、拜尔斯道夫股份有限公司诉国家工商行政管理总局商标评审委员会案［北京市第一中级人民法院（2012）一中知行初字第2163、2164号行政判决书］、香奈儿股份有限公司诉国家知识产权局案［北京市高级人民法院（2019）京行终9597号行政判决书］。

将总体界定为"年满 18 周岁以上的有识别能力的社会公众"。❶ 这一总体明显超过了被告商品潜在购买者的范围。在立邦涂料（中国）有限公司诉无锡市丹帝龙化工有限公司等案中，原告拟证明被告商标与其商标近似、容易导致混淆，而在上海市火车站、人民广场和百安居沪太店开展问卷调查。❷ 然而，很难确定在这些地点（尤其是火车站和广场）所拦截的受访者是被告商品的潜在购买者。❸ 在博柏利有限公司等诉佛山市南海区路必达马球皮具制品有限公司案中，原告拟证明其"格子布"设计已获得指示来源的"第二含义"，而在上海市淮海中路三八一号中环广场底楼大堂开展问卷调查。❹ 这一总体显然与"涉案商品的全部潜在购买者"存在明显差距。在河南省柘城县豫丰种业有限责任公司诉国家工商行政管理总局商标评审委员会案中，原告为证明"子弹头"已成为特定形状辣椒的通用名称而在柘城县 23 个乡镇开展问卷调查。❺ 该总体与"辣椒的全部潜在购买者"亦存在巨大差距。

调查对象选择的第二个关键步骤是在总体中进行抽样。现有研究对抽样方法的讨论比较充分，❻ 但对人们普遍关心的样本量问题却较少分析。多大的样本足以提供反映全体潜在消费者心理认知的数据？实践中一般认为，200～300 的样本量基本可以得到可靠的数据。尽管访问 500 名受访者听起来比访问 200 名受访者更好，但实际上当样本量从 200 上升到 500 时，置信区间并不会显著缩小。❼ 我国法院对样本量审查的重

---

❶ 广东省广州市中级人民法院（2008）穗中法民三初字第 465 号民事判决书。

❷ 山东省泰安市中级人民法院（2005）泰知初字第 1 号民事判决书、浙江省湖州市中级人民法院（2005）湖民一初字第 3 号民事判决书。

❸ 存在类似问题的还有内蒙古蒙牛乳业（集团）股份有限公司诉呼和浩特经济技术开发区蒙牛酒业有限公司等案 [北京市第一中级人民法院（2006）一中民初字第 1896 号民事判决书]、拉科斯特股份有限公司诉江苏蜥鳄服饰有限公司案 [江苏省苏州市中级人民法院（2006）苏中民初字第 0180 号民事判决书]。

❹ 广东省高级人民法院（2016）粤民终 564 号民事判决书。

❺ 北京市第一中级人民法院（2005）一中行初字第 675 号行政判决书；北京市高级人民法院（2006）高行终字第 188 号行政判决书。

❻ 谢晓尧，陈贤凯. 商标混淆的科学测度：调查实验方法在司法中的运用 [J]. 中山大学学报（社会科学版），2013（5）：164.

❼ JACOBY J. Trademark Surveys：Designing, Implementing, and Evaluating Surveys [M]. Chicago：ABA Book Publishing, 2013：389－399, 439－453.

视程度同样不足。在 314 份裁判文书中，仅有 71 件记录了商标调查实验的样本量。其中，样本量低于 200 的有 61 件，占 85.9%；低于 20 的有 32 件，占 45.1%。在个别案件中，法院甚至采信了样本量为个位数的调查实验证据。❶ 但是，也有法院对样本量提出过分的苛求。例如，在安海斯–布希公司诉国家工商行政管理总局商标评审委员会案中，原告在北京、上海、广州三市面向 900 名受访者开展调查，法院和商标评审委员会仍认为"调查对象较少"，未予采信。❷ 类似地，河南省高级人民法院要求，商标调查实验的样本量一般不得少于 1000。❸

（三）调查实验模型的设计

模型的设计直接关系到调查实验的信度和效度。在美国商标司法实践中，已形成测度不同问题的标准调查实验模型。例如，对通用名称的测度通常采用 Thermos 模型或 Teflon 模型。前者的核心设计是询问消费者在购物过程和日常生活中将如何向售货员和朋友描述涉案商品。如果受访者用涉案商标描述该商品，则意味着该商标已退化为通用名称。后者则事先提供如何区分品牌和通用名称的简易教程，然后要求受访者判断一组标识究竟是品牌还是通用名称。测度"第二含义"的标准做法是将待测标识与商品的其他部分分离，再询问受访者在看到待测标识时是将其与一家生产涉案商品的企业联系在一起，还是与多家企业联系在一起。如果多数受访者将标识与一家企业联系在一起，则证明标识已具备指示来源的"第二含义"。这种提问方式严格遵守了商标定义中的"匿

---

❶　立邦涂料（中国）有限公司诉无锡市丹帝龙化工有限公司等案［山东省泰安市中级人民法院（2005）泰知初字第 1 号民事判决书、浙江省湖州市中级人民法院（2005）湖民一初字第 3 号民事判决书］、株式会社普利司通诉山东三泰橡胶有限责任公司等案［上海市高级人民法院（2008）沪一中民五（知）初字第 121 号民事判决书］、广州星河湾公司事业发展有限公司等诉浙江港龙置业有限公司案［浙江省嘉兴市中级人民法院（2013）浙嘉知初字第 58 号民事判决书］。

❷　北京市第一中级人民法院（2005）一中行初字第 956 号、第 958 号行政判决书，北京市高级人民法院（2006）高行终字第 367、第 377 号行政判决书。有学者就认为："该案调查对象只有 900 人，相对于中国庞大的啤酒消费人群，这个数字的确是太单薄了。"（杜颖. 商标纠纷中的消费者问卷调查证据［J］. 环球法律评论，2008（1）：71 – 80.）

❸　《河南省高级人民法院关于审理涉及驰名商标认定案件若干问题的指导意见》（2007）第 11 条。

名来源规则",即商标的功能是指向"单一的、尽管是匿名的来源"。与其他模型相比,该模型最能准确测度待测问题。测度混淆的标准模型是Squirt 模型和 Eveready 模型。前者向受访者展示系争标识,并询问他们认为两者是由同一家公司出品的,还是由不同公司出品的。多数受访者选择"由一家公司出品",足以认定存在混淆可能性。后者仅向受访者展示被告商品,然后询问受访者该商品是由哪家公司推出的,这家公司还推出什么其他商品。受访者回答商标权人的名称,或者列举商标权人独有的商品,皆可作为发生混淆的证据。其中,Squirt 模型因刻意将涉案商标放在一起比对,被批评不符合真实购物场景。但法官和学者认为,当争议商标显著性和知名度都比较低,而在市场上又会同时出现或先后出现、供消费者比较时,该模型是可取的。Eveready 模型未给受访者不当提示,因此被看作测度混淆可能性的"黄金标准"。❶

在我国,仅少数裁判文书剖析了相关调查实验的模型设计。其中,不少模型存在明显问题。第一,调查实验中所使用的刺激物不当,要么并非涉案商品,要么未提供实物、仅提供照片,要么对实物或照片进行人为修改、不能如实反映商品原貌。第二,调查实验的场景不当,仅采用纯粹的书面比对和问卷回答,未在购买情景或模拟购买情景下对商品实际比对。❷ 第三,比对方法不当,将涉案商标放在同一时空下脱离商品进行直接比对,违反隔离比对规则。❸ 第四,模型选择不当,例如,拟测度的是驰名商标的淡化问题,却采用了测度混淆可能性的模型。❹ 第五,问题及选项的设置具有诱导性。例如,在拉科斯特股份有限公司诉江苏蜥鳄服饰有限公司案中,被告的调查实验向受访者同时展示原、

---

❶ SWANN J B. Likelihood of Confusion Studies and the Straightened Scope of Squirt [J]. The Trademark Reporter, 2008, 98: 739, 746, 755 – 756.

❷ 鲁道夫·达斯勒体育用品波马股份公司诉农工商超市(集团)有限公司案 [上海市高级人民法院 (2009) 沪高民三(知)终字第 70 号民事判决书]。

❸ 鲁道夫·达斯勒体育用品波马股份公司诉农工商超市案(集团)有限公司案 [上海市高级人民法院 (2009) 沪高民三(知)终字第 70 号民事判决书]、贵州贵酒有限责任公司诉贵州省仁怀市茅台镇麒麟酒业有限公司等案 [最高人民法院 (2013) 民申字第 819 号民事裁定书]。

❹ (法国)米其林集团总公司诉喻某等案 [广东省广州市中级人民法院 (2008) 穗中法民三初字第 465 号民事判决书]。

被告商标，让受访者在"近似""不相近似""完全不同"和"其他"间作出选择。❶ 这种提问方式特意诱导受访者关注商标间相似的因素，人为地提高了混淆概率，被认为是不可取的。❷ 在中粮置业投资有限公司等诉北京元邑房地产开发有限责任公司案中，原告调查问受访者："当您听到小悦城的广告宣传语'向南 800 米就是大悦城''大悦城边小跃层 ilogo 小悦城'时，你会想到什么？"其备选的答案有：①"大悦城与小悦城可能是'兄弟'，属同一家公司"；②"大悦城可能持有小悦城项目股份，是'亲戚'"；③"大悦城与小悦城可能存在合作关系"；④"小悦城可能是大悦城的'山寨版'"；⑤"大悦城和小悦城没有关系"；⑥"知道了大悦城附近可能有个小悦城"。❸ 6 个选项中有 4 个诱导消费者联想两者间的关系，选项设置具有明显的倾向性。

（四）调查实验的有效执行

调查实验的执行必须符合社会科学规范，具体包括三个方面。首先，必须遵守"双盲规则"，即调查实验的调查员和受访者均不知晓调查实验委托人的信息。"双盲规则"是保证调查实验客观性的重要规则。一旦调查员知晓委托人的信息，则可能有意无意地向受访者透露调查实验目的，甚至引导受访者选择对委托人有利的答案。受访者知悉委托人信息则可能带来"要求效应"："作为知情的参与者，他们存在使实验环境变得有道理、避免来自实验者的负面评价，甚至以帮助实验者确认其研究假想的方式作出配合的动机。这种动机很可能使参与者有意或无意地对调查实验中的任何线索高度敏感，希望自己显得'正常'或'使研究结果的结论正确'。"❹ 为了避免"要求效应"，必须遵守"双盲规

---

❶　拉科斯特股份有限公司诉江苏鳄鳄服饰有限公司案［江苏省苏州市中级人民法院（2008）苏中知民初字第 0180 号民事判决书］。

❷　BOAL R B. Techniques for Ascertaining Likelihood of Confusion and the Meaning of Advertising Communications ［J］. The Trademark Reporter, 1983, 73: 405.

❸　中粮置业投资有限公司等诉北京元邑房地产开发有限责任公司案［北京市朝阳区人民法院（2013）朝民初字第 08370 号民事判决书］。

❹　SIGALL H, ARONSON E, HOOSE T V. The Cooperative Subject: Myth or Reality? ［J］. Journal of Experimental Social Psycholgy, 1970, 6 (1): 1 – 10.

则”，而在我国大量调查实验是由当事人、代理律师执行的，❶ 是对该规则的明显违犯。

其次，调查员必须接受基础训练，达到执行执行调查实验的能力要求。一般要求调查员必须接受至少一天的基础培训。培训的内容包括：①筛选受访者的方法；②提问的具体方式；③确保调查实验在中立性的环境中展开。❷ 在我国，有的调查实验是由临时招募的大学生执行的，他们是否接受过专门培训不得而知。❸ 有的调查实验地点和受访者竟然是由公证员指定的。❹ 有的调查问卷是由受访者在调查员的辅助下完成的。❺ 有些案件拟证明商标混淆，调查实验却选在一方营业地，使该方商标始终暴露在受访者面前。❻ 有的调查员在同一时间同一地点执行多份调查。❼ 这些都表明调查员缺乏必要技能，无法按照社会科学规范完成商标调查实验。

最后，须对调查实验过程实行严格的质量控制，包括事中控制和事后控制。事中控制指在调查实验执行过程中由专家抽取一定样本进行实地监督；事后控制通常由第三方对受访者进行回访和复查。在我国，调

---

❶ 例如，吉林省真子食品有限责任公司诉长春市韩庄餐饮有限公司等案［吉林省高级人民法院（2006）吉民三终字第 178 号民事判决书］；鲁道夫·达斯勒体育用品波马股份公司诉昆山润华商业有限公司上海南汇分公司案［上海市第一中级人民法院（2007）沪一中民五（知）初字第 153 号民事判决书］，相关案件参见（2008）温民三初字第 159 号、第 161 号民事判决书，（2008）苏中知民初字第 0065 号民事判决书，（2009）通中知民初字第 0117 号民事判决书，（2009）沪高民三（知）终字第 70 号民事判决书；株式会社普利司通诉山东三泰橡胶有限责任公司等案（上海市第一中级人民法院民事裁定书）。

❷ DIAMOND S S. Reference Guide on Survey Research ［M］//Federal Judicial Cetner. Reference Manual on Scientific Evidence. 3rd ed. Washington D. C.：The National Academies Press，2011：409.

❸ 烟台开发区鲁蒙防水防腐材料有限责任公司诉山东蓝盟防水防腐材料有限公司案［山东省烟台市中级人民法院（2014）烟民知初字第 290 号民事判决书］。

❹ 徐彦雅. 社会调查活动公证保全对司法裁判的影响：析“乔丹”商标争议行政纠纷案件所涉保全证据公证活动［J］. 中国公证，2017（4）：16 – 21.

❺ 鲁道夫·达斯勒体育用品波马股份公司诉农工商超市（集团）有限公司案［上海市高级人民法院（2009）沪高民三（知）终字第 70 号民事判决书］。

❻ 芬迪爱得乐有限公司诉上海益朗国际贸易有限公司等案［上海知识产权法院（2017）沪 73 民终 23 号民事判决书］。

❼ 古乔古希股份公司诉机时商贸（上海）有限公司等案［江苏省高级人民法院（2014）苏知民终字第 0080 号民事判决书］。

查实验执行的质量控制仍存在较大问题。最典型的是古乔古希股份公司诉机时商贸（上海）有限公司等案：原告提交的调查实验录音显示，当受访者回答两个包"没有"关联时，调查员却记录成"有"；回答"不知道"却记录成"知道"。同样，两被告的调查实验也存在将"没有关系吧""没有吧"等猜测性回答记录成"没有关系"的肯定结论，以及其他问卷与录音不一致、记录错误的问题。❶

（五）调查实验的科学报告

商标调查实验结果必须以报告形式完整呈交法庭。美国联邦司法中心指出："调查报告的完整性是调查可信度和提供调查结果的专家专业性的重要指标"，调查实验报告应当包含如下内容：①调查目的；②总体的界定及样本框的描述；③抽样设计的描述，包括挑选受访者和访问的方法、回收量、受访者适格性或筛选的标准和方法等；④抽样执行结果的描述；⑤具体问题的准确表述，包括真实问卷、调查员说明书和刺激物；⑥统计方式的描述；⑦对评估证明力的程序的描述；⑧对抽样误差的估算；⑨清晰标明及定位数据来源的统计表，包括原始数据；⑩调查员说明、复核结果和编码册。❷

当事人不能仅提交简单的调查实验结果和最终数据，而应提交详细描述整个调查实验设计和执行过程的报告。这是因为，一方面，作为社会科学研究，详尽的调查实验报告使第三方可以对调查实验进行独立检验，评估其信度和效度，在必要时复制调查实验；另一方面，任何提交法庭的调查实验证据都只是对现实世界的模拟，不能期待一次调查实验提供了商标问题的精确测度。调查实验的真正意义不在于提供几个数字，而在于数字背后所蕴含的丰富信息，这些信息必须放到调查实验的完整背景中，才能得到恰当解读。因此，提交法庭的调查实验证据必须包含报告的完整内容，供法官和对方当事人及专家审查。在我国，许多当事人仅提交简单的

---

❶　江苏省高级人民法院（2014）苏知民终字第 0080 号民事判决书。

❷　DIAMOND S S. Reference Guide on Survey Research［M］//Federal Judicial Cetner. Reference Manual on Scientific Evidence. 3rd ed. Washington D. C. ：The National Academies Press，2011：415 -416.

调查实验报告，报告中未附有完整的调查问卷和调查过程，也未记载具体的调查方式，故调查结论的形成过程不明。❶ 这样的调查实验报告显然是不合格的。

三、我国商标调查实验司法应用的完善路径

实证研究表明，我国商标司法实践中调查实验的应用率极低，采信率整体上也不高，实际应用中存在多方面的问题。为提升商标调查实验的应用率，提升其质量并正确把握采信标准，作者认为应当从三个方面完善商标调查实验的司法应用。

（一）明确商标调查实验的证据属性

当事人提交商标调查实验证据的积极性不高，与这类证据的法律定性不明有关。有学者认为商标调查实验应属证人证言。虽然《民事诉讼法》规定证人应当出庭作证，接受当事人质询，但如果存在无法出庭的特殊情况，亦允许其提交书面证言。在商标诉讼中，由于调查对象分散，人数众多，不可能要求他们全部到庭，因此属于"其他无法出庭的特殊情况"。而调查实验报告便可作为证人的书面证言提交法院。❷ 然而，证人证言是证人就自己所知道的案件情况所作的陈述，是主观对客观的反映过程。受案件事实本身决定，证人具有不可选择性和不可替代性。相反，调查实验对象的陈述是对某个事实的观点、意见或态度，是主观对主观的反映。在调查实验中，对象的选取是随机的，具有可选择性和可替代代性。调查实验报告是运用统计学方法对群体意见或态度的汇总分析，并非证人的书面证言。因此将商标调查实验定性为证人证言是不恰当的。

有学者认为商标调查实验证据是专家证人证言，即《民事诉讼法》

---

❶ 汕头市澄海区建发手袋工艺厂诉迈克尔高司商贸（上海）有限公司案［浙江省杭州市中级人民法院（2017）浙 01 民初 27 号民事判决书］、迈克尔·杰弗里·乔丹诉国家工商行政管理总局商标评审委员会案［最高人民法院（2016）最高法行再 15 号行政判决书］。

❷ 杜颖. 商标纠纷中的消费者问卷调查证据［J］. 环球法律评论，2008（1）：73－74.

中"有专门知识的人"的证言。❶ 然而，专家证人证言并非该法明确规定的证据形式。从制度设计上看，"有专门知识的人"也不同于英美法系的专家证人，其在民事诉讼中的功能只是协助当事人就专门性问题提出意见或者对鉴定意见进行质证。❷ 相反，商标调查实验专家的主要职责是设计调查问卷，主持调查过程，对受访者的回答进行统计、分析后形成调查实验报告，并出庭就报告接受质询。因此，商标调查实验亦不属于专家证人证言。

有学者主张商标调查实验应属鉴定意见，因为它属于"运用科学技术或者专门知识对诉讼涉及的专门性问题进行鉴别和判断并提供鉴定意见。"❸ 我国一些法院和当事人也将商标调查实验视为鉴定意见，认为提交调查实验报告的机构必须具备鉴定资质。❹ 但是，鉴定意见主要回答的是"是什么、不是什么"的问题，其产生的方式是由专业人员运用自然科学知识、方法和仪器针对客观的事实得出客观的结论。在司法部发布的《司法鉴定执业分类规定》（司发通〔2000〕159 号）中提到的 11 种鉴定分类中，有 10 类都是通过自然科学方法进行的鉴定。最后一类"知识产权司法鉴定"所指的也是"运用必要的检测、化验、分析手段"对各种"技术争议进行鉴定"。相反，商标调查实验回答的主要是"相关公众的感受如何"的问题，专家的专门知识主要用于设计调查方案，使之能够更加真实、准确地反映相关公众的主观感受，其结论是根据统计数据得出的，是对受访者观点、意见和态度的汇总与分析。因此，商标调查实验实是对他人结论的总结，与鉴定意见存在明显区别。

由此可见，商标调查实验很难纳入我国现行《民事诉讼法》规定的

---

❶ 张爱国. 商标消费者调查的正当性研究 [J]. 知识产权, 2011 (2)：64.

❷ 张卫平. 民事诉讼法 [M]. 北京：法律出版社, 2019：225 – 227.

❸ 徐雅琴, 姚艺. 商标侵权案件中问卷调查的证明力研究 [J]. 河南牧业经济学院学报, 2018 (3)：68, 70.

❹ 厦门华侨电子企业有限公司诉四川长虹电器股份有限公司上海分公司案 [上海市第二中级人民法院（2003）沪二中民五（知）初字第 172 号民事判决书]、广州市花都区三星指甲钳厂诉佛山南海海金五金制品有限公司案 [广东省高级人民法院（2006）粤高法民三终字第 454 号民事判决书]、新疆世纪楼兰酒业有限公司等诉吐鲁番楼兰酒业有限公司案 [最高人民法院（2011）民申字第 112 号民事判决书]、周乐伦诉新百伦贸易（中国）公司案 [广东省高级人民法院（2015）粤高法民三终字第 444 号民事判决书]。

证据形式，其在诉讼中的证据地位具有较大的不确定性。有学者主张应新设一类社会科学证据。● 该观点较有道理：商标调查实验能够作为一种证据形式被接纳，正是社会学、统计学、心理学等相关社会科学发展到一定阶段的结果。未来立法可考虑增设社会科学证据形式，并为评估该证据形式的证明能力和证明力作出更具体的规定，从而消除当事人因商标调查实验证据地位不确定而产生的疑虑。

（二）制定应用商标调查实验的司法指引

商标调查实验涉及相对复杂的社会科学方法问题，出台详细的司法指引具有重要的指导意义。第一，目前当事人提交的商标调查实验证据在方法上普遍存在多方面的问题，司法指引能够给当事人、律师和专业调查机构提供明确指导，保障和提升商标调查实验的基本质量。第二，司法指引能够帮助法官对商标调查实验进行审查，明确评估其证明能力和证明力的司法标准。第三，为当事人和法官提供就商标调查实验展开讨论的指涉框架，使各方能在符合社会科学原理的框架内进行有效论证，从而提升当事人提交、法官采信商标调查实验的积极性。

制定应用商标调查实验的司法指引具有现实可行性。一方面，许多国家已就商标调查实验的司法应用提供详细指引。例如，美国司法会议早在1960年就出台了《疑难案件审判推荐程序手册》，为法官处理疑难案件中的科学证据（包括调查实验证据）提供指引。1969年，该手册被联邦司法中心发布的《复杂诉讼指南》（第4版）所取代。《复杂诉讼指南》要求法官在审查调查实验证据时，应当考虑以下因素：①是否恰当地选择和界定总体；②所选的样本在总体中是否具有代表性；③是否准确报告所收集的数据；④调查实验中的问题是否清晰，是否具有诱导性；⑤调查实验是否由适格人员根据访问程序执行；⑥是否遵守保障客观性的流程（例如，调查实验是否专为诉讼而实施，是否由与当事人或律师有关的人或知晓其在诉讼中的目的的人实施）。❷ 1994年，该中

● 曹世海．对商标侵权诉讼中市场调查报告的审查与认定［J］．人民司法，2015（9）：78.

❷ Federal Judicial Center. Manual for Complex Litigation（2004）pp. 102–104.

心进一步委托专家撰写了厚达 600 余页的《科学证据参考指南》，其中即包含了《调查研究参考指引》，供法官办案参考。《调查研究参考指引》就调查实验的目的与设计、总体的界定与抽样、调查实验的问题及其结构、涉及调查员的调查实验、数据录入与答案分组、披露与报告等六方面问题展开详细的分析。❶ 类似地，英国法院和司法机关也就商标调查实验提供了相关指引。❷ 另一方面，近年来我国法院已就许多涉及社会科学的复杂问题出台司法指引。例如，北京市高级人民法院近来出台了《北京市高级人民法院关于侵害知识产权及不正当竞争案件确定损害赔偿的指导意见及法定赔偿的裁判标准》，共八章 110 条，对知识产权案件中损害赔偿数额确定的基本思路、基本方法和证据规则作出具体规定，且规定了七类案件适用法定赔偿的基本裁判标准和酌情增减赔偿倍数的考量因素。❸ 损害赔偿的计算涉及经济学、会计学问题，考量因素异常复杂，一贯被认为是知识产权司法领域的难题。而经过长期探索，法院也就此形成体系化的指导意见。商标调查实验并不比损害赔偿问题更复杂，随着社会科学的发展与学界研究的深入，为调查实验证据提供详细的司法指引完全是可行的。

（三）构建引入商标调查实验的合理程序

法官对商标调查实验最大的忧虑，是其涉及复杂的社会科学问题。波斯纳指出，一旦双方的专家均提出看似合理却又针锋相对的意见时，法官就陷入"专家之战"的窘境。❹ 商标调查实验的时间和经济成本都比较高昂，如果在调查实验完成之后，再由双方专家对彼此的报告互相攻讦，不仅无法发挥商标调查实验帮助发现事实真相的作用，还会造成较大的社会资源浪费。为避免这一问题，有学者提出，可以由法官在庭

---

❶ Federal Judicial Center. Reference Manual on Scientific Evidence（2011）.

❷ 周家贵. 商标问卷调查在英美法院商标侵权案件中的运用 [J]. 知识产权, 2006（6）：83.

❸ 《北京市高级人民法院关于侵害知识产权及不正当竞争案件确定损害赔偿的指导意见及法定赔偿的裁判标准》（2020）。

❹ Indianapolis Colts, Inc. v. Metropolitan Baltimore Football Club Ltd., 34 F. 3d 410（7th Cir., 1994）.

前程序指派独立的调查实验专家，并由双方当事人就调查实验的具体方法均达成共识，再开展调查实验。❶ 或者借鉴仲裁员选择的方法，由当事人选择双方一致认同的调查实验专家开展调查实验。在我国，有法院接受当事人的申请，委派中立、权威的社会调查机构开展调查实验。其采用的调查实验方法较为规范，结论客观公允，较容易为当事人和法官所接受，成为法官裁判的重要依据。❷ 这种成功的本土实践也值得被制度化。

另外，法官不熟悉社会科学知识是商标调查实验引入的一大障碍。我国知识产权法院为解决法官对科学技术不熟悉的问题，创设了技术调查官制度，并已形成了技术调查官参与知识产权诉讼活动的相应规范。❸目前，我国的技术调查官主要是科学技术领域的专家，未来可以进一步探索聘任社会科学家担任技术调查官，为法官审查知识产权案件中的社会科学证据提供技术支持。

四、小结

进入 21 世纪以来，域外商标调查实验的实践开始引起国内学者关注，其正当性和重要价值也已得到充分论证。❹ 本章通过对我国近 20 年来商标司法实践中调查实验证据的应用情况的实证研究，力图全面展示我国商标调查实验司法应用的现状。但是，由于大部分裁判文书均未对调查实验证据展开详细讨论，实证研究存在较大的困难。尽管如此，本书还是大致展示了我国商标调查实验司法应用的基本图景：在我国，商

---

❶ WELTER P J. A Call to Improve Trademark Survey Evidence [J]. The Trademark Reporter, 1995, 85: 205, 207 – 208.

❷ 山东省青岛市中级人民法院（2004）青民三初字第 304 号，德州市中级人民法院（2005）德中民四初字第 59 号，东营市中级人民法院（2006）东民三初字第 15 号、第 22 号，莱芜市中级人民法院（2006）莱中知初字第 18 号民事判决书。

❸《最高人民法院关于技术调查官参与知识产权案件诉讼活动的若干规定》（法释〔2019〕2 号）。

❹ 张爱国. 商标消费者调查的正当性研究：从 49 份商标侵权纠纷民事判决书谈起 [J]. 知识产权，2011（2）：63 – 69.；谢晓尧. 用数字说话：商标主观认知的科学度量 [J]. 暨南学报（哲学社会科学版），2013（10）：35 – 43.

标调查实验的应用率极低，采信率不高，所提交的调查实验也存在各种各样的问题。

学者们指出："社会科学的门类众多，各有渊源，并非简单的实地调查、收集数据，最后摆上几张统计表格就可以生产出合格产品那样轻松。任何一个法律人在真正严肃认真从事这类研究之前都需要接受严格的社会科学训练，一知半解的简单模仿只能产生伪劣产品。……与其提出一个差劲的调查，还不如干脆不做调查。"❶ "在有些案件中，当事双方都实施了看起来似乎满足所有要求的调查，但是两项调查的结果却截然不同。在这种情况下，法官或者陪审团最好不要理会调查专家而要集中关注其他证据。"❷ 这就不难理解为何我国的法官们对商标调查实验并不抱有太高的热情。

商标调查实验的推广应用，有赖于法律上对其证据地位的明确，并为如何开展正确的调查实验提供详细的司法指引，构建引入调查实验证据并保证其客观性、公正性的司法程序。唯其如此，商标调查实验的操作才能日益规范化，当事人与法官对商标调查实验的信心也才能得到增强，调查实验才能逐渐成长为商标司法中成熟的、符合社会科学原理的普遍实践。

---

❶ 约翰·莫纳什，劳伦斯·沃克. 法律中的社会科学 [M]. 6 版. 何美欢，樊志斌，黄博，译. 北京：法律出版社，2007，译者序。

❷ 汉斯·采泽尔，戴维·凯. 用数字证明：法律和诉讼中的实证方法 [M]. 黄向阳，译. 北京：中国人民大学出版社，2008：218.

第九章　调查实验的局限

从依赖反仿冒原则（passing‐off）对商标进行个案保护到建立全国性的商标注册登记制，商标制度的演进实际上实现了以一个权威的中央机构作为信用支撑，对商标符号进行产权化的明确界定和官僚式管理的方式。商标注册的先后次序决定了它的产权归属，核定使用的商品类别与核准使用的符号（音、形、义）共同决定了商标的产权边界。从此，个人不再承担论证商标权利的烦琐义务，权利的复杂信息通过一张载满数字符号、格式化的产权证书得以表述与固化。精致而权威的登记制度保证了市场主体对产权证书的信赖，使这一证书得以在市场上自由流通，并在复杂而精巧的供求机制下获得自己应有的身价。一言以蔽之，商标财产"闭合"的整个过程实际上实现了现代社会对这一财产形式的数目字管理。❶

然而，如同其他无体财产一般，商标财产在实现"闭合"的过程中不可避免地留下缺口。一个商业标识经过长期的使用后，是具备必要的显著性因此足以成为私有财产，还是不具备足够的显著性从而应当留在公共领域供大众使用？商标上负载的商业信誉是否因长期使用而产生"溢出"效应，因此应当适度扩大纸面上记载的权利的保护范围？他人是否应当承担必要的避让义务，以免在权利的模糊地带导致消费者混淆？——权利边界的确定完全取决于相关公众的主观认知和内心感受，事前的财产规则无法对其进行精确厘定，只能仰赖司法在个案中进行事后的界分。

---

❶　布拉德·谢尔曼，莱昂内尔·本特利. 现代知识产权法的演进：1760—1911 年英国的历程［M］. 金海军，译. 北京：北京大学出版社，2006：206‐229.

当事前的财产规则正努力实现对商标财产的数目字管理时，司法过程也在作出同样的努力。调查实验方法的引入就是这种努力的一部分：它以精心设计的实验模型对相关公众的主观认知进行科学测度，将相关公众的心理状态转化成一种可计算的形式，以数目字的方式更为准确地界定了商标权利的模糊地带，为更精细地安排权利救济措施提供必要的事实依据。尽管这样的划界与度量远远无法达到精准的程度，但这种对无法触摸的事物进行表述的努力，也许可以促进商标制度朝着更有效率、更易管理的方向发展。

对于流淌的时间，人类发明了沙漏与钟表；对于流动的财富，人类创造了复式记账法；对于深藏于消费者内心世界的商标印象，人类再一次作出了表述与测度的努力。

这种测度无体财产边界的努力，不仅适用于商标领域，在其他知识产权领域也有广阔的应用前景。在反不正当竞争法领域，调查实验方法可用于解决反仿冒和反虚假宣传中的关键问题。反仿冒制度所涉问题与侵害商标权纠纷问题有较大的相似性，例如，商业标识经过长期使用是否已经获得"第二含义"，他人的使用是否可能导致消费者混淆等。在反虚假宣传方面，核心的问题同样是相关消费者的心理认知，即，对消费者而言，涉案广告宣传所要传达的含义是什么。在专利制度中，调查实验方法可以用于测度两个问题。第一，在计算专利损害赔偿时，我们必须弄清楚权利人的实际损失或者侵权人的不当获益在多大程度上归因于产品的专利特征。因此，调查实验方法可以用于测度多大比例的消费者是因为产品的专利特征才购买了专利产品。第二，在外观设计专利制度中，侵权的认定标准是一般消费者认为涉案产品外观设计与受专利权保护的外观设计相同或者实质相同。恰当设计的调查实验可以测度多大比例的一般消费者产生了这样的认知。同理，在著作权法领域，调查实验方法也可以帮助测度多大比例的一般观察者认为诉争作品之间已构成实质相似。

不过，本书作者不得不再一次强调，这种表述和测度无体财产边界的努力并不是完美的。正如珀尔曼教授（Harvey Perlman）所指出的，所有调查实验都只是真实生活条件下真实消费者行为的不完美镜像：

"一旦我们承认这类证据只是混淆的间接证据，而非直接证据，那么对这类证据的处理就会简便许多。问题就变成：从特定的调查实验中，我们能在多大程度上作出存在混淆的推论。"❶ 麦卡锡教授也告诫道：世界上根本不存在"完美"的调查实验，调查实验提供的只是一个样本，尽管是一个根据科学方法构建的样本。❷ 拉普波特教授指出，使所有调查实验都存在三方面的不可避免的限制条件，使其仅仅是真实人类行为与感知的不完美的反映：①人在调查实验中的行为反应从来就不可能与在现实生活中的行为反应完全相同，仅仅是"正在被观察"这一事实就足以使"正常"的行为发生一定程度的扭曲；②永远不可能有无限的时间和金钱来执行一个探索所有可能的排列组合的调查实验；③有时，受访者就是不知道法律所要解决的那些问题的答案。❸ 所以，调查实验的任何结论都不能被简单地理解为一个准确无误的数字，而只能被看作是对相关问题测度所得的一个近似值。

应当认为，调查实验证据是一种有用的证据形式。在"多因素测试法"及其他市场信息都无法提供强有力的证据时，一份严格按照社会科学规程设计执行的调查实验所得到数据往往具有较强的说服力。❹ 尽管在技术上，调查实验仍未达到精确的程度，但它毕竟为法庭打开了一扇窗户，让法官得以直接观测现实世界中相关公众的心理感受。它提供了一个机制，将消费者的认知、律师的法律知识和调查实验专家的统计技术融会在一起，在三方的共同努力下向法庭呈现一幅真实市场的模拟图景。正如不太精确的航海图仍然帮助古人完成无数海上历险的壮举，这幅不太真实的市场图景也为法官完成其正义的事业提供了可以依凭的工具。

---

❶ PERLMAN H S. The Restatement of the Law of Unfair Competition：A Work in Progress ［J］. The Trademark Reporter, 1990, 80：461, 473.

❷ MCCARTHY J T. McCarthy on Trademarks and Unfair Competition ［M］. 5th ed. Eagan：Thomson Reuters, 2019：§ 32：178.

❸ RAPPEPORT M. Litigation Surveys – Social "Science" as Evidence ［J］. The Trademark Reporter, 2002, 92：957, 961.

❹ SAREL D, MARMORSTEIN H. The Effect of Consumer Surveys and Actual Confusion Evidence in Trademark Litigation：An Empirical Assessment ［J］. The Trademark Reporter, 2009, 99：1416.

　　调查实验证据既不比其他认定因素更好，也不比它们更坏。它绝不是对相关公众心理认知的客观反映，但它同样也为法官作出最终判断提供可以参考的依据。它所提供的并非仅仅是一串数字，而法官也不是在对这些数字进行加减乘除的计算器。在对知识产权边界进行界定的过程中，法官所进行的是一项综合性的操作，这一操作在法官的精神熔炉里神秘地发生。❶ 在那里，直觉和感情在活跃的良知中加热；调查实验证据和其他认定因素一样，为这个燃烧着的熔炉提供一味知识的燃料，使法官更好地将抽象的法律和具体的事实焊接在一起，得出尽可能公正和准确的裁决。

---

　　❶　皮罗·克拉玛德雷. 程序与民主 [M]. 翟小波，刘刚，译. 北京：高等教育出版社，2005：23.

附录1 美国联邦司法中心
《调查研究参考指引》目录*

一、导论

A. 法庭中使用的调查

B. Daubert 案后用于协助评估专家可接受性的调查

C. 用于评估社区标准的调查：Atkin 诉 Virginia 案

D. 调查证据与个人证言的比较

二、调查的目的与设计

A. 调查是否用于解决相关问题？

B. 调查的设计、执行和解释过程是否得到恰当的控制，以保证调查的客观性？

C. 设计、执行或分析调查的专家是否具备恰当的技能与经验？

D. 将为他人执行的调查出庭作证的专家是否具备恰当的技能与经验？

---

* 美国联邦司法中心委托莎莉·席德曼·戴尔蒙德教授（Shari Seidman Diamond）撰写了《调查研究参考指引》（*Reference Guide on Survey Research*），收录在《科学证据参考指南》（*Reference Manual on Scientific Evidence*）中。莎莉·席德曼·戴尔蒙德教授具有 J. D. 学位和社会心理学博士学位，是西北大学霍华德·J. 特里南斯法学教授和伊利诺伊州芝加哥市美国律师基金会研究教授。该参考指引长达 63 页，对提交法庭使用的调查证据的所有科学要求作了详细介绍，成为当事人、律师和法官应用调查证据的重要参考。本附录展示了该参考指引的目录，供读者参考。未来我国也可以制定类似的参考指引，以促进商标调查实验在我国司法中的正确应用。——作者注

三、总体界定与抽样

A. 是否恰当界定总体？

B. 样本框是否趋近于总体？

C. 样本是否趋近于总体的相关特征？

D. 何种证据证明"无回应"不导致调查结果有偏？

E. 采用何种程序降低有偏样本的可能性？

F. 采用何种措施保证只有适格受访者参与调查？

四、调查的问题与结构

A. 调查中的问题是否清晰、准确、无偏？

B. 是否有些受访者可能对相关问题无意见？如有，采取何种步骤减少猜测效应？

C. 调查采用的是开放式问题还是封闭式问题？选择此类问题形式的合理性是什么？

D. 是否适用追问来澄清模糊或不完整的答案？采取何种步骤保证追问不具有诱导性，且以前后一致的方式执行？

E. 采用何种方法避免或测度潜在的顺序效应或背景效应？

F. 如果调查是用于测度因果关系的，该调查是否包含了恰当的对照组或者对照问题？

G. 调查中不同数据收集模式有哪些局限？

1. 面对面调查

2. 电话调查

3. 邮寄调查

4. 互联网调查

五、涉及调查员的调查

A. 是否恰当地挑选和培训调查员？

B. 调查员了解调查及其赞助人的什么情况？

C. 采取何种程序保证和确定调查的执行以最小化错误和偏差？

六、数据录入与回答的分组

A. 采取什么措施保障数据被准确地记录？

B. 采取什么措施保障分组数据的分类一致且准确？

七、披露与报告

A. 调查方法与结果的相关信息在何时披露？

B. 调查报告是否包括所有相关特征的完整及详细的信息？

C. 在针对个人的调查中，采取何种措施保护个人受访者的身份？

八、致谢

术语表
调查研究参考文献

附录 2　我国应用商标调查实验证据的司法案例

附表 1　侵害商标专用权纠纷案件

序号	审结时间/年	审理法院	案号
1	2000	上海市第二中级人民法院	（2000）沪二中知初字第 23 号
2	2002	上海市第一中级人民法院	法宝引证号：CLI. C. 26410
3	2003	北京市第一中级人民法院	（2001）一中知初字第 33 号
4	2003	北京市第一中级人民法院	（2001）一中知初字第 34 号
5	2003	北京市第一中级人民法院	（2001）一中知初字第 35 号
6	2003	北京市第二中级人民法院	（2003）二中民初字第 06286 号
7	2003	江苏省苏州市中级人民法院	（2003）苏中民三初字第 067 号
8	2004	上海市第二中级人民法院	（2003）沪二中民五（知）初字第 172 号
9	2004	浙江省杭州市中级人民法院	（2004）杭民三初字第 267 号
10	2004	山东省高级人民法院	（2004）鲁民三终字第 48 号
11	2004	山东省青岛市中级人民法院	（2003）青民三初字第 1095 号
12	2004	山东省青岛市中级人民法院	（2004）青民三初字第 304 号
13	2005	北京市第一中级人民法院	（2004）一中民初字第 7239 号
14	2005	重庆市高级人民法院	（2005）渝高法民终字第 176 号
15	2005	山东省济宁市中级人民法院	（2005）济民四初字第 26 号
16	2005	山东省青岛市中级人民法院	（2005）青民三初字第 986 号
17	2005	福建省福州市中级人民法院	（2005）榕民初字第 4 号
18	2005	重庆市高级人民法院	（2005）渝高法民终字第 129 号
19	2005	山东省泰安市中级人民法院	（2005）泰知初字第 1 号
20	2005	浙江省湖州市中级人民法院	（2005）湖民一初字第 3 号
21	2005	北京市第一中级人民法院	（2005）一中民初字第 4536 号

续表

序号	审结时间/年	审理法院	案号
22	2005	上海市第二中级人民法院	（2005）沪二中民五（知）初字第149号
23	2005	湖南省长沙市中级人民法院	（2005）长中民三初字第110号
24	2006	安徽省合肥市中级人民法院	（2005）合民三初字第103号
25	2006	重庆市第一中级人民法院	（2005）渝一中民初字第485号
26	2006	山东省德州市中级人民法院	（2005）德中民四初字第59号
27	2006	上海市高级人民法院	（2005）沪高民三（知）终字第137号
28	2006	上海市高级人民法院	（2005）沪高民三（知）终字第151号
29	2006	江苏省盐城市中级人民法院	（2005）盐民三初字第7号
30	2006	湖南省衡阳市中级人民法院	（2006）衡中法民三初字第40号
31	2006	吉林省高级人民法院	（2006）吉民三终字第178号
32	2006	湖南省衡阳市中级人民法院	（2006）衡中法民三初字第30号
33	2006	广西壮族自治区来宾市中级人民法院	（2006）来民三初字第1号
34	2006	湖南省郴州市中级人民法院	（2006）郴民三初字第4号
35	2006	山东省临沂市中级人民法院	（2006）临民三初字第5号
36	2006	江西省上饶市中级人民法院	（2006）饶中民三初字第22号
37	2006	山东省东营市中级人民法院	（2006）东民三初字第22号
38	2006	北京市第一中级人民法院	（2006）一中民初字第1896号
39	2006	安徽省宣城市中级人民法院	（2006）宣中民三初字第5号
40	2007	上海市浦东新区人民法院	（2006）浦民三（知）初字第125号
41	2007	广东省高级人民法院	（2006）粤高法民三终字第454号
42	2007	山东省济南市中级人民法院	（2006）济民三初字第221号
43	2007	山东省烟台市中级人民法院	（2006）烟民三初字第4号
44	2007	山东省烟台市中级人民法院	（2006）烟民三初字第84号
45	2007	山东省高级人民法院	（2006）鲁民三终字第92号

序号	审结时间/年	审理法院	案号
46	2007	山东省东营市中级人民法院	（2006）东民三初字第 15 号
47	2007	西藏自治区林芝地区中级人民法院	（2007）林中民二初字第 02 号
48	2007	西藏自治区拉萨市中级人民法院	（2007）拉民三初字第 09 号
49	2007	江西省宜春市中级人民法院	（2007）宜中民三初字第 5 号
50	2007	江西省吉安市中级人民法院	（2007）吉中民二初字第 1 号
51	2007	江西省吉安市中级人民法院	（2007）吉中民二初字第 4 号
52	2007	江苏省常州市中级人民法院	（2007）常民三初字第 3 号
53	2007	浙江省嘉兴市中级人民法院	（2007）嘉民二初字第 64 号
54	2007	吉林省松原市中级人民法院	（2007）松民三初字第 2 号
55	2007	北京市第二中级人民法院	（2007）二中民初字第 9625 号
56	2007	上海市第一中级人民法院	（2007）沪一中民五（知）初字第 153 号
57	2007	江西省宜春市中级人民法院	（2007）宜中民三初字第 11 号
58	2007	浙江省高级人民法院	（2007）浙民三终字第 74 号
59	2008	山东省莱芜市中级人民法院	（2006）莱中知初字第 18 号
60	2008	浙江省温州市中级人民法院	（2008）温民三初字第 159 号
61	2008	河北省廊坊市中级人民法院	（2008）廊民三初字第 3 号
62	2008	上海市第一中级人民法院	（2008）沪一中民五（知）初字第 121 号
63	2008	浙江省温州市中级人民法院	（2008）温民三初字第 161 号
64	2008	江苏省苏州市中级人民法院	（2008）苏中知民初字第 0065 号
65	2008	河北省邢台市中级人民法院	（2008）邢民三初字第 21 号
66	2008	北京市高级人民法院	（2008）高民终字第 902 号
67	2009	江苏省苏州市中级人民法院	（2008）苏中知民初字第 0180 号
68	2009	江西省鹰潭市中级人民法院	（2008）鹰民三初字第 1 号
69	2009	浙江省高级人民法院	（2009）浙知终字第 86 号
70	2009	江苏省南通市中级人民法院	（2009）通中知民初字第 0117 号
71	2009	上海市高级人民法院	（2009）沪高民三（知）终字第 70 号

续表

序号	审结时间/年	审理法院	案号
72	2010	广东省广州市中级人民法院	（2008）穗中法民三初字第 465 号
73	2010	福建省高级人民法院	（2010）闽民终字第 537 号
74	2010	河北省高级人民法院	（2010）冀民三终字第 45 号
75	2011	山东烟台市中级人民法院	（2008）烟民三初第 87 号
76	2011	广东省高级人民法院	（2011）粤高法民三终字第 182 号
77	2011	最高人民法院	（2011）民申字第 112 号
78	2012	安徽省合肥市中级人民法院	（2011）合民三初字第 00156 号
79	2012	山东省高级人民法院	（2012）鲁民三终字第 136 号
80	2012	贵州省高级人民法院	（2012）黔高民三终字第 69 号
81	2013	最高人民法院	（2013）民申字第 819 号
82	2013	江苏省南京市中级人民法院	（2012）宁知民初字第 564 号
83	2013	山东省青岛市中级人民法院	（2012）青知民初字第 142 号
84	2013	浙江省嘉兴市中级人民法院	（2013）浙嘉知初字第 58 号
85	2013	北京市朝阳区人民法院	（2013）朝民初字第 08370 号
86	2014	上海市第一中级人民法院	（2013）沪一民五（知）终字第 247 号
87	2014	北京市第三中级人民法院	（2013）三中民初字第 00001 号
88	2014	浙江省温州市中级人民法院	（2013）浙温知初字第 212 号
89	2014	河北省高级人民法院	（2014）冀民三终字第 84 号
90	2014	浙江省义乌市人民法院	（2014）金义知民初字第 47 号
91	2015	山东省烟台市中级人民法院	（2014）烟民知初字第 290 号
92	2015	浙江杭州市中级人民法院	（2014）浙杭知初字第 288 号
93	2015	山西省太原市中级人民法院	（2015）并民初字第 597 号
94	2015	山西省太原市中级人民法院	（2015）并民初字第 595 号
95	2016	江苏省高级人民法院	（2014）苏知民终字第 0080 号
96	2016	广东省高级人民法院	（2015）粤高法民三终字第 444 号
97	2016	江苏省徐州市中级人民法院	（2015）徐知民初字第 40 号
98	2016	广东省高级人民法院	（2016）粤民终 564 号
99	2016	上海市普陀区人民法院	（2016）沪 0107 民初 18026 号
100	2016	山西省高级人民法院	（2016）晋民终 77 号

续表

序号	审结时间/年	审理法院	案号
101	2016	山西省高级人民法院	（2016）晋民终 78 号
102	2016	山西省高级人民法院	（2016）晋民终 80 号
103	2016	最高人民法院	（2016）最高法民再 216 号
104	2016	上海知识产权法院	（2016）沪 73 民终 101 号
105	2017	上海知识产权法院	（2015）沪知民初字第 518 号
106	2017	上海知识产权法院	（2017）沪 73 民终 151 号
107	2017	四川省南充市中级人民法院	（2017）川 13 民初 74 号
108	2017	浙江省杭州市中级人民法院	（2017）浙 01 民终 303 号
109	2017	湖北省高级人民法院	（2016）鄂民终 1391 号
110	2017	广东省佛山市中级人民法院	（2016）粤 06 民终 8698 号
111	2017	四川省成都市中级人民法院	（2016）川 01 民初 1341 号
112	2017	北京知识产权法院	（2016）京 73 民初 277 号
113	2017	广东省高级人民法院	（2016）粤民终 1537 号
114	2017	广东省汕尾市中级人民法院	（2016）粤 15 民初 38 号
115	2017	上海知识产权法院	（2016）沪 73 民初 368 号
116	2017	广东省高级人民法院	（2017）粤民终 588 号
117	2017	福建高级人民法院	（2017）闽民终 362 号
118	2017	福建高级人民法院	（2017）闽民终 363 号
119	2017	福建高级人民法院	（2017）闽民终 364 号
120	2017	福建高级人民法院	（2017）闽民终 365 号
121	2017	福建高级人民法院	（2017）闽民终 366 号
122	2017	福建高级人民法院	（2017）闽民终 367 号
123	2017	福建高级人民法院	（2017）闽民终 368 号
124	2017	上海知识产权法院	（2017）沪 73 民终 23 号
125	2017	贵州省贵阳市中级人民法院	（2017）黔 01 民初 98 号
126	2017	贵州省贵阳市中级人民法院	（2017）黔 01 民初 69 号
127	2017	浙江省杭州市中级人民法院	（2017）浙 01 民初 27 号
128	2017	上海市黄浦区人民法院	（2017）沪 0101 民初 7751 号
129	2018	北京知识产权法院	（2016）京 73 民初 19 号
130	2018	北京知识产权法院	（2016）京 73 民初 22 号

序号	审结时间/年	审理法院	案号
131	2018	北京知识产权法院	（2016）京 73 民初 429 号
132	2018	北京知识产权法院	（2016）京 73 民初 430 号
133	2018	上海知识产权法院	（2016）沪 73 民终 319 号之一
134	2018	广东省深圳市中级人民法院	（2017）粤 03 民初 540 号
135	2018	上海市高级人民法院	（2017）沪民终 350 号
136	2018	北京市东城区人民法院	（2017）京 0101 民初 12796 号
137	2018	杭州市萧山区人民法院	（2017）浙 0109 民初 7757 号
138	2018	杭州市萧山区人民法院	（2017）浙 0109 民初 7749 号
139	2018	南京铁路运输法院	（2018）苏 8602 民初 708 号
140	2018	江苏省南京市中级人民法院	（2018）苏 01 民终 8152 号
141	2018	最高人民法院	（2018）最高法民申 1660 号
142	2018	山东省高级人民法院	（2018）鲁民终 1443 号
143	2019	山西省忻州市中级人民法院	（2019）晋 09 民初 45 号
144	2019	山西省忻州市中级人民法院	（2019）晋 09 民初 32 号
145	2019	河南省高级人民法院	（2019）豫民终 174 号
146	2019	北京市高级人民法院	（2018）京民终 560 号
147	2019	北京市高级人民法院	（2018）京民终 558 号

附表 2　商标授权确权行政纠纷案件

序号	审结时间/年	审理法院	案号
1	2005	北京市第一中级人民法院	（2005）一中行初字第 675 号
2	2005	北京市第一中级人民法院	（2005）一中行初字第 677 号
3	2006	北京市高级人民法院	（2006）高行终字第 188 号
4	2006	北京市第一中级人民法院	（2005）一中行初字第 957 号
5	2006	北京市第一中级人民法院	（2005）一中行初字第 958 号
6	2006	北京市高级人民法院	（2006）高行终字第 367 号
7	2006	北京市高级人民法院	（2006）高行终字第 377 号
8	2006	北京市第一中级人民法院	（2006）一中行初字第 739 号
9	2008	北京市第一中级人民法院	（2008）一中行初字第 196 号
10	2009	北京市第一中级人民法院	（2009）一中行初字第 869 号

续表

序号	审结时间/年	审理法院	案号
11	2009	北京市高级人民法院	（2009）高行终字第 1179 号
12	2009	北京市高级人民法院	（2008）高行终字第 717 号
13	2009	最高人民法院	（2009）行提字第 2 号
14	2010	北京市高级人民法院	（2010）高行终字第 771 号
15	2010	北京市第一中级人民法院	（2010）一中知行初字第 1122 号
16	2010	北京市第一中级人民法院	（2010）一中知行初字第 2927 号
17	2010	北京市第一中级人民法院	（2010）一中知行初字第 1908 号
18	2010	北京市第一中级人民法院	（2010）一中知行初字第 3343 号
19	2010	北京市高级人民法院	（2010）高行终字第 1367 号
20	2010	北京市第一中级人民法院	（2010）一中知行字初第 2117 号
21	2010	北京市高级人民法院	（2010）高行终字第 552 号
22	2010	北京市高级人民法院	（2010）高行终字第 553 号
23	2011	北京市高级人民法院	（2010）高行终字第 1381 号
24	2011	北京市第一中级人民法院	（2010）一中知行初字第 2583 号
25	2011	北京市第一中级人民法院	（2010）一中知行初字第 1195 号
26	2011	北京市第一中级人民法院	（2011）一中知行初字第 650 号
27	2011	北京市高级人民法院	（2011）高行终字第 964 号
28	2011	北京市高级人民法院	（2011）高行终字第 592 号
29	2011	北京市高级人民法院	（2011）高行终字第 387 号
30	2011	北京市高级人民法院	（2011）高行终字第 388 号
31	2011	北京市高级人民法院	（2011）高行终字第 535 号
32	2011	北京市高级人民法院	（2011）高行终字第 1324 号
33	2011	北京市高级人民法院	（2011）高行终字第 1326 号
34	2011	北京市高级人民法院	（2011）高行终字第 1327 号
35	2011	北京市高级人民法院	（2011）高行终字第 1328 号
36	2011	北京市高级人民法院	（2011）高行终字第 1330 号
37	2011	北京市高级人民法院	（2011）高行终字第 1362 号
38	2011	北京市高级人民法院	（2011）高行终字第 1363 号
39	2011	北京市高级人民法院	（2011）高行终字第 1364 号
40	2011	北京市高级人民法院	（2011）高行终字第 1365 号

续表

序号	审结时间/年	审理法院	案号
41	2011	北京市高级人民法院	（2010）高行终字第 1486 号
42	2011	北京市第一中级人民法院	（2010）一中知行初字第 2581 号
43	2011	北京市高级人民法院	（2011）高行终字第 918 号
44	2012	北京市第一中级人民法院	（2012）一中知行初字第 776 号
45	2012	北京市第一中级人民法院	（2012）一中知行初字第 1014 号
46	2012	北京市高级人民法院	（2012）高行终字第 1081 号
47	2012	北京市第一中级人民法院	（2012）一中知行初字第 2472 号
48	2012	北京市第一中级人民法院	（2012）一中知行初字第 2473 号
49	2012	北京市第一中级人民法院	（2012）一中知行初字第 3144 号
50	2012	最高人民法院	（2012）知行字第 68 号
51	2012	北京市第一中级人民法院	（2012）一中知行初字第 3120 号
52	2012	北京市第一中级人民法院	（2012）一中知行初字第 3122 号
53	2012	北京市第一中级人民法院	（2012）一中行知初字第 2437 号
54	2012	北京市第一中级人民法院	（2012）一中行知初字第 3612 号
55	2012	最高人民法院	（2012）知行字第 70 号
56	2012	北京市高级人民法院	（2011）高行终字第 1642 号
57	2012	北京市高级人民法院	（2011）高行终字第 1643 号
58	2012	北京市第一中级人民法院	（2012）一中知行初字第 2164 号
59	2012	北京市第一中级人民法院	（2012）一中知行初字第 2793 号
60	2012	北京市第一中级人民法院	（2012）一中知行初字第 1267 号
61	2012	北京市第一中级人民法院	（2012）一中知行初字第 3211 号
62	2012	北京市第一中级人民法院	（2012）一中知行初字第 3270 号
63	2012	北京市第一中级人民法院	（2012）一中知行初字第 3271 号
64	2012	北京市第一中级人民法院	（2012）一中知行初字第 2163 号
65	2012	北京市第一中级人民法院	（2012）一中知行初字第 2494 号
66	2012	北京市第一中级人民法院	（2012）一中知行初字第 350 号
67	2012	北京市第一中级人民法院	（2012）一中知行初字第 107 号
68	2012	北京市第一中级人民法院	（2012）一中知行初字第 108 号
69	2012	最高人民法院	（2012）行提字第 1 号
70	2013	北京高级人民法院	（2013）高行终字第 626 号

续表

序号	审结时间/年	审理法院	案号
71	2013	北京市高级人民法院	（2013）高行终字第 634 号
72	2013	北京市高级人民法院	（2013）高行终字第 1766 号
73	2013	北京市高级人民法院	（2013）高行终字第 1767 号
74	2013	北京市第一中级人民法院	（2013）一中知行初字第 2514 号
75	2013	北京市第一中级人民法院	（2010）一中知行初字第 2363 号
76	2013	北京市高级人民法院	（2013）高行终字第 631 号
77	2013	北京市高级人民法院	（2013）高行终字第 999 号
78	2013	北京市高级人民法院	（2013）高行终字第 27 号
79	2013	北京市高级人民法院	（2013）高行终字第 1249 号
80	2013	北京市高级人民法院	（2013）高行终字第 667 号
81	2013	北京市高级人民法院	（2012）高行终字第 1778 号
82	2013	北京市高级人民法院	（2013）高行终字第 488 号
83	2014	北京市高级人民法院	（2014）高行终字第 899 号
84	2014	北京市高级人民法院	（2014）高行终字第 39 号
85	2014	北京市高级人民法院	（2013）高行终字第 1205 号
86	2015	北京市高级人民法院	（2014）高行（知）终字第 2506 号
87	2015	北京市高级人民法院	（2015）高行（知）终字第 1060 号
88	2015	北京市高级人民法院	（2015）高行（知）终字第 951 号
89	2015	北京市高级人民法院	（2015）高行（知）终字第 953 号
90	2015	北京高级人民法院	（2015）高行（知）终字第 955 号
91	2015	北京高级人民法院	（2015）高行（知）终字第 965 号
92	2015	北京高级人民法院	（2015）高行（知）终字第 970 号
93	2015	北京高级人民法院	（2015）高行（知）终字第 971 号
94	2015	北京高级人民法院	（2015）高行（知）终字第 972 号
95	2015	北京高级人民法院	（2015）高行（知）终字第 975 号
96	2015	北京高级人民法院	（2015）高行（知）终字第 1042 号
97	2015	北京高级人民法院	（2015）高行（知）终字第 1043 号
98	2015	北京高级人民法院	（2015）高行（知）终字第 1044 号
99	2015	北京高级人民法院	（2015）高行（知）终字第 1048 号
100	2015	北京高级人民法院	（2015）高行（知）终字第 1049 号

续表

序号	审结时间/年	审理法院	案号
101	2015	北京高级人民法院	（2015）高行（知）终字第 1053 号
102	2015	北京高级人民法院	（2015）高行（知）终字第 1054 号
103	2015	北京高级人民法院	（2015）高行（知）终字第 1057 号
104	2015	北京高级人民法院	（2015）高行（知）终字第 1059 号
105	2015	北京高级人民法院	（2015）高行（知）终字第 1064 号
106	2015	北京高级人民法院	（2015）高行（知）终字第 1065 号
107	2015	北京高级人民法院	（2015）高行（知）终字第 1066 号
108	2015	北京高级人民法院	（2015）高行（知）终字第 1067 号
109	2015	北京高级人民法院	（2015）高行（知）终字第 1079 号
110	2015	北京高级人民法院	（2015）高行（知）终字第 1080 号
111	2015	北京高级人民法院	（2015）高行（知）终字第 1138 号
112	2015	北京高级人民法院	（2015）高行（知）终字第 1142 号
113	2015	北京高级人民法院	（2015）高行（知）终字第 1144 号
114	2015	北京高级人民法院	（2015）高行（知）终字第 1145 号
115	2015	北京高级人民法院	（2015）高行（知）终字第 1146 号
116	2015	北京高级人民法院	（2015）高行（知）终字第 1147 号
117	2015	北京高级人民法院	（2015）高行（知）终字第 1149 号
118	2015	北京高级人民法院	（2015）高行（知）终字第 1351 号
119	2015	北京高级人民法院	（2015）高行（知）终字第 1357 号
120	2015	北京高级人民法院	（2015）高行（知）终字第 1365 号
121	2015	北京高级人民法院	（2015）高行（知）终字第 1366 号
122	2015	北京高级人民法院	（2015）高行（知）终字第 1373 号
123	2015	北京高级人民法院	（2015）高行（知）终字第 1374 号
124	2015	北京高级人民法院	（2015）高行（知）终字第 1427 号
125	2015	北京高级人民法院	（2015）高行（知）终字第 1428 号
126	2015	北京高级人民法院	（2015）高行（知）终字第 1429 号
127	2015	北京高级人民法院	（2015）高行（知）终字第 1437 号
128	2015	北京高级人民法院	（2015）高行（知）终字第 1438 号
129	2015	北京高级人民法院	（2015）高行（知）终字第 1563 号
130	2015	北京高级人民法院	（2015）高行（知）终字第 1564 号

序号	审结时间/年	审理法院	案号
131	2015	北京高级人民法院	（2015）高行（知）终字第 1572 号
132	2015	北京高级人民法院	（2015）高行（知）终字第 1572 号
133	2015	北京高级人民法院	（2015）高行（知）终字第 1574 号
134	2015	北京高级人民法院	（2015）高行（知）终字第 1575 号
135	2015	北京高级人民法院	（2015）高行（知）终字第 1576 号
136	2015	北京高级人民法院	（2015）高行（知）终字第 1577 号
137	2015	北京市高级人民法院	（2015）高行（知）终字第 1896 号
138	2015	北京市高级人民法院	（2015）高行（知）终字第 1911 号
139	2015	北京市高级人民法院	（2015）高行（知）终字第 1912 号
140	2015	北京市高级人民法院	（2015）高行（知）终字第 1914 号
141	2015	北京市高级人民法院	（2015）高行（知）终字第 1915 号
142	2015	北京市高级人民法院	（2015）高行（知）终字第 1917 号
143	2015	北京市高级人民法院	（2015）高行（知）终字第 1918 号
144	2015	北京市高级人民法院	（2015）高行（知）终字第 1926 号
145	2015	北京市高级人民法院	（2015）高行（知）终字第 2166 号
146	2015	北京市高级人民法院	（2015）高行（知）终字第 2167 号
147	2015	北京市高级人民法院	（2015）高行（知）终字第 2168 号
148	2016	最高人民法院	（2016）最高法行再 34 号
149	2016	北京市高级人民法院	（2016）京行终 3104 号
150	2016	最高人民法院	（2016）最高法行再 15 号
151	2016	最高人民法院	（2016）最高法行再 20 号
152	2016	最高人民法院	（2016）最高法行再 25 号
153	2016	最高人民法院	（2016）最高法行再 27 号
154	2016	最高人民法院	（2016）最高法行再 29 号
155	2016	最高人民法院	（2016）最高法行再 30 号
156	2016	最高人民法院	（2016）最高法行再 31 号
157	2016	最高人民法院	（2016）最高法行再 32 号
158	2017	最高人民法院	（2017）最高法行申 1038 号
159	2017	最高人民法院	（2017）最高法行申 484 号
160	2017	最高人民法院	（2015）知行字第 275 号

续表

序号	审结时间/年	审理法院	案号
161	2017	最高人民法院	（2015）知行字第 332 号
162	2017	北京市高级人民法院	（2016）京行终 1330 号
163	2017	最高人民法院	（2017）最高法行申 7168 号
164	2018	北京市高级人民法院	（2017）京行终 4600 号
165	2019	北京市高级人民法院	（2019）京行终 776 号
166	2019	北京市高级人民法院	（2019）京行终 6389 号
167	2019	北京市高级人民法院	（2019）京行终 9597 号

参考文献

中文著作

1. 理查德·A. 波斯纳. 法律理论的前沿［M］. 武欣，凌斌，译. 北京：中国政法大学出版社，2003.

2. 威廉·M. 兰德斯，理查德·A. 波斯纳. 知识产权法的经济结构［M］. 金海军，译. 北京：北京大学出版社，2005.

3. 孔祥俊. 反不正当竞争法原理［M］. 北京：知识产权出版社，2005.

4. 布拉德·谢尔曼，莱昂内尔·本特利. 现代知识产权法的演进：英国的历程（1760—1911）［M］. 金海军，译. 北京：北京大学出版社，2006.

5. 约翰·莫纳什，劳伦斯·沃克. 法律中的社会科学［M］. 6 版. 何美欢，樊志斌，黄博，译. 北京：法律出版社，2007.

6. 汉斯·采泽尔，戴维·凯. 用数字证明：法律和诉讼中的实证方法［M］. 黄向阳，译. 北京：中国人民大学出版社，2008.

7. 李小武. 商标反淡化研究［M］. 杭州：浙江大学出版社，2011.

8. 詹姆斯·T. 伯杰，R. 马克·哈里根. 商标侵权判断问卷调查指引［M］. 黄武双，万宏瑜，尚广振，译. 北京：法律出版社，2015.

9. 李雨峰. 侵害商标权判定标准研究［M］. 北京：知识产权出版社，2016.

10. 斯图尔特·班纳. 财产故事［M］. 陈贤凯，许可，译. 北京：中国政法大学出版社，2017.

英文著作

1. HEATH Christopher, SANDERS A K. Landmark Intellectual Property Cases and Their Legacy［M］. Alphen aan den Rijn：Kluwer Law International，2011.

2. MERGES R P, MENELL P S, LEMLEY M A. Intellectual Property in the New Technological Age［M］. 6ed Alphen aan den Rijn：Wolters Kluwer，2012.

3. DIAMOND S S, SWANN J B. Trademark and Deceptive Advertising Surveys：Law，Science，and Design［M］. Chicago：ABA Booking Publishing，2012.

4. BERGER J T, HALLIGAN R M. Trademark Surveys：A Litigator's Guide［M］. Oxford：Oxford University Press，2012.

5. JACOBY J. Trademark Surveys：Designing, Implementing and Evaluating Surveys ［M］. Chicago：ABA Booking Publishing，2013.

6. MCCARTHY J T. McCarthy on Trademark and Unfair Competition［M］. Eagan：Thomson Reuters，2019.

7. KUR A, SENFLEBEN M. European Trade Mark Law：A Commentary［M］. Oxford：Oxford University Press，2017.

英文报告

1. Federal Judicial Center. Manual for Complex Litigation［M］. 4th ed. Eagan：Thomson west，2004.

2. DIAMOND S S. Reference Guide on Survey Research［M］//Federal Judicial Center. Reference Manual on Scientific Evidence. 3rd ed. Washington，D. C.：The National Academies Press，2011：359 – 423.

3. Gerald L. Ford，Intellectual Property Surveys Annual Cumulative Update 2010.

4. Matthew G. Ezell，Intellectual Property Surveys Annual Cumulative Update 1998—2016.

中文论文

1. 杨柳，郑友德. 从美国 Moseley 案看商标淡化的界定［J］. 知识产权，2005，15（1）：58 – 62.

2. 周家贵. 商标问卷调查在英美法院商标侵权案件中的运用［J］. 知识产权，2006，16（6）：82 – 85.

3. 杜颖. 通用名称的商标权问题研究［J］. 法学家，2007（3）：75 – 81.

4. 杜颖. 商标淡化理论及其应用［J］. 法学研究，2007（6）：44 – 54.

5. 邓宏光. 我国商标反淡化的现实与理想［J］. 电子知识产权，2007（5）：36 – 38，44.

6. 杜颖. 商标纠纷中的消费者问卷调查证据［J］. 环球法律评论，2008（1）：71 – 80.

7. 李友根. "淡化理论"在商标案件裁判中的影响分析：对 100 份驰名商标案件判决书的整理和研究［J］. 法商研究，2008（3）：134 – 145.

8. 张今，陆锡然. 认定商标侵权的标准是"混淆"还是"商标近似"［J］. 中华商标，2008（8）：47 – 49.

9. 彭学龙. 商标法基本范畴的心理学分析［J］. 法学研究，2008（2）：

40 – 54.

10. 陶懿．"解百纳"案：通用名称认定的法律困境及思考［J］．电子知识产权，2010（3）：75 – 78.

11. 张爱国．商标消费者调查的正当性研究：从 49 份商标侵权纠纷民事判决书谈起［J］．知识产权，2011（2）：63 – 69.

12. 金海军．调查统计方法在商标诉讼案件中的应用：以商标混淆可能性的认定为视角［J］．知识产权，2011（6）：26 – 32.

13. 李雨峰，芮松艳．初始混淆理论在商标权纠纷中的应用［J］．人民司法，2011（14）：95 – 99.

14. 刘斌斌．比较法视角下商标的通用名称化及其救济［J］．甘肃社会科学，2012（1）：130 – 133.

15. 谢晓尧，陈贤凯．商标混淆的科学测度：调查实验方法在司法中的运用［J］．中山大学学报（社会科学版），2013（5）：159 – 171.

16. 金海军．商标与通用名称问题的消费者调查方法：实证与比较［J］．暨南学报（哲学社会科学版），2013，35（10）：24 – 34.

17. 谢晓尧．用数字说话：商标主观认知的科学度量［J］．暨南学报（哲学社会科学版），2013，35（10）：35 – 43.

18. 陈贤凯．商标混淆调查中的关键向度［J］．暨南学报（哲学社会科学版），2013，35（10）：44 – 52.

19. 陈贤凯．商标通用性的数字证成［J］．知识产权，2013（7）：29 – 36.

20. 尹红强．商品通用名称与商标权辨析［J］．河北学刊，2014（2）：144 – 147.

21. 姚鹤徽．论商标侵权判定中的消费者调查［J］．电子知识产权，2015（7）：76 – 82.

22. 曹世海．对商标侵权诉讼中市场调查报告的审查与认定［J］．人民司法，2015（9）：76 – 81.

23. 刘维．我国注册驰名商标反淡化制度的理论反思：以 2009 年以来的 35 份裁判文书为样本［J］．知识产权，2015（9）：19 – 25，78.

24. 王东．调查问卷在我国商标侵权案件中的适用［J］．中华商标，2016（3）：50 – 52.

25. 王东．调查问卷在我国商标侵权案件中的适用问题探讨［J］．中国专利与商标，2016（3）：77 – 79.

26. 赵克．商标撤销制度中通用名称认定标准研究［J］．法律适用，2016（3）：73 – 77.

27. 兰楠. 公证介入"乔丹"商标争议案件全程记录问卷调查过程 [J]. 中国公证, 2017 (4): 32 – 33.

28. 徐彦雅. 社会调查活动公证保全对司法裁判的影响: 析"乔丹"商标争议行政纠纷案件所涉保全证据公证活动 [J]. 中国公证, 2017 (4): 16 – 21.

29. 尹腊梅. 商标通用名称正当使用抗辩实证考察: 一则网络游戏名称侵权引发的思考 [J]. 上海交通大学学报 (哲学社会科学版), 2017, 25 (3): 55 – 62.

30. 徐雅琴, 姚艺. 商标侵权案件中问卷调查的证明力研究 [J]. 河南牧业经济学院学报, 2018 (3): 66 – 71.

31. 陈贤凯. 驰名商标淡化的科学测度: 调查实验方法在司法中的运用 [J]. 知识产权, 2018 (2): 31 – 41.

32. 熊文聪. 论商标法中的"第二含义"[J]. 知识产权, 2019 (4): 19 – 30.

英文论文

1. SCHECHTER F I. The Rational Basis of Trademark Protection [J]. Harvard Law Review, 1927, 40: 813.

2. SORENSEN R C, SORENSEN T C. The Admissibility and Use of Opinion Research Evidence [J]. New York University Law Review, 1953, 28: 1213

3. CAUGHEY R E. The Use of Public Polls, Surveys and Sampling as Evidence in Litigation, and Particularly Trademark and Unfair Competition Cases [J]. California Law Review, 1956, 44: 539.

4. ZEISEL H. The Uniqueness of Survey Evidence [J]. Cornell Law Quarterly, 1959—1960, 45: 322.

5. SHRYOCK R F. Survey Evidence in Contested Trademark Case [J]. The Trademark Reporter, 1967, 57: 377.

6. DIAMOND S A. The Historical Development of Trademarks [J]. The Trademark Reporter, 1975, 65: 265.

7. SMITH J G. Strange Bedfellows: Observations of a Psychologist [J]. The Trademark Reporter, 1977, 67: 110.

8. LEE A T. The Legal Aspects: A Trap for the Unwary [J]. The Trademark Reporter, 1977, 67: 120.

9. JACOBY J J. Survey Evidence in Trademark and Unfair Competition Litigation [J]. ALI – ABA Course Materials Journal, 1982, 6: 91.

10. ROBIN A, BARNABY H B. Trademark Surveys – Heads You Lose, Tails They Win [J]. The Trademark Reporter, 1983, 73: 436.

11. SORENSEN R C. Survey Research Execution in Trademark Litigation: Does Practice Make Perfection [J]. The Trademark Reporter, 1983, 73: 349.

12. REINER J P. The Universe and Sample: How Good is Good Enough [J]. The Trademark Reporter, 1983, 73: 366.

13. LEISER A W, SCHWARTZ C R. Techniques for Ascertaining Whether a Term Is Generic [J]. The Trademark Reporter, 1983, 73: 376.

14. PALLADINO V N. Techniques for Ascertaining If There Is Secondary Meaning [J]. The Trademark Reporter, 1983, 73: 391.

15. BOAL R B. Techniques for Ascertaining Likelihood of Confusion and the Meaning of Advertising Communications [J]. The Trademark Reporter, 1983, 73: 405.

16. HANDLER M W. Are the State Antidilution Laws Compatible with the National Protection of Trademarks? [J]. The Trademark Reporter, 1985, 75: 269.

17. FOLSON R H, TEPLY L L. Surveying "Genericness" in Trademark Litigation [J]. The Trademark Reporter, 1988, 78 (1): 197 – 208.

18. SWANN J B, PALLADINO V N. Surveying Genericness: A Critique of Folsom and Teply [J]. The Trademark Reporter, 1988, 78: 179.

19. EVANS L E Jr. , GUNN D M. Trademark Surveys [J]. The Trademark Reporter, 1989, 79: 1.

20. WEISS P. The Use of Survey Evidence in Trademark Litigation: Science, Art or Confidence Game [J]. The Trademark Reporter, 1990, 80: 71.

21. JACOBY J, HANDLIN A H. Non – Probability Sampling Designs for Litigation Surveys [J]. The Trademark Reporter, 1991, 81: 169.

22. SIMONSON I. The Effect of Survey Method of Likelihood of Confusion Estimates: Conceptual Analysis and Empirical Test [J]. The Trademark Reporter, 1993, 83: 364.

23. PALLADINO V N. Surveying Secondary Meaning [J]. The Trademark Reporter, 1994, 84: 155.

24. SIMONSON I. An Empirical Investigation of the Meaning and Measurement of Genericness [J]. The Trademark Reporter, 1994, 84 (2): 199.

25. WELTER P J. A Call to Improve Trademark Survey Evidence [J]. The Trademark Reporter, 1995, 85 (2): 205.

26. RAPPEPORT M. The Role of the Survey "Expert": A Response to Judge Posner [J]. The Trademark Reporter, 1995, 85: 211.

27. PRAGER E A. The Federal Trademark Dilution Act of 1995: Substantial Likeli-

hood of Confusion [J]. Fordham Intellectual Property Media & Entertainment Law Journal, 1996 (7) 121.

28. BIRD R C. Streamlining Consumer Survey Analysis: An Examination of the Concept of Universe in Consumer Surveys Offered in Intellectual Property Litigation [J]. The Trademark Reporter, 1998, 88: 269.

29. BIBLE P M. Defining and Quantifying Dilution under the Federal Trademark Dilution Act of 1995: Using Survey Evidence to Show Actual Dilution [J]. University of Colorado Law Review, 1998, 70: 295.

30. NGUYEN X T. The New Wild West: Measuring and Proving Fame and Dilution under the Federal Trademark Dilution Act [J]. Albany Law Review, 1999, 63: 201.

31. BARBER W G. How to Do a Trademark Dilution Survey (or Perhaps How Not to Do One) [J]. The Trademark Reporter, 1999, 89: 616.

32. LEMLEY M A. The Modern Lanham Act and the Death of Common Sense [J]. Yale Law Journal, 1999, 108: 1687.

33. EDELMAN S. Failure to Conduct a Survey in Trademark Infringement Cases: A Critique of the Adverse Inference [J]. The Trademark Reporter, 2000, 90: 746.

34. MORRIN M, JACOBY J. Trademark Dilution: Empirical Measures for an Elusive Concept [J]. Journal of Public Policy & Marketing, 2000, 19: 265.

35. JACOBY J. The Psychological Foundations of Trademark Law: Secondary Meaning [J]. The Trademark Reporter, 2001, 91 (5): 1013, 1068.

36. SHANTI A O. Measuring Fame: The Use of Empirical Evidence in Dilution Actions [J]. Marquette Intellectual Property Law Review, 2001, 5 (1): 177.

37. PALLADINO V N. Secondary Meaning Surveys in Light of Lund [J]. The Trademark Reporter, 2001, 91: 573.

38. LEIGHTON R J. Using (and Not Using) the Hearsay Rules to Admit and Exclude Surveys in Lanham Act False Advertising and Trademark Cases [J]. The Trademark Reporter, 2002, 92: 1305.

39. RAPPEPORT M. Litigation Surveys: Social "Science" as Evidence [J]. The Trademark Reporter, 2002, 92: 957.

40. JACOBY J. A Critique of Rappeport's "Litigation Surveys – Social 'Science' as Evidence" [J]. The Trademark Reporter, 2002, 92 (5): 1480.

41. JACOBY J. Experimental Design and the Selection of Controls in Trademark and Deceptive Advertising Surveys [J]. The Trademark Reporter, 2002, 92 (4): 890.

42. PALLADINO V N. Assessing Trademark Significance: Genericness, Secondary Meaning and Surveys [J]. The Trademark Reporter, 2002, 92: 857.

43. VODRA W W, MILLER R K. "Did He Really Say That?" Survey Evidence in Deceptive Advertising Litigation [J]. The Trademark Reporter, 2002, 92: 794.

44. LIEFELD J P. How Suvreys Overestimate the Likelihood of Consumer Confusion [J]. The Trademark Reporter, 2003, 93: 939.

45. THORNBURG R H. Trademark Surveys: Development of Computer – Based Survey Methods [J]. The John Marshall Review of Intellectual Property Law, 2004, 4: 91.

46. SWANN J B. A Reading Test or a Memory Test: Which Survey Methodology Is Correct [J]. The Trademark Reporter, 2005, 95: 876.

47. OSTBERG H D. Response to the Article Entitled, "a 'Reading' Test or a 'Memory' Test, Which Survey Methodology Is Correct?" [J]. The Trademark Reporter, 2005, 95: 1446.

48. ANTEN T. In Defense of Trademark Dilution Surveys: A Post – Moseley Proposal [J]. Columbia Journal of Law and Social Problems, 2005, 39: 1.

49. JACOBY J. Sense and Nonsense in Measuring Sponsorship Confusion [J]. Cardozo Arts & Entertainment Law Journal, 2006, 24: 63.

50. MANNING J, COX A D, COX D S. Quantifying Brand Image: Empirical Evidence of Trademark Dilution [J]. American Business Law Journal, 2006, 43: 1.

51. BEEBE B. An Empirical Study of the Multifactor Tests for Trademark Infringement [J]. California Law Review, 2006, 94 (6): 1581.

52. STECKEL J H, KLEIN R, SCHUSSHEIM S. Dilution through the Looking Glass: A Marketing Look at the Trademark Dilution Revision Act of 2005 [J]. The Trademark Reporter, 2006, 96: 616, 618.

53. MANTA I D. In Search of Validity: A New Model for the Content and Procedural Treatment of Trademark Infringement Surveys [J]. Cardozo Arts & Entertainment Law Journal, 2007, 24: 1027.

54. GELB G M, GELB B D. Internet Surveys for Trademark Litigation: Ready or Not, Here They Come [J]. The Trademark Reporter, 2007, 97: 1073.

55. JACOBY J J. Considering the Who, What, When, Where and How of Measuring Dilution [J]. Santa Clara Computer & High Techcology Law Journal, 2008, 24 (3): 601, 603.

56. WOODS N C. Surveys Evidence in Lanham Act Violations [J]. Trinity College

Law Review, 2008, 15: 67.

57. SWANN J B. Likelihood of Confusion Studies and the Straitened Scope of Squirt [J]. The Trademark Reporter, 2008, 98: 739.

58. ISSACSON B, HIBBARD J D, SWAIN S D. Why Online Consumer Surveys Can Be a Smart Choice in Intellectual Property Cases [J]. IPL Newsletter, 2008, 26 (3): 1, 12 – 15.

59. JAY E D. Genericness Surveys in Trademark Disputes: Evolution of Species [J]. The Trademark Reporter, 2009, 99: 1118, 1139.

60. SAREL D, MARMORSTEIN H. The Effect of Consumer Surveys and Actual Confusion Evidence in Trademark Litigation: An Empirical Assessment [J]. The Trademark Reporter, 2009, 99: 1416.

61. BAYER A, HOLDEN J, LENNON L, et al. The Value and Treatment of Survey Evidence in Different Jurisdictions [J]. The Trademark Reporter, 2010, 100: 1373.

62. PORET H. A Comparative Empirical Analysis Online Versus Mall and Phone Methodologies for Trademark Surveys [J]. The Trademark Reporter, 2010, 100: 756.

63. BIRD R C, STECKEL J H. The Role of Consumer Surveys in Trademark Infringement: Empirical Evidence from the Federal Courts [J]. University of Pennsylvania Journal of Business Law, 2012, 14: 1013.

64. BERGER J T. Frequently Asked Questions about Trademark Surveys [J]. Intellectual Property Today, 2012, 19: 6.

65. DIAMOND S S, FRANKLYN D J. Trademark Surveys: An Undulating Path [J]. Texas Law Review, 2014, 92 (7): 2029.

66. GERVALS D, LATSKO J M. Who Cares About the 85 Percent? Reconsidering Survey Evidence of Online Confusion in Trademark Cases [J]. Journal of the Patent and Trademark Office Society, 2014, 96: 265.

67. MISHRA H, CORBIN R M. Internet Surveys in Intellectual Property Litigation: Doveryai, No Proveryai [J]. The Trademark Reporter, 2017, 107: 1097.

68. ZHAN Q. Survey Evidence in China's Trademark Lawsuits: An Empirical Study [J]. Queen Mary Journal of Intellectual Property, 2017, 7 (3): 306.

69. DEROSIA E D. Fixing Ever – Ready: Repairing and Standardizing the Traditional Survey Measure of Consumer Confusion [J]. Georgia Law Review, 2019, 53 (2): 613.

70. BROWN K, BRISON N T, BATISTA P J. An Empirical Examination of Consumer Survey Use in Trademark Litigation [J]. Loyola of Los Angeles Entertainment Law Review, 2019, 39 (3): 237.

后　记

我与调查实验研究方法之间似乎有着一种莫名的缘分。2006 年，中山大学社会学系蔡禾教授在全校范围内招募本科生，作为其主持的国家社科重大招标项目"城市化进程中的农民工问题"的调查员，赴广东省各地开展社会调查。出于好奇，也出于增长见识、锻炼自我的目的，我报名参加了。通过简单的面试后，我便成为数百名学生调查员中的一员。随后，我们接受了项目组指导老师主持的集中培训，学习社会调查方法的基本理论和方法技巧。在短期培训后，指导老师还对每位调查员进行简短的面试考核，以确保每位调查员已习得执行社会调查的基本技能。那年暑假，我与同窗好友、现于厦门大学法学院任教的苏宇博士共赴其老家惠州，开始了为期 3 周的社会调查实践。这是我第一次亲身参与大规模的正式社会调查研究活动。虽然，作为一名本科生，我不可能了解研究设计的全貌，对研究设计背后的原理也一知半解，但作为一名亲赴一线的调查员，经过此次穿行于各大工厂、客运站、火车站、城中村、购物商场和大街小巷之间的问卷调查活动，我对调查研究的具体执行有了一次深刻的个人体验。

本科毕业后，我获得免试推荐攻读硕士研究生资格，跟随中山大学法学院谢晓尧教授进一步学习。在谢教授的启发和建议下，我开始了对商标调查实验问题的研究。不久之后，在谢教授指导下，我们共同发表了关于这一主题的第一篇学术论文。对于初涉科研工作的我而言，这是一个非常重要的激励，也引发了我对这一主题的浓厚兴趣和持续关注。接下来若干年，我逐步掌握了本领域丰富的中外文文献，跟进国内外商标调查实验的理论与实践发展，并先后在《中山大学学报（社会科学版）》《暨南学报（哲学社会科学版）》《知识产权》等期刊上发表了 5

篇本主题的学术论文。

获得教职后，蒙暨南大学法学院知识产权学院院长朱义坤教授信任，我有幸加入暨南大学法治广东智库的研究团队。智库受中共广东省委政法委员会（省委全面依法治省工作领导小组办公室）委托，承担了2016年至2018年度法治广东建设的第三方评估工作。该工作的一项重要内容是面向全省居民、"两代表一委员"、企业员工、专家学者、律师五类人群开展社会调查，而我直接参与了三次调查研究的指标体系与调查问卷的设计工作，并具体培训、指导学生开展问卷的发放、回收和统计。三次大规模的社会调查让我有机会将过去积累的理论知识应用于实践，并从设计者和执行者的角度，更深刻地体验和理解一项理论上"完美"的研究设计在落实的过程中可能遭遇的各种困难与问题。尽管主题相距较远，此项工作还是为本书的写作提供了宝贵的感性认识和经验基础。

尽管对这一主题保持持续关注，但我原本并未打算完成一本系统介绍商标调查实验的专著。直接刺激本书写作计划的，是近几年来国内实践的一些发展。一些律师乃至专家学者似乎开始意识到商标调查实验的价值，因此在社交媒体或行业刊物上撰文鼓吹商标调查实验的司法应用。然而，仔细读来，这些文章对调查实验方法的理解停留在表面，对商标调查实验方法的细节也缺乏正确的认知，有些甚至存在明显的误导。更严重的是，司法实践中引入的商标调查实验均存在这样或那样的问题，而法官似乎并不具备评估其科学性、客观性和可靠性的能力——要么简单地不予采信，要么轻信了在方法上存在重大瑕疵的调查实验证据。正如学者所言："社会科学的门类众多，各有渊源，并非简单的实地调查、收集数据，最后摆上几张统计表格就可以生产出合格产品那样轻松。任何一个法律人在真正严肃认真从事这类研究之前都需要接受严格的社会科学训练，一知半解的简单模仿只能产生伪劣产品。与其提出一个差劲的调查，还不如干脆不做调查。""太多这种伪研究者提供了非常糟糕的研究，而他们所提供的荒唐结论也使整个行业备受冷眼。"我感觉到，有必要将这些年观察和学习的心得总结出来，为商标调查实验的司法应用提供一些参考。严格说来，本人也算不上"适格"的研究者——毕竟我也确实未受过社会科学方法的正式训练。但是，也许因为商标调查实验是一个相对小众又跨越学科的主题，我们在市面上很难找到心理学、社会学、统计学或其他领域的专家对这一主题开展的系统研究。既然如此，本人便不揣冒昧，开始了对这个跨学科主题的冒险尝试。有学者指出，"任何一篇孤立的文章都不足以为良好的商标调查实验设计提供一幅完整的图景"。诚哉斯言！于是，就有了本书的写作计划。

在本书即将完成之际，我想借此机会衷心感谢我的两位授业恩师：中国人民大学法学院刘春田教授和中山大学法学院谢晓尧教授。在攻读博士学位期间，刘教授在学习和生活上给了我无微不至的关怀，使我打下了良好的知识基础。在他的推荐和支持下，我才有机会到美国加州大学伯克利分校法学院继续深造，得以深入了解美国乃至世界主要法域的知识产权制度和理论。工作后，在我面临挫败、茫然失措时，也是恩师的劝导和指点迷津，让我有了继续探索的勇气和决心。而如果说本书是近几年来我对本主题研究的"果实"，那么，谢晓尧教授才是它真正的"播种人"。这项研究始于谢教授的启发，也是在他的直接指导下完成了早期的研究工作。谢教授学识渊博、治学严谨，言谈中闪耀着智慧的火花。正是从他的身上，我近距离地领略到学术与知识的魅力和乐趣，开启了我追求学术的梦想。恩师的睿智、风趣、关爱与严厉，都使在谷河畔的那三年成为我毕生难忘的"光辉岁月"。在这个浮躁而功利的时代，我竟能有幸遇到两位真诚、无私、严谨、纯粹的恩师，实在是上辈子修来的福分。这本粗浅的著作，恐怕不足以作为献给恩师们的礼物。学生当再接再厉、刻苦钻研，争取在不久的将来能够交上一份令两位恩师满意的答卷。

本书最终的完成，也离不开莫杰思教授（Prof. Robert P. Merges）的勉励。2018 年冬天的某个温暖的上午，我们在深圳畅聊了几个小时，我向他汇报了我的工作近况：从事一项小众的研究常常是孤寂的，有时甚至会产生自我怀疑，于是研究的进度很缓慢。莫杰思教授鼓励道：商标调查实验在美国和其他许多国家已是成熟的实践，我相信它在中国也会有用武之地，这项工作需要有人来完成；从更广义的角度看，推动社会科学方法和实证研究方法在知识产权领域的应用，本身也是一项非常有意义的工作。另外，本书得以顺利出版，还应感谢知识产权出版社王玉茂编辑的费心协调与认真负责的编辑工作。

感谢我的父母。自 16 岁那年负笈金山，我就开始了与你们聚少离多的生活。家里的经济条件并不宽裕，但你们总是将最好的留给我，尽可能地为我的求学创造条件。儿女对父母的牵挂，大抵总比不过父母对儿女所倾注的十之一二。唯愿二老身体康健，无烦无忧，安享静好岁月。感谢我的爱人黄泽萱博士。求学路远，道阻且长，幸而有你，相扶相搀。感谢即将降生的念念。你是上苍给我们的最好的礼物，你让爸爸在项目的攻坚阶段充满了欣喜和希望、喜悦和憧憬。爸爸将和你一起，睁大好奇的双眼，打量和探索这个神奇的世界！

要感谢的人实在太多，无法一一列举。文责却必当自负。商标调查实验是一个小之又小的题目，然而，一旦研究深入，便发现其中的每一处细节都有挖掘空间，随着愈多知识由"未知"变成"已知"，"未知"范畴的疆界却愈加延伸。即便已有相当时间的追踪和思考，真正落笔时，却发现，还有太多问题，或思虑不周，或力有不逮，或词不达意。然而，奢望待一切皆臻"完美"后再将研究所得公之于众，未免就太过于狂妄自大了：人的理性有限，知识的增长亦从来都是渐进累积的；况我愚钝，何求完美？是故，权以本书抛砖引玉，盼大方之家批评指正，亦盼同道中人共同推进研究的深入发展！

陈贤凯
暨南园明湖畔
2020 年 6 月